Natürlich kochen – köstlich wie noch nie

Barbara Rias-Bucher

Natürlich kochen
köstlich wie noch nie

Das Bio-Kochbuch von GU
Jedes Rezept in Farbe

Die Farbfotos gestalteten
Susi und Pete A. Eising

GU
Gräfe und Unzer

Sie finden in diesem Buch

Ein Wort zuvor 6

Kleine Ernährungslehre 7

Die Zusammensetzung
  unserer Nahrung 7
Eiweiß 7
Biologische Wertigkeit von
  Eiweiß 7
Fett 8
Kohlenhydrate 9
Ballaststoffe 9
Vitalstoffe 10
Salz 10
Essen mit Spaß und Vernunft 11

Vorspeisen, Salate und Snacks 13

Gebeizte Forellenfilets 14
Lachs-Carpaccio mit Kerbel 15
Artischocken mit Tofusauce 16
Gebratener Mozzarella 16
Überbackene Gemüse 17
  Überbackener Sellerie 17
  Überbackene Pilze 17

Tomatenquiche 18
Fladenbrote 19
Avocadocreme 19
Olivenkäse 19
Marinierte Gemüse
  auf rumänische Art 20
Rettichsalat mit
  Käsedressing 21
Roher Gemüsesalat 21
Fenchelsalat
  mit Sesamdressing 22
Spinatsalat mit Pinienkernen 22
Couscous-Salat 23
Bohnensalat mit Tomaten-
  Vinaigrette 23

Reissalat mit Huhn
  und Sprossen 24
Möhren mit Nuß-Vinaigrette 25
Rote Bete mit Apfel 25
Sprossensalat 26
Zwiebel-Pilz-Salat
  mit Räucherlachs 26
Sojasprossensalat
  mit Krabben 27

Lauwarmer Lauchsalat
  mit Hühnerbrüstchen
  und Mandeln 27
Dips mit Gemüse 28
Selbstgemachter Quark
  mit Kräutern und
  Kürbiskernen 29
Bananen-Sesam-Mus 30
Porridge mit Trockenobst 30
Süße Quarkmischungen 31
  Vanillequark mit Trauben 31
  Kirschquark 31
  Erdbeerquark 31
Frühstücksmüslis
  Flockenmüsli mit Obst 32
  Müsli mit Weizenkeimen 32
Drei-Korn-Müsli mit Obst 33
Sechs-Korn-Müsli mit
  Trockenfrüchten 33
Apfel-Joghurt 34
  Joghurt mit Nüssen 34
  Joghurt mit Orangen 34
Knusprige Waffeln 35
  Haferflockenwaffeln
  mit Beeren 35
  Vollkornwaffeln 35

Suppen, Eintöpfe und Aufläufe 37

Suppen, kalt und warm 38
  Kalte Gurkensuppe 38
  Gemüsebrühe 38
Kalte Tomatensuppe
  mit Kräutern 39
Gemüsesuppe mit Maisflädle 40
Gemüsesuppe mit Tofu 40
Lauch-Chicorée-Suppe 41
Möhren-Zucchini-Suppe 41
Gemüsesuppe mit
  Grünkernklößchen 42
Hirsesuppe mit Gemüse 43
Gerstensuppe mit Kräutern 44
Geröstete Grünkernsuppe 44
Kürbissuppe 45
Kartoffelsuppe mit Kräutern 45
Kräutersuppe 46
Gemüsebrühe mit
  Schollenstreifen 46
Fischsuppe mit Gemüse
  und Kresse 47
Kichererbsensuppe
  mit Lamm 48
Kartoffelsuppe
  mit Lammbällchen 49
Chili mit Lamm 50
Gemüsepfanne
  mit Kichererbsenklößchen 51

Geschmorte Zucchini
  und Tomaten 52
Tofuragout provenzalisch 52
Rustikale Eintöpfe 53
  Hirsetopf mit Kräutern 53
  Graupeneintopf 53
Gratinierte Grießschnitten 54
Hirseauflauf 54
Auflauf mit Polenta 55
Pie mit Pilzen und Sprossen 56
Hefetaschen mit Gemüse 57

Cannelloni mit Tofu und
  Spinat 58
Überbackene Zucchini 59
Gefüllte Gurken 59
Vollkornpizza mit Tomaten
  und Pilzen 60
Knusprige Gratins mit
  Kartoffeln und Gemüse 61
Kartoffel-Tomaten-Gratin 61
Mangoldgratin mit
  Knoblauchbrot 61

Leichte Fisch- und Fleischgerichte aus der Bio-Küche 61

Schollenfilets
  in Kräutersauce 64
Sahne-Forellen mit Kräutern 65
Fisch in der Folie 66
Kräuterfisch
  in Zitronenbutter 66

Gedämpfter Kabeljau
  auf Gemüse 67
Schleien mit Tomaten 68
Gedämpfter Fisch
  mit Ingwer 69
Fisch mit Gemüse 70
Matjesfilets mit Kartoffeln und
  Quarksauce 71
Fischragout mit Gurken 71
Hummerkrabben
  in Kräutersahne 72
Gegrillte Hummerkrabben 72
Fischpfanne mit Reis 73
Lammragout mit Joghurt 74
Lammtopf mit Quitten 74
Lammgeschnetzeltes
  mit Tomaten 75
Lammkoteletts
  in Thymiansauce 76
Lammedaillons mit
  Rosmarin-Kartoffeln 76
Gekräuterte Lammscheiben 77
Gefüllte Lammschulter 78
Tafelspitz vom Lamm 79
Lammbrust mexikanisch 80
Lammkeule mit Gemüse 81
Lammcurry 82
Lammragout mit Orangen 82

Lammgeschnetzeltes
  in Estragonöl 83
Lammbällchen mit Sesam 83
Gefüllte Paprikaschoten 84
Hühnerbrüstchen in Wirsing 85

Hühnerfrikadellen 85
Gefülltes Hähnchen 86
Salbeihuhn 87
Ente mit Beifuß 88
Geschmortes Huhn
  mit Gemüse 89
Huhn mit Aprikosen 90
Exotisches Huhn 91
Huhn nach China-Art 91

Vegetarische Hauptgerichte und Beilagen 93

Kohlrouladen mit
  Buchweizen 94
Gefüllte Weinblätter 95
Auberginen in Sojamilch 96
Herzhafte Gemüsegerichte 97
  Gemüse süßsauer 97
  Gemüse mit Sojasauce
    und Sesam 97
Getrocknete Wintergemüse 98
Gemüsefrikadellen mit Tofu 99
Gemüseomelette 99
Tomaten, gefüllt mit Weizen 100
Gefüllte Zwiebeln 101
Zucchini-Gemüse 102
Kohlrabi mit Walnüssen 102
Grüner Spargel mit Saucen 103
Blumenkohlcurry
  mit Kartoffeln 104

Lauch-Möhren-Curry 104
Broccoli und Kartoffeln
  mit Käsesauce 105
Kartoffeln in Kräutersauce 106
Ofenkartoffeln mit Quark 106
Kartoffelnudeln
  mit Salbeibutter 107
Kartoffel-Tortilla 107
Pellkartoffeln mit Pilzsauce 108
Kartoffelgnocchi
  in Kräutersauce 109
Vollkornspaghetti
  mit Käse-Sahnesauce 110
Soja-Makkaroni
  mit Knoblauch-Öl 110
Weizenkeimnudeln mit roher
  Tomatensauce 110
Ravioli mit Kräutern
  und Ricotta 111
Vollkornnudeln mit Sesam 112
Grüne Käsespätzle 112
Vollkorneierkuchen
  mit Gemüse 113

Pilze mit
  Schwarzbrotklößen 114
Grünkernpflänzchen 115
Buchweizenklößchen
  in Gorgonzolasahne 115
Geschmorter Weizen 116
Buchweizen, überbacken 116
Feine Reisgerichte 117
  Risotto mit Erbsen
    und Safran 117
  Gemüsepilaw 117
Buchweizenschmarren mit
  Schwarzwurzelgemüse 118
Vollkornschmarren
  mit Lauchgemüse 118
Polentaschnitten
  mit Tomatensauce 119
Kichererbsen mit Wirsing 120
Maistopf mit Tomaten 120

Bulgur mit Gemüse 121
Bulgur als Beilage 121
Gebratener Reis 122
Panierte Tofuschnitzel
  mit Grünkern-Pilzen 123
Tofuklößchen in
  Kapernsauce 124
Gebratener Tofu
  mit Gemüse 124
Schwarze Bohnen mit Mais 125
Curry von Nüssen 125
Köstliche Hülsen-
  fruchtgerichte 126
  Schwarze Bohnen
    mit Tomaten 126
  Linsen russische Art 126
Bohnen-Variationen 127
  Weiße Bohnen
    provenzalisch 127
  Rotes Bohnen-Gemüse
    mit Apfel 127

Süße Hauptgerichte, Desserts und Getränke 129

Vollkorn-Savarin
  mit Kompott 130
Pudding mit Nüssen
  und Sprossen 131
Quarkstrudel mit Kirschen 132
Hirse-Reis-Küchlein 133
Apfelpfannkuchen 133
Quarkklößchen 134
Pfirsiche mit Nußbaiser 134
Zwetschgen
  mit Vanillecreme 135
Honigeis mit Orangensalat 135
Heidelbeerkuchen 136
Erdbeeren mit Datteln 136

Hollerküchlein 137
Milchmixgetränke 138
  Pfirsichmilch 138
  Pistazienmilch 138
  Mandelmilch 138
  Apfelmilch 138
  Bananenmilch 138
Pikante Drinks 139
  Sauerkrautsaft mit Apfel 139
  Tomatensaft 139
  Orangen-Möhren-Saft 139
  Kräuterdrink 139

Zum Nachschlagen 140

Menüvorschläge aus der Bio-Küche 142

Nützliche Geräte im Überblick 144

Das richtige
  Kochgeschirr 144
Geräte zum Dämpfen 144
Dörrgeräte 144
Getreidemühlen 144
Gefäße zum Keimen 144

Lexikon der Bio-Küche 145

Rezept- und Sachregister 156

Wenn nicht anders angegeben, sind alle Rezepte für 4 Personen berechnet.

Ein Wort zuvor

Was heißt: Natürlich kochen? Es bedeutet, mit marktfrischen und naturbelassenen Produkten so zu kochen, daß die Gerichte nicht nur köstlich schmecken, sondern vollwertiger, bekömmlich und gesund sind.

Natürlich kochen – dieses neue Bio-Kochbuch macht es leicht. Ich stelle Ihnen hier mehr als 150 naturgemäße Rezepte zur Wahl und beschreibe sie so ausführlich, daß sie jedem gelingen. Die geschmacklichen Ergebnisse werden auch diejenigen begeistern, die einer neuen Ernährung bisher skeptisch gegenüberstanden.

Natürlich kochen – gesünder essen, das ist heute Wunsch und Bedürfnis aller »wachen« Menschen, die sich bewußt mit der wichtigen Frage der Ernährung und den Konsequenzen für die Gesundheit auseinandersetzen.

Schadstoffe meiden

Den Schreckensmeldungen über Schadstoffe, mit denen die Lebensmittel belastet seien und über unsere eigenen falschen Ernährungsgewohnheiten stehen wir keineswegs machtlos gegenüber. Trotz der Tatsache, daß es keine unbelasteten Lebensmittel mehr gibt, können wir durch bewußte Wahl dessen, was wir kaufen und wie wir es zubereiten bereits wichtige Schritte auf dem Weg zum natürlichen Kochen gehen.

Um es konkret auszudrücken: Wir können frische Gemüse aus biologischem Anbau kaufen, statt Konserven zu verwenden, wir können natürliche Fette wie Butter und unbehandelte Pflanzenöle verwenden, statt solche, für deren Herstellung chemische Prozesse erforderlich sind. Wir können unser Müsli selbst zusammenstellen, statt es fertig abgepackt zu kaufen. Statt weißer Auszugsmehle können wir Vollkornmehle verarbeiten und Zucker hauptsächlich als Gewürz einsetzen.

Dieses Buch bietet leicht verständlich alles Wesentliche zu dem Thema, das heute pauschal mit dem Wort ›Bio-Küche‹ umschrieben wird, und es erleichtert den Einstieg in diese doch etwas andere Art zu kochen.

Mit den genauen Anleitungen gelingen alle Gerichte auch denen ganz problemlos, die noch keine Erfahrung mit Getreide und Hülsenfrüchten, mit Nüssen, Samen und Keimlingen haben. Alle Produkte, die in den Rezepten verwendet werden, finden Sie im Reformhaus oder Naturkostladen, beim Gemüsehändler oder auf Wochenmärkten. Auch die großen Warenhäuser beginnen langsam, sich auf die Wünsche ernährungsbewußter Kunden einzustellen. Denn je häufiger der Verbraucher sich als kritischer Konsument zeigt, desto eher wird der Handel mit seinem Warenangebot darauf Rücksicht nehmen.

Natürlich kochen

Natürlich kochen ist ein feinschmeckerischer Gewinn nicht nur für den Gaumen, sondern auch für das Wohlbefinden. Berühmte Köche praktizieren diese neue Küche übrigens schon seit Jahren: sie kochen mit marktfrischem Gemüse, verwenden gutes Fleisch und fangfrischen Fisch. Achten Sie darauf: In einem guten Restaurant finden Sie bestimmt keine Bohnen aus der Dose auf Ihrem Teller, sondern Gemüse, das seinen feinen, unverwechselbaren Geschmack behalten hat. Die großen Küchenchefs haben auch Hülsenfrüchte wieder salonfähig gemacht und Vergessenes wie Gerste, Buchweizen, Wildkräuter oder Holunderblüten aus der Versenkung geholt.

Nicht nur Ernährungsbewußte, auch die Feinschmecker unter Ihnen kommen voll auf ihre Kosten, denn sie finden lauter reizvolle Gerichte, die nichts mit einfallsloser Gesundheitskost zu tun haben. Das werden Sie schon beim Durchblättern des Buches merken, denn jedes der verlockenden Rezepte ist farbig fotografiert und die Abbildungen geben einen optischen Vorgeschmack dessen, was Sie kulinarisch erwartet. Sie werden in diesem Buch auch auf Bekanntes stoßen: Cannelloni und Pizza, Frikadellen und klare Brühen. Das Neue daran: Die Cannelloni sind mit Tofu, die Pizza ist mit Vollkornmehl und die Brühen werden nur mit Gemüse zubereitet.

Rezeptvielfalt

Sie werden Gerichte entdecken, die vielleicht zu Ihren angenehmen Kindheitserinnerungen gehören: Apfelpfannkuchen, Quarkklößchen und Grießschnitten. Ich habe für Sie in alten Kochbüchern gestöbert und vergessene Rezepte ein wenig modernisiert: Hirseauflauf und Gerstensuppe, Graupeneintopf und Buchweizenklößchen. Und auch einen Blick in die internationale Küche bietet Ihnen dieses Buch. Sie finden Curries aus dem Fernen Osten, Feines aus Spanien, Griechenland und Italien, Leichtes aus China – alles abgestimmt auf naturbelassene Zutaten.

Das Buch enthält natürlich nicht allein vegetarische Gerichte, denn Sie sollen durch Ihre eigene Koch- und Eßerfahrung selbst bestimmen können, ob Sie vegetarische Vollwertkost bevorzugen. Deshalb wendet sich ein umfangreiches Kapitel an diejenigen unter Ihnen, die zwar gerne Gemüse, Salate, Körner und Hülsenfrüchte essen, aber auch mit Fleisch und Fisch schlemmen wollen. Lassen Sie sich also ruhig mal verführen zu einer saftigen Lammkeule oder einem zarten Hähnchen, zu kräuterwürzigen Fischfilets oder gegrillten Hummerkrabben. Allerdings habe ich mich bei Fleisch auf Lamm und Geflügel beschränkt und auf Rezepte für Schweine-, Kalb- und Rindfleisch verzichtet, weil es schwierig ist, letzteres in einwandfreier Qualität zu bekommen. Aufgrund der (noch) relativ geringen Nachfrage werden Lämmer nicht in dem Maße hochgezüchtet und gemästet wie Schweine oder Kälber. Und bei Geflügel haben Sie selbst die Möglichkeit, bei einem Bauern zu kaufen, der Hühner und Enten aus artgerechter Haltung anbietet. Bedenken Sie bitte noch einmal: Ein kritischer Verbraucher, der nicht alles unbesehen in seinen Einkaufskorb legt, sondern auch mal Fragen stellt oder sogar die optisch so schöne Handelsklasse I zurückweist, zwingt die Erzeuger zum Umdenken. Unsere Lebensmittel können nur besser werden, wenn wir lernen, wieder richtige Ansprüche zu stellen.

Alle Rezepte in diesem Buch sind auch für die Ungeübteren unter Ihnen leicht nachzukochen. Ich habe bei den einzelnen Arbeitsschritten sehr oft erklärt, weshalb etwas so gemacht wird, oder was Sie beim Vorbereiten beachten sollten.

Menüvorschläge

Wer noch unsicher bei der Zusammenstellung eines köstlichen Menüs oder Partybuffets aus der Bio-Küche ist, schlägt auf den Seiten 140/141 nach: Hier finden Sie Menüs für alle Gelegenheiten, versehen mit Tips für die Vorbereitung und Fertigstellung der Speisenfolge. Auch eine Gerätekunde fehlt nicht: Lesen Sie darin das Wichtigste über Töpfe, die schonend garen und Hilfsmittel, die Ihnen das Vorbereiten und Kochen erleichtern.

Kleine Ernährungslehre

Die kleine Ernährungslehre liefert Informationen über die Zusammensetzung unserer Lebensmittel und Nährstoffe, die unser Organismus braucht. Sie lernen den Unterschied zwischen tierischem und pflanzlichem Eiweiß kennen, erfahren etwas über biologische Wertigkeit, Ballaststoffe und Vitamine.

Lexikon der Bio-Küche

Alles, was Sie über naturbelassene frische Produkte wissen sollten, finden Sie im Lexikon ab Seite 146. Es informiert Sie über alle Zutaten, erklärt die Begriffe wie Darren und Keimen, erläutert, was biologisch-dynamischer Anbau ist und nennt darüberhinaus Bezugsquellen für Fleisch und Geflügel aus artgerechter Tierhaltung. Warenkundliche Informationen helfen Ihnen, ein kritischer Verbraucher zu werden.

Aber genug der Vorrede – fangen Sie an zu blättern, auszusuchen und zu kochen. Genießen Sie und Ihre Familie die köstlichen Gerichte und freuen Sie sich, daß Sie ganz ohne Verzicht gesünder essen und leben können.

Viel Spaß und guten Appetit!
Ihre
Barbara Rias-Bucher

Kleine Ernährungslehre

Seit einigen Jahren wird uns von verschiedenen Seiten immer wieder klar gemacht, daß wir uns falsch ernähren: Wir – so stellt auch der Ernährungsbericht der Deutschen Gesellschaft für Ernährung 1984 fest – essen zuviel Fett, zuviel Zucker und zuviel Salz. Außerdem geben wir unserem Körper viel mehr tierisches Eiweiß, als er braucht. Nun fragt sich mancher, was an dem dicken, saftigen Steak eigentlich schädlich sein soll, wenn es sogar Schlankheitskuren gibt, die sich hauptsächlich aus Eiern und magerem Fleisch zusammensetzen. Oder warum er auf die Sahnetorte zum Kaffee verzichten soll, obwohl sie ihm keinerlei erkennbaren Schaden zufügt, sondern im Gegenteil ganz herrlich schmeckt. Wir wissen inzwischen, daß die Kartoffel rehabilitiert wurde und nicht mehr als Dickmacher und Arme-Leute-Knolle, sondern als Delikatesse gilt, die überdies ernährungsphysiologisch außerordentlich wertvoll ist. Was wir nicht mehr so genau wissen: leben nun die Dünnen länger oder die Molligen? Hier gehen die Meinungen der Experten auseinander.
Wer sich richtig ernähren und dabei auch Spaß am Essen haben will, braucht Informationen – Informationen über die Zusammensetzung unserer Nahrung, über die Bedürfnisse unseres Körpers, über die wesentlichen Stoffe, die wir zwar aufbauen müssen, um uns wohlzufühlen, jedoch weder sehen, schmecken noch riechen können. Erst dann können wir wirklich selbst beurteilen, ob wir uns richtig oder falsch ernähren. Dann können wir sogar auch mal über die Stränge schlagen, weil wir wissen, wie diese kleine Sünde wieder gutzumachen ist.

Die Zusammensetzung unserer Nahrung

Der menschliche Körper wird oft mit einer Maschine verglichen, die auf die Zufuhr von Energie angewiesen ist, damit sie reibungslos funktioniert. Nur Energie, wie sie uns Fett, Eiweiß und Kohlenhydrate liefern, reicht jedoch nicht aus. Der Körper braucht auch Nährstoffe (Vitamine, Mineralstoffe und Spurenelemente), die bestimmte Funktionen wie zum Beispiel Stoffwechselvorgänge in Gang halten oder – ganz wichtig – ihm die Möglichkeit geben, das, was er verbraucht, wieder aufzubauen, beispielsweise Eiweiß oder Kalk für Knochen und Zähne. Wenn diese Nährstoffe fehlen, wird der Mensch krank oder stirbt sogar. Das gleiche gilt, wenn die Energiezufuhr aufhört: Hungern führt zum Tod.
Jedes Lebensmittel enthält einige oder einen großen Teil dieser Nährstoffe. Es gibt jedoch kein einziges Lebensmittel, in dem alle lebensnotwendigen Nährstoffe gleichzeitig vorhanden sind. Deshalb heißt richtig essen Vielfalt wahren. Wer hauptsächlich Fleisch zu sich nimmt, wird unter Verdauungsbeschwerden leiden, weil ihm die Stoffe fehlen, die die Nahrung durch den Darm transportieren. Und wer zuviel Fett ißt – das in vielen Lebensmitteln enthalten ist, auch wenn man es nicht sieht –, wird dick, da er seinem Körper mehr Energie zuführt, als dieser braucht.

Eiweiß

Eiweiß, auch Protein genannt, ist Grundbaustein des menschlichen Organismus. Es hat die Aufgabe, Körpergewebe, wie zum Beispiel Muskeln und Organe, aufzubauen und zu erhalten. Da der Körper ständig Eiweiß verbraucht, muß man es ihm durch die Nahrung wieder zuführen. Das ist leicht möglich, denn Proteine sind Bestandteile sowohl tierischer als auch pflanzlicher Produkte. Das Eiweiß, das wir mit der Nahrung aufnehmen, wird bei der Verdauung dann in seine einzelnen Bausteine, die Aminosäuren, zerlegt.
Es gibt über zwanzig verschiedene Aminosäuren, von denen der Körper nur acht nicht selbst herstellen kann. Eben diese braucht er jedoch zum Aufbau körpereigenen Eiweißes unbedingt. Weil die Zufuhr dieser acht Aminosäuren für den Organismus also lebensnotwendig ist, nennt man sie essentielle Aminosäuren.
Natürlich brauchen wir nicht darauf zu achten, daß wir essentielle Aminosäuren aufnehmen; wir tun es ganz automatisch durch unsere gemischte Kost. In den Industrienationen sind deshalb Mangelerkrankungen nicht – wie in den Entwicklungsländern – auf unzureichende Eiweißversorgung zurückzuführen, sondern auf die Unterversorgung etwa mit bestimmten Vitaminen oder Mineralstoffen.
Für den Eiweißbedarf gibt es Richtwerte: Ein Erwachsener benötigt pro Tag etwa 0,8 g Eiweiß pro Kilogramm seines Körpergewichtes, Kinder, Schwangere und alte Menschen brauchen mehr. Von der gesamten täglichen Energiezufuhr sollten 10 bis allerhöchstens 20 Prozent aus Proteinen bestehen. Dabei gilt als Faustregel, den Eiweißbedarf je zur Hälfte aus tierischen und pflanzlichen Lebensmitteln zu decken. Manche Ernährungswissenschaftler raten sogar, nur ein Drittel tierische und zwei Drittel pflanzliche Proteine zu essen. Keinesfalls also sollte man nur Fleisch oder Fisch, Milchprodukte oder Eier verzehren, sondern auch Getreideprodukte und Hülsenfrüchte. Selbst im Gemüse sind essentielle Aminosäuren, allerdings in geringeren Mengen, enthalten. Anfangs, wenn Sie noch nicht so mit dem Proteingehalt der verschiedenen Produkte vertraut sind, helfen Ihnen die Nährwertangaben, die bei jedem Rezept stehen. Mit der Zeit wissen Sie dann selbst, welches Lebensmittel eiweißreich ist. Es kommt jedoch nicht nur auf den Eiweißgehalt, sondern auch auf die biologische Wertigkeit des Eiweißes an.

Biologische Wertigkeit von Eiweiß

Für die menschliche Ernährung ist das in Lebensmitteln enthaltene Eiweiß umso wertvoller, je ähnlicher seine Zusammensetzung der des menschlichen Körpereiweißes ist. Eiweiß, das alle acht essentiellen Aminosäuren in genau dem Verhältnis enthält, das der Organismus zum Aufbau von körpereigenem Eiweiß braucht, nennt man »biologisch hochwertiges Eiweiß«. Tierisches Eiweiß aus Fleisch, Fisch, Milchprodukten und Eiern ist sehr hochwertig, da es in seiner Zusammensetzung dem menschlichen Eiweiß gleicht. Pflanzliches Eiweiß dagegen ist im allgemeinen nicht so hochwertig, weil es einen geringeren Anteil an lebensnotwendigen (essentiellen) Aminosäuren hat. Dadurch ist es dem menschlichen Protein oft sehr unähnlich. Mit der Nahrung werden jedoch nicht Proteine einer Sorte (zum Beispiel Hülsenfrüchte) aufgenommen, sondern ein Gemisch verschiedener Proteine, etwa aus Getreide, Gemüse und Milch. Essentielle Aminosäuren, die in einem Eiweiß in geringer Menge vorkommen, können in einem anderen Protein in größerer Menge enthalten sein. Verzehrt man diese nun zusammen, so können sie sich gegenseitig gut ergänzen. Wenn man also pflanzliches Eiweiß mit anderen Eiweißquellen kombiniert, so erhält man hochwertiges Eiweiß. Dazu ein Beispiel: Milch ist ein biologisch hochwertiges Lebensmittel, Getreide ebenfalls. Wenn Sie nun ein Milchprodukt wie Käse mit Weizen kombinieren, wie im Rezept »Tomaten, gefüllt mit Weizen«, Seite 100, ergibt sich eine noch höhere biologische Wertigkeit. Dasselbe gilt für ein Frühstücksmüsli, das Sie aus Joghurt und geschroteten Weizenkörnern mischen, eine Scheibe Vollkornweizenbrot, belegt mit Käse oder auch für Porridge, der aus Haferbrei mit Milch oder Sahne besteht. Selbstverständlich brauchen Sie nicht nur Weizen und Milch zu essen, sondern können aus diesen beiden Produkten ein Gericht zubereiten. Wichtig ist nur, daß beide Lebensmittel in einer Mahlzeit gegessen werden.

Biologischer Wert
von Nahrungsproteinen:

Vollei (Eigelb und Eiweiß)	100
Frischkartoffeln	86
Edamer Käse	85
Kuhmilch	85
Soja	84
Roggen	83
Naturreis	83
Rotbarschfilet	80
Mais	75
Bohnen	73
Sonnenblumenkerne	70
Weizen	59

Pflanzliche Lebensmittel können so kombiniert werden, daß ihr Eiweißgemisch ebenso hochwertig oder sogar noch hochwertiger als tierisches Protein ist.

Produkte, deren Eiweiß sich gut ergänzt, sind:

- Kartoffeln mit Milchprodukten
- Kartoffeln mit Ei
- Hülsenfrüchte mit Milchprodukten
- Hülsenfrüchte mit Weizen oder Roggen
- Weizen mit Milchprodukten
- Reis, Bohnen, Soja, Mais oder Weizen mit Ei
- Soja (zum Beispiel Sojanudeln) mit Sesam
- Bohnen mit Mais

	Milch Milch-Prod.	Eier	Brot Getreide	Mais	Kartoffeln	Hülsenfrüchte	Nüsse Samen
Milch Milch-Prod.			■	■	■	■	■
Eier					■	■	
Brot Getreide	■					■	■
Mais	■						
Kartoffeln	■	■					
Hülsenfrüchte	■		■	■			■
Nüsse Samen	■		■			■	

Die roten Felder in den senkrechten und waagerechten Linien ergeben ebenfalls günstige Kombinationen, die Fleisch ersetzen können.

Diese Kombinationen finden Sie entweder in den Rezepten dieses Buches selbst oder sie ergeben sich aus den Beilagen, die ich jeweils nenne. Mit den genannten Beispielen möchte ich Ihnen aber auch helfen, selbst günstige Kombinationen zusammenzustellen.

Wie Sie aus der Tabelle ersehen, ist für vollwertige Ernährung Fleisch oder Fisch nicht unbedingt notwendig, obwohl der Organismus generell aus tierischem Eiweiß die körpereigenen Proteine leichter bilden kann. Tierisches Eiweiß ist biologisch also hochwertiger als pflanzliches. Wenn Sie pflanzliches Eiweiß jedoch sinnvoll kombinieren, führen Sie Ihrem Körper alle essentiellen Aminosäuren zu. Für eine fleischarme Ernährung spricht einiges: Erstens sind pflanzliche Eiweißträger wie Hülsenfrüchte, Getreide und Kartoffeln einfach billiger als Fleisch.

Zweitens ist Fleisch reich an gesättigten Fettsäuren, und ein Fettbegleitstoff, der hauptsächlich in tierischem Fett vorkommt, ist das Cholesterin. Ein hoher Cholesterinspiegel im Blut begünstigt die Entstehung von bestimmten Herz- und Gefäßleiden. Drittens enthält Fleisch Purine, die der Organismus in Harnsäure umwandelt. Ein Zuviel an Harnsäure kann bei dafür veranlagten Menschen Gicht und Nierensteine hervorrufen. Viertens bekommt der Körper mit Fleisch so gut wie keine Ballaststoffe, die ihrerseits für eine geregelte Verdauung wichtig sind. Und fünftens schließlich fördert der hohe Fleischkonsum der Industrieländer den Hunger in der Dritten Welt: Fleisch ist ja bereits ein »veredeltes« Produkt, das heißt, zur Erzeugung einer einzigen Kalorie Fleisch werden durchschnittlich sieben Kalorien pflanzlicher Herkunft benötigt. Um tierische Lebensmittel zu produzieren, ist also ein hoher Futtermitteleinsatz notwendig. Die Tiere werden jedoch nicht nur mit Getreide oder Sojaprodukten gemästet, die bei uns erzeugt werden, sondern mit gewaltigen Mengen pflanzlicher Lebensmittel aus den Entwicklungsländern. Die hungernden Völker müssen den reichen Nationen also einen Teil ihrer Nahrungsreserven verkaufen, den sie eigentlich selbst bitter nötig hätten. Schon aus diesem Grund sollte man hin und wieder mal mit liebgewordenen Eßgewohnheiten brechen und das Fleischgericht durch eine vegetarische Mahlzeit ersetzen. Denn wie so oft hat es auch hier der Verbraucher in der Hand, die Erzeuger zum Umdenken zu zwingen. Nicht zuletzt trägt eine geringere Nachfrage dazu bei, daß sich die Qualität des Fleisches wieder bessert, weil es nicht mehr in Massen produziert werden muß.

Fett

Fett liefert dem Körper etwa doppelt soviel Energie wie Protein und Kohlenhydrate. Wie auch das Protein besteht es aus verschiedenen Bausteinen, dem Glycerin und den Fettsäuren.

Dazu ein bißchen Chemie: Jedes chemische Element wie zum Beispiel Wasserstoff, Kohlenstoff oder auch Eisen, Gold oder Kupfer hat unter bestimmten Bedingungen die Möglichkeit, sich mit einem anderen Element zu verbinden. Aus dieser Verbindung ergibt sich dann ein neuer Stoff. Unser Kochsalz zum Beispiel ist die chemische Verbindung aus den Elementen Natrium und Chlor. Auch diese chemischen Verbindungen wiederum können sich mit Elementen und/oder anderen Verbindungen in einen neuen Stoff »verwandeln«. Fettsäuren sind bereits solche Verbindungen, die überdies Wasserstoff enthalten. Wenn sie so viele Wasserstoffatome anlagern, wie es möglich ist, nennt man sie gesättigte Fettsäuren.
Enthalten sie nur zwei Wasserstoffatome weniger, sind es einfach ungesättigte Fettsäuren. Bei noch weniger Wasserstoffatomen spricht man von mehrfach ungesättigten Fettsäuren. Während nun der Körper die gesättigten und auch die einfach ungesättigten Fettsäuren selbst bilden kann, gibt es bei den mehrfach ungesättigten wieder-

um eine essentielle, also lebensnotwendige Fettsäure, die Linolsäure. Sie muß dem Organismus durch die Nahrung zugeführt werden. Reich an mehrfach ungesättigten Fettsäuren sind Pflanzenöle aus Sonnenblumenkernen, Mais- und Weizenkeimen, außerdem Distelöl, Leinöl, Sojaöl und Walnußöl. Auch Nüsse und Samen allgemein enthalten mehrfach ungesättigte Fettsäuren. Gesättigte Fettsäuren kommen besonders in tierischen Produkten vor. Zum Vergleich: Maiskeimöl enthält etwa 50 Prozent mehrfach ungesättigte Fettsäuren, Butter dagegen nur etwa 3 Prozent, jedoch rund 60 Prozent gesättigte Fettsäuren.

In letzter Zeit hat man festgestellt, daß der Körper auch ein Zuviel an mehrfach ungesättigten Fettsäuren nicht verträgt. Deshalb ist es am besten, tierische und pflanzliche Fette zu kombinieren und im übrigen den Fettverbrauch zu senken.

Der tägliche Fettbedarf liegt bei etwa 30 Prozent der gesamten Energiezufuhr. Pro Kilogramm Körpergewicht braucht man also etwa 1 Gramm Fett. Selbstverständlich nehmen wir Fett nicht nur in reiner Form etwa als Öl oder Butter auf. In den meisten Lebensmitteln sind versteckte Fette, oft sogar in großen Mengen, enthalten. Und genau darin liegt die Gefahr: Wer zuviel Fett ißt, wird unweigerlich dick, weil der Körper den Überschuß nicht ausscheidet, sondern in Form von mehr oder weniger großen »Polstern« anlagert. Man sollte sich also immer darüber Gedanken machen, wieviel Fett man tatsächlich konsumiert und nicht nur die Butter abwiegen, die man auf das Frühstücksbrötchen streicht. Und bedenken Sie bitte auch, daß 1 Gramm Fett Ihnen eben doppelt soviel Energie liefert wie dieselbe Menge an Eiweiß oder Kohlenhydraten.

Fett ist aber nicht nur ein wichtiger Energiespender. Es ist zum Beispiel auch verantwortlich für den Stoffwechsel. Außerdem kann der Körper fettlösliche Vitamine wie Vitamin A und E nur mit Hilfe von Fett verwerten.

Kohlenhydrate

Kohlenhydrate bilden den Hauptbestandteil der meisten pflanzlichen Lebensmittel. Man unterscheidet sie nach drei Gruppen: erstens die schwer lösliche Stärke, die dem Körper bei der Verdauung am meisten Arbeit macht, zweitens den leicht löslichen Zucker, der rasch ins Blut übergeht und drittens die unverdauliche Zellulose.

Für eine gesunde Ernährung sind stärkehaltige Produkte wie Getreide und Kartoffeln wesentlich. Stärke wird im Körper nach und nach in Zucker verwandelt; dieser langsame Prozeß ruft dann das angenehme Gefühl der Sättigung hervor. Die Verdauung beginnt dabei mit Hilfe des Speichels bereits im Mund. Wenn wir dagegen den leicht löslichen Zucker zu uns nehmen, tritt zwar sofort ein Sättigungseffekt ein, der jedoch nicht anhält – eben weil der Körper nichts mehr zu tun hat; man spürt im Gegenteil sehr rasch wieder Heißhunger, denn der Blutzuckerspiegel sinkt ebenso plötzlich ab, wie er vorher angestiegen ist. Außerdem entziehen Kohlenhydrate dem Körper Vitamin B_1. Nur: In Vollkornbrot zum Beispiel ist dieses Vitamin reichlich enthalten, so daß es bei der Verdauung nicht zum Vitaminverlust kommt. Bei reinem Zucker ist das anders: als leerer Kalorienträger bringt er nicht nur gar keine Vitamine mit, sondern nimmt sie dem Organismus auch noch weg. Mangel an Vitamin B_1 bewirkt auch, daß sich die Kohlenhydrate, die der Körper nicht abbaut, als Fett anlagern. Viel Zucker ist also nicht nur wertlos, sondern sogar schädlich.

Am besten wäre es, wenn man ihn nur sparsam als Gewürz wie zum Beispiel Salz verwendet, und den Hunger nach Süßem mit Obst, mal einem Honigbrot oder Müsli stillt. Übrigens ist auch brauner Zucker nicht »gesund«; er ist nur unraffiniert, das heißt, nicht gereinigt. Daß der Verbrauch von Zucker eine reine Gewohnheit ist, werden Sie merken, wenn Sie ein bißchen experimentieren: Nehmen Sie beim Backen mal nur zwei Drittel der angegebenen Zuckermenge. Oder ersetzen Sie Zucker durch Honig oder Ahornsirup. Probieren Sie Tee oder Kaffee ohne Zucker. Zuerst vermissen Sie den süßen Geschmack vermutlich, doch mit der Zeit gewöhnt sich Ihr Körper daran. Vor allem aber verfeinert sich Ihr Geschmacksempfinden wieder, denn in Speisen, die vorher einfach nur »süß« waren, können sich nun die verschiedenen Aromen entfalten.

Auch Produkte aus weißen, also niedrig ausgemahlenen Mehlen sollten Sie möglichst ganz von Ihrem Speisezettel streichen. Sie nehmen damit zwar Kalorien, sprich: Energie auf, führen Ihrem Körper jedoch wenige Vital- und Ballaststoffe zu. Wer sich gesund ernähren will, sollte darauf achten, daß er die Lebensmittel in möglichst unveränderter Form ißt: Brot, Gebäck oder Teigwaren aus hochausgemahlenen Mehlen oder noch besser Vollkornmehlen, die alle wertvollen Bestandteile des ganzen Korns enthalten sowie Naturreis, dem man das Silberhäutchen und damit auch die Vitamine nicht entfernt hat. Näheres über die einzelnen Produkte finden Sie im Bio-Lexikon unter dem entsprechenden Stichwort.

Kohlenhydrate sollten den Löwenanteil unserer Nahrung ausmachen: 50 bis 60 Prozent des gesamten täglichen Energiebedarfs. Früher haben sich die meisten Menschen auch so ernährt, aus dem einfachen Grund, weil kohlenhydrathaltige Lebensmittel wie Kartoffeln oder Getreide am billigsten waren. Mit steigendem Wohlstand hat sich dann das Gewicht auf Fleisch und Fisch verlagert: Man konnte sich den Braten nicht mehr nur sonntags, sondern auch unter der Woche leisten. Vielen von uns ist gar nicht bewußt, daß vor der bloßen Gewohnheit, viel Fleisch zu essen, eigentlich das Prestigedenken stand: Fleisch auf dem Tisch bedeutete Wohlstand. Die Erzeuger haben diesen Trend ziemlich rasch erkannt und ihn durch Züchtung und schnelle Mast der Tiere kräftig gefördert.

Am Ende dieser Entwicklung steht heute das genormte Tiefkühlhähnchen, das mit einem freischarrenden Huhn vom Bauernhof nur noch die Anatomie gemeinsam hat, und das schlanke EG-Schwein, dem man schon während der Mast und erst recht vor dem Schlachten Beruhigungsmittel verabreichen muß, damit es nicht vorzeitig durch den Streß verendet, den es in seinem kurzen Leben ertragen muß.

Kohlenhydrathaltige Lebensmittel wie Hülsenfrüchte und Getreide liefern außerdem reichlich pflanzliches Eiweiß und bieten deshalb nicht nur eine schmackhafte, sondern auch gesunde Alternative zu Fleisch.

Ballaststoffe

Ballaststoffe sind die unverdaulichen Bestandteile pflanzlicher Lebensmittel. Sie kommen in den Zellwänden von Getreide, Gemüse und Obst vor. Die etwas abwertende Bezeichnung stammt noch aus einer Zeit, als die hundertprozentige Verdaulichkeit der Nahrung als das Beste angesehen wurde. Da man Ballaststoffe lange Zeit für wertlos hielt, maß man ihnen auch keinerlei Bedeutung für die Ernährung zu. Inzwischen ist eindeutig erwiesen, daß sie eine wichtige Funktion für die Verdauung haben und chronische Verstopfung verhindern können. Man nimmt auch an, daß sie chronischen Darmleiden und sogar Dickdarmkrebs vorbeugen. Ballaststoffe tun nämlich zweierlei: Da sie viel Flüssigkeit aufnehmen, vergrößern sie den Darminhalt, der auf diese Weise schneller transportiert und ausgeschieden wird. Außerdem binden sie Schad- und Fäulnisstoffe, die sich teilweise im Darm selbst oder mit der Nahrung aufgenommen werden. Günstig auf die Darmfunktion wirken vor allem die Ballaststoffe aus Getreide, Vollkornprodukten und Haferflocken. Bestimmte Ballaststoffe wie beispielsweise die aus Obst und Gemüse können auch den Cholesterinspiegel im Blut senken.

Als nützlichen Nebeneffekt leisten die Ballaststoffe auch noch einen Beitrag zur schlanken Linie: Indem sie aufquellen, rufen sie für einige Zeit das Gefühl der Sättigung hervor.
Übrigens hat sich auch hier die Nahrungsmittelindustrie schnell auf die neuen Erkenntnisse eingestellt: Die gängigen Auszugsmehle enthalten kaum Ballaststoffe, sprich: Kleie mehr – man bietet sie uns lieber hübsch verpackt für teures Geld als »Reformkost« an. Und noch immer müssen wir für hochausgemahlene Mehle oder Vollkornmehl mehr bezahlen als für das ziemlich wertlose Mehl der Type 405. Die Richtwerte für die notwendige Aufnahme von Ballaststoffen schwanken. Manche Experten halten etwa 20 Gramm täglich für ausreichend, andere gehen bis 40 Gramm. Auf alle Fälle sollte man so viele Ballaststoffe wie möglich zu sich nehmen: Hier ist ein Mehr besser als ein Zuwenig. Selbstverständlich müssen Sie vor Ihren Mahlzeiten keine Berechnungen anstellen, was dem Laien ja auch nicht möglich ist. Wenn Sie viel Vollkornprodukte, Naturreis, Gemüse und Obst essen, ist Ihre Ernährung reich an Ballaststoffen. Und notfalls helfen Sie eben doch mit ein bißchen Weizenkleie nach, die Sie über Ihr Müsli streuen.

Vitalstoffe

Unter Vitalstoffen verstehe ich in diesem Buch die Bestandteile der Nahrung, die zwar keine Energie liefern, für den menschlichen Organismus jedoch lebenswichtig sind: Vitamine, Mineralstoffe und – so genannt, weil der Körper sie wirklich nur in winzigen Mengen braucht – Spurenelemente.
Auch die Vitamine kann der Körper nicht selbst bilden. Allerdings kann er die fettlöslichen Vitamine A, D, E und K über einige Zeit speichern, so daß man sie nicht ständig aufnehmen muß.

Bei den wasserlöslichen Vitaminen – das ist der gesamte B-Komplex und das bekannte Vitamin C – ist das nicht möglich: wenn sie nicht laufend mit der Nahrung aufgenommen werden, tauchen schon sehr rasch Mangelerscheinungen auf.
Manche Vitamine, wie zum Beispiel Vitamin A, sind in pflanzlicher Kost nur in ihrer sogenannten Vorstufe enthalten. Der Körper wandelt diese Vorstufe jedoch in das reine Vitamin um. Schädlich ist übrigens nicht nur eine unzureichende Vitaminzufuhr, sondern auch ein Zuviel: Vitamin A bewirkt dann beispielsweise Knochenveränderungen. Zu einer Überversorgung mit Vitaminen kann es jedoch bei der normalen gemischten Kost nicht kommen. Auch die Unterversorgung mit Vitaminen ist ziemlich selten, wenn man sich abwechslungsreich mit Vollkorn- und Milchprodukten sowie Gemüse ernährt. Auf die Einnahme von Vitamintabletten kann man dann getrost verzichten. Einzige Ausnahme: Wir bekommen vielfach zu wenige Vitamine des B-Komplexes. Diese Vitamine sitzen nämlich zum Beispiel in den Randschichten des Getreidekorns und im Silberhäutchen vom Reiskorn. Die Randschichten und das Silberhäutchen werden jedoch bei den weißen Auszugsmehlen beziehungsweise beim polierten Reis entfernt. Deshalb ist es so wichtig, Getreide und Reis in der naturbelassenen Form zu essen. Lebensmittel mit fettlöslichen Vitaminen müssen Sie immer zusammen mit etwas tierischem oder pflanzlichem Fett verzehren, damit der Körper die Vitamine auch aufnehmen kann. Möhrenrohkost sollten Sie also mit einem Tropfen Öl mischen oder Joghurt dazu servieren.

Mineralstoffe und Spurenelemente sind im Grunde ein und dasselbe; die beiden Begriffe beziehen sich nur auf die Mengen, die der Körper braucht: Der tägliche Bedarf an Mineralstoffen liegt im Bereich von Milligramm (mg) bis Gramm; bei Spurenelementen reicht er von Mikrogramm (µg) bis Milligramm. Für Mineralstoffe und Spurenelemente gilt ähnliches wie für Vitamine: Der Organismus kann sie nicht selbst bilden, benötigt sie

jedoch für Stoffwechselvorgänge (Magnesium, Zink), Aufbau und Erhaltung von Knochen und Zähnen (Calcium und Phosphor; Fluor wirkt vorbeugend gegen Karies), die Blutbildung (Eisen) oder die Regulierung des Wasserhaushaltes (zum Beispiel Kalium, Natrium, Chlor).
Mit fast allen dieser Vitalstoffe sind wir im allgemeinen ausreichend versorgt. Ausnahmen bilden nur Eisen, Fluor und Jod, wobei hier die Mangelerscheinungen bestimmte Bevölkerungsgruppen betreffen: So leiden vor allem Frauen durch den Blutverlust bei Menstruation oder Geburt oft an Eisenmangel. In Regionen, in denen das Trinkwasser zu wenig Fluor enthält, tritt Karies häufig auf. Und besonders in Süddeutschland gibt es viele Leute mit Schilddrüsenstörungen (Kropfbildung), weil man dort weniger jodhaltige Lebensmittel, beispielsweise Seefisch, verzehrt, und Luft und Wasser einen geringeren Jodgehalt haben.

Lebensmittel,
die reichlich Eisen enthalten:
Ente, Lammfleisch, Fenchelkraut, Feldsalat, Löwenzahn, Brunnenkresse, Spinat.

Lebensmittel,
die reichlich Fluor enthalten:
Milch, Buttermilch, Kabeljau, Goldbarsch, Hühnerbrust, Sojabohnen, Walnüsse, Spinat.

Lebensmittel,
die reichlich Jod enthalten:
Milch, Seezunge, Forelle, Scholle, Sardine, Kabeljau, Goldbarsch, Seelachs, Schellfisch, Radieschen, Brunnenkresse.

Für eine ausreichende Jodzufuhr genügt eine Fischmahlzeit in der Woche. Sie können jedoch auch zum Würzen jodiertes Speisesalz verwenden.

Salz

Der große Arzt und Naturforscher Paracelsus formulierte einen Grundsatz, den wir uns besonders heute, in Zeiten des Überflusses, zu Herzen nehmen sollten: »Jedes Ding ist Gift, allein die Dosis macht, daß ein Ding kein Gift ist.«
Das gilt für Salz wie für kaum ein anderes Gewürz: einerseits ist es lebensnotwendig, andererseits gesundheitsschädlich, wenn man zuviel davon zu sich nimmt. Und wir alle essen zuviel Salz: das tägliche Muß würde nur ein einziges Gramm betragen, und schon mit ungesalzener Normalkost würden wir drei Gramm aufnehmen. Der tatsächliche Verbrauch an Kochsalz liegt jedoch bei durchschnittlich 15 Gramm pro Person. Inzwischen ist der Verbrauch zwar rückläufig, aber immer noch zu hoch. Kochsalz ist eine chemische Verbindung der beiden Elemente Natrium und Chlor, die natürlicherweise in Lebensmitteln vorkommen. Beide Elemente zählen zu den Mineralstoffen und sind verantwortlich unter anderem für die Regulierung der Gewebeflüssigkeit. Natrium hält Wasser im Körper zurück. Dadurch wird das Volumen des Blutes erhöht, der Blutdruck steigt. Zu hoher Blutdruck wiederum schädigt auf die Dauer die Arterien und führt zu Herz- und Kreislauferkrankungen. Nun nehmen wir sowohl Natrium als auch Chlor täglich mit der Nahrung zu uns. Unser Essen zusätzlich mit Salz zu würzen, ist also gänzlich überflüssig und tut nur etwas für unsere Geschmacksnerven. Ebenso wie an Zucker haben wir uns auch an Salz gewöhnt und glauben, nur schwer darauf verzichten zu können. Sie sollten es dennoch versuchen, auch wenn Sie bis jetzt keinerlei Beschwerden haben. Ersetzen Sie Salz durch frische Kräuter, die ebenfalls viele Mineralstoffe enthalten. Oder probieren Sie einfach mal eine vollreife, rohe Tomate, eine knackig-frische Paprikaschote ohne Salz. Der unverwechselbare Geschmack beider Lebensmittel wird sich Ihnen viel besser entfalten, weil Sie ihn nicht mehr mit Salz »erschlagen«. Dasselbe gilt für zartes Lammfleisch und selbst für Fisch. Meiden sollten

Sie auf jeden Fall industriell vorgefertigte Nahrungsmittel wie Konserven, Fertiggerichte, -saucen und -suppen, geräucherte und gepökelte Produkte, Würzsaucen und verschiedene Mineralwässer. Alle diese Produkte sind mitverantwortlich dafür, daß der Salzkonsum in den Industrienationen so drastisch angestiegen ist.

Essen mit Spaß und Vernunft

Richtig essen, heißt auch besser essen – sowohl was den Genuß als auch die Gesundheit betrifft. Deshalb hier zusammenfassend noch ein paar Tips – sei es, daß Sie Ihre Ernährung umstellen oder nur ein paar Orientierungshilfen mehr haben wollen.

• Geben Sie Ihrem Körper Zeit, sich an kohlenhydrat- und ballaststoffreiche Nahrung zu gewöhnen. Wenn Sie mit Bio-Kost erst anfangen, sollten Sie nicht gleich nur Körner und Gemüse essen, sondern auch leichter verdauliche Lebensmittel. Allmählich wird der Anteil an pflanzlichen Produkten dann immer weiter gesteigert.

• Essen Sie immer so abwechslungsreich wie möglich. Dadurch nehmen Sie alle notwendigen Energiespender und Vitalstoffe auf. Zudem verringern Sie das Risiko, Ihren Organismus mit natürlichen und chemischen Schadstoffen einseitig zu belasten.

• Grundsätzlich können Sie jedes Lebensmittel essen – es kommt nur darauf an, wie es erzeugt worden ist. Das gilt auch für Fleisch: Wenn Sie einen Bauern kennen, der seine Rinder noch grasen, die Schweine sich suhlen und die Hühner frei scharren läßt, sollten Sie sich das Fleisch dort besorgen.

• Meiden Sie vorgefertigte Nahrungsmittel wie Konserven und Produkte mit Konservierungs-, Farb-, Geschmacks- und Aromastoffen (die Unterscheidung von Lebens- und Nahrungsmitteln finden Sie im »Bio-Lexikon« ab Seite 145 unter den entsprechenden Stichwörtern). Dosenobst zum Beispiel wird ja nicht von Hand, sondern auf chemischem Weg geschält. Außerdem gibt es noch Stoffe, die eine bessere industrielle Verarbeitung ermöglichen oder die Produkte »schönen«, wie beispielsweise Bleichmittel (damit werden Fischkonserven, Gelatine und die Schalen von Walnüssen behandelt), Trennmittel, die das Ablösen von Gebäck aus der Form erleichtern, oder Säureregulatoren, die den Säuregehalt von Wein »einstellen«. Seit Ende 1983 müssen bei den meisten verpackten Produkten die Zusatzstoffe genannt werden. Allerdings finden Sie auf dem Etikett nur Zahlenkolonnen, die Sie erst entschlüsseln müssen. Eine Liste der Zusatzstoffe bekommen Sie gegen eine Schutzgebühr von der Verbraucherzentrale Hamburg, Große Bleichen 33, 2000 Hamburg 36.

• Achten Sie bei jeder Mahlzeit auf Qualität und nicht auf Quantität. Das kommt sowohl Ihren Geschmacksnerven als auch Ihrer Figur zugute.

• Wenn Sie Probleme mit Ihrer schlanken Linie haben, sollten Sie sich immer wieder bewußt machen, daß Essen ein Genuß ist, den Sie jeden Tag von neuem erleben können. Sie brauchen also gar nicht soviel zu essen, als ob es morgen nichts mehr geben würde.

• Essen Sie vor jeder Mahlzeit etwas Rohes: das regt die Verdauung an.

• Kombinieren Sie auch innerhalb einer Mahlzeit Gekochtes mit Rohem (zum Beispiel frische Kräuter oder geraspeltes Gemüse): auch das unterstützt die Verdauung.

• Kauen Sie gut, denn die Verdauung von Kohlenhydraten beginnt ja schon im Mund.

• Überlegen Sie sich genau, wieviel Zucker und wieviel Salz Sie täglich zu sich nehmen. Beginnen Sie dann, die Mengen Schritt für Schritt zu verringern.

• Ersetzen Sie allmählich auch alle Produkte aus weißem Mehl durch Vollkornprodukte. Bei Teigwaren helfen zum Eingewöhnen Weizenkeim- oder Sojanudeln, die nicht »gesund« schmecken, die Sie mit verbundenen Augen vermutlich gar nicht von den normalen Nudeln unterscheiden könnten. Auch bei Naturreis gibt es Unterschiede: Probieren Sie am besten die verschiedenen Sorten durch, bis Sie die gefunden haben, die Ihnen am besten schmeckt.

• Essen Sie mehr Lebensmittel, die pflanzliches Eiweiß enthalten. Mit Hülsenfrüchten, Getreide und Kartoffeln geben Sie Ihrem Körper auch gleich die Kohlenhydrate und Ballaststoffe, die er braucht.

• Kaufen Sie Gemüse, Obst und Salate nie nach Schönheit. Solche Produkte sind im allgemeinen chemisch belastet. Übrigens sagen die Handelsklassen auch nur etwas über das Aussehen der Lebensmittel und nichts über ihre Qualität aus.

• Verzichten Sie grundsätzlich auf Treibhausware und kaufen Sie Obst und Gemüse den Jahreszeiten entsprechend. Im Winter gibt es bei uns nun mal keine Erdbeeren, und was importiert wird, ist vielfach stark mit Schadstoffen belastet. Treibhausware ist anfällig für Schädlinge, denen man dann mit Chemie zu Leibe rückt.

• Essen Sie als Salatbeilage auch mal frische, geraspelte Gemüse und nicht nur Blattsalate. Letztere sind ernährungsphysiologisch nämlich nicht so wertvoll, da sie nur wenige Vitamine und Mineralstoffe enthalten. Im Winter sollten Sie auf Kopfsalat ganz verzichten, da die Schadstoffbelastung durch Düngung und Pflanzenschutzmittel oft sehr hoch ist.

• Obst und Gemüse besitzen durch ihre Schale bereits eine natürliche Verpackung. Wenn es auch noch in Plastikfolie eingeschweißt ist, lassen Sie es also besser liegen. Erstens ist die zusätzliche Verpackung nicht nur überflüssig, sondern belastet die Umwelt und nicht zuletzt auch Ihre Portemonnaie (Verpackungskosten werden ja auf den Preis des Lebensmittels aufgeschlagen). Zweitens zwingt man Sie bei eingeschweißten Produkten zum Kauf einer bestimmten Menge, die Sie vielleicht gar nicht verbrauchen.
Drittens können Sie die Produkte nicht wirklich prüfen, denn unter der hübschen Oberfläche sind Gemüse oder Obst oft verfault oder angeschimmelt. Eingeschweißte Lebensmittel nützen der Industrie und nicht dem Verbraucher.

• Lassen Sie sich nicht einfach von dem Wörtchen »Bio« zum Kauf anregen, sondern prüfen Sie, ob die Produkte auch wirklich aus kontrolliertem Anbau stammen. Informationen dazu finden Sie im »Bio-Lexikon« ab Seite 145 unter den Stichwörtern »alternativer Landbau«, »Anbauer«, »Eier«, »Fleisch«, »Geflügel«.

• Den Verzehr von Fleisch und Fisch sollten Sie mengenmäßig zwar reduzieren, aber nicht ganz vom Speisezettel streichen. Wichtig ist auch, daß Sie tierisches Eiweiß in Form von Milchprodukten und Käse zu sich nehmen, ebenso tierisches Fett. Eine rein vegetarische Ernährung verlangt gründliche Kenntnisse über die Zusammensetzung unserer Lebensmittel, wenn sie nicht einseitig und damit auch schädlich sein soll.

Knusprige Fladen aus Vollkornmehl schmecken mit süßen und pikanten Brotaufstrichen. Hier sind sie mit sahnig-würzigem Käse und einer köstlichen Creme aus Avocados angerichtet. Doch in diesem Kapitel finden Sie noch eine ganze Reihe gesunder Schlemmereien, bei denen auch ausgesprochene Feinschmecker auf ihre Kosten kommen: zartes Carpaccio vom Lachs, ofenfrische Quiche mit vollreifen Tomaten oder Artischocken mit cremiger Tofusauce. Erfrischende Rohkost und sommerlich-leichte Salate fehlen ebensowenig wie der köstliche Snack für den kleinen Hunger zwischendurch. Und mit den vielen Frühstücksideen ist der gute Start in den Tag auch schon garantiert. Probieren Sie einmal Porridge mit frischer Sahne und aromatischem Dörrobst, Müsli mit würzigen Getreidekeimen oder einen Joghurt mit Früchten. Sie lernen, wie man Quark selber machen kann, Forellenfilets beizt und so Ungewöhnliches wie Tahin und Couscous mit bekannten Zutaten fantasievoll kombiniert.

Vorspeisen, Salate und Snacks

Gebeizte Forellenfilets

Köstlicher Auftakt zu einem edlen Menü

Zutaten für 3–6 Personen:
3 küchenfertige frische Forellen von je etwa 350 g
3 Eßl. Zitronensaft
3 Eßl. Estragonessig
3/8 l Wasser · 1 Lorbeerblatt
3 Wacholderbeeren
2 Korianderkörner
1 Teel. Senfkörner
1 Teel. weiße Pfefferkörner
100 g frisches Basilikum
2 Eßl. Salz · 1 Eßl. Zucker
etwa 480 Joule/115 Kalorien
17 g Eiweiß · 2 g Fett
4 g Kohlenhydrate pro Person bei 6 Portionen

Zubereitungszeit: etwa 1 Stunde
Beizzeit insgesamt: 20 Stunden

Die Forellen innen und außen kalt abspülen und sehr gut trockentupfen. Die Köpfe, die Flossen und die Schwänze der Fische abschneiden. Die Forellen an der Bauchseite ganz aufschneiden, vorsichtig auseinanderklappen und die Mittelgräten entfernen. Dazu verwenden Sie am besten ein Messer mit dünner, biegsamer Klinge und lösen damit zuerst die großen Gräten ab, die flach im Fleisch liegen. Dann öffnen Sie die Fische so weit wie möglich und führen das Messer mit kurzen Schnitten rechts und links am Rückgrat entlang. Sobald das Rückgrat ganz vom Fischfleisch getrennt ist, können Sie es zum Schwanzende der Fische hin herausziehen. Alle kleinen Gräten mit einer Pinzette möglichst restlos entfernen. • Die Forellen jetzt in Filets teilen, jedoch nicht häuten. • Den Zitronensaft, den Estragonessig und das Wasser mischen. • Die Forellenfilets in dieser Flüssigkeit 8 Stunden zugedeckt an einem kühlen Ort ziehen lassen. • Die Forellenfilets aus der Marinade nehmen und mit Küchenpapier trockentupfen. • Das Lorbeerblatt zwischen den Fingern zerreiben. Die Wacholderbeeren, die Koriander-, die Senf- und die Pfefferkörner in einem Mörser grob zerstoßen. • Das Basilikum kalt abspülen, die Blätter abzupfen, trockentupfen und feinhacken. • Die zerkleinerten Gewürze mit dem Basilikum, dem Salz und dem Zucker mischen. • Je 2 Forellenfilets auf den Fleischseiten mit dieser Mischung bestreuen und so aufeinanderlegen, daß die Hautseiten nach außen zeigen. Die Filets etwas zusammendrücken und paarweise fest in Folie wickeln. • Die Päckchen zwischen zwei Tabletts oder Küchenbretter legen und beschweren. • Die Forellenfilets noch einmal 12 Stunden an einem kühlen Ort ziehen lassen. • Die Filets aus der Folie nehmen und die Würzmischung abstreifen. • Die Forellenfilets jetzt häuten: Dazu jedes Filet mit der Hautseite nach unten auf die Arbeitsfläche legen und das Fleisch am Schwanzende etwa 1 cm von der Haut abschneiden. Die lose Haut festhalten und das Filet abschneiden, indem Sie das Messer flach zwischen Haut und Fischfleisch entlangführen. • Die gebeizten Forellen auf Tellern anrichten und nach Wunsch mit Zitronenscheibchen und frischen Kräutern garnieren. • Dazu schmekken dunkles Brot mit Butter, Sahnemeerrettich und Salat. • Die Menge reicht als Vorspeise für 6, als kleines Gericht für 3 Personen.

<u>Mein Tip:</u> Auch frischer Lachs schmeckt köstlich, wenn Sie ihn auf diese Art beizen. Besorgen Sie sich das Schwanzstück, das Sie ebenso wie die Forellen vorbereiten und nach dem Beizen häuten. Wenn Sie kein frisches Basilikum bekommen, verwenden Sie Dill. Übrigens sollten Sie die Forellenfilets wie auch den Lachs möglichst frisch gebeizt essen, denn bei längerem Aufbewahren verlieren die Fische ihr Aroma.

Lachs-Carpaccio mit Kerbel

Reich an leichtverdaulichem Eiweiß

300 g frischer Lachs (Schwanzstück) · 1 Handvoll frischer Kerbel · 5 weiße Pfefferkörner
1 Eßl. Weißweinessig
2 Eßl. Zitronensaft
3 Eßl. trockener Weißwein
Salz · 1 Prise Zucker
1 Eßl. kleine Kapern
4 Eßl. kaltgepreßtes Olivenöl
etwa 1260 Joule/300 Kalorien
15 g Eiweiß · 25 g Fett
3 g Kohlenhydrate pro Person

Zubereitungszeit: etwa 15 Minuten

Um den Lachs in wirklich hauchdünne Scheiben schneiden zu können, brauchen Sie ein spezielles, sehr scharfes Lachsmesser mit langer, biegsamer Klinge. Am besten bitten Sie den Fischhändler, den Lachs schon fachgerecht vorzubereiten, also zu filieren, zu häuten und aufzuschneiden. Wenn Sie diese Arbeit selbst machen wollen, gehen Sie genauso vor, wie im nebenstehenden Rezept für die Forellenfilets beschrieben. Scheiben, die etwas zu dick geraten sind, legen Sie zwischen Haushaltsfolie und klopfen sie vorsichtig mit dem Handballen flach. • Die Lachsscheiben auf vier Teller verteilen. • Den Kerbel verlesen, waschen, gründlich trockentupfen und ganz fein zerkleinern. • Die Pfefferkörner auf ein Holzbrett geben und mit der Klinge eines breiten Messers zerdrücken. • Den Weißweinessig mit dem Zitronensaft, dem Weißwein, Salz und dem Zucker verrühren, bis sich das Salz vollkommen gelöst hat. • Die Kapern grobhacken und dazugeben. Das Olivenöl eßlöffelweise unterschlagen. • Den Kerbel und den weißen Pfeffer in die Vinaigrette mischen. • Die Kerbel-Vinaigrette über dem Lachs verteilen und das Carpaccio sofort servieren. • Dazu passen Weizenkeimbrötchen oder Vollkornbrot mit Butter.

Mein Tip: Etwas kräftiger schmeckt das Carpaccio, wenn Sie den Kerbel durch Schnittlauchröllchen ersetzen.

Artischocken mit Tofusauce

Frische Kräuter geben die Würze

Gebratener Mozzarella

Leichte Vorspeise aus der italienischen Küche

4 Artischocken · Salz · 1 Zitrone
100 g Tofu · 1 Becher
Sanoghurt · 1 Eßl. Crème
fraîche · 1 Knoblauchzehe
weißer Pfeffer, frisch gemahlen
1 Teel. Öl · 5 Eßl. gemischte
Kräuter, frisch gehackt
(wie Schnittlauch, Petersilie, Dill,
Borretsch, Zitronenmelisse,
Estragon und Basilikum)
etwa 565 Joule/135 Kalorien
6 g Eiweiß · 5 g Fett
16 g Kohlenhydrate pro Person

Zubereitungszeit: etwa
40 Minuten

In einem großen Topf, der alle Artischocken auf einmal faßt, reichlich Salzwasser zum Kochen bringen. • Inzwischen die Artischocken gründlich kalt waschen. • Die Zitrone halbieren. Die eine Hälfte auspressen und den Saft beiseite stellen. • Die Stiele der Artischocken dicht an den Artischockenböden abschneiden. Die Blattspitzen rundherum mit einer Küchenschere um etwa die Hälfte stutzen. • Alle Schnittflächen sofort mit der zweiten Zitronenhälfte bestreichen, damit sie sich nicht verfärben. Die Zitronenhälfte dann über dem sprudelnd kochenden Wasser ausdrücken. • Die Artischocken dazugeben, einmal aufkochen lassen und bei schwacher bis mittlerer Hitze 20—30 Minuten garen. Die Artischocken sind gar, wenn man ein Blatt leicht herausziehen kann. • Inzwischen für die Sauce den Tofu mit dem Sanoghurt und der Crème fraîche im Mixer pürieren, bis eine glatte, cremige Masse entstanden ist. • Die Knoblauchzehe schälen und durch die Presse in die Tofupaste drücken. • Die Sauce mit Salz und Pfeffer würzen. Den Zitronensaft, das Öl und die Kräuter untermischen. • Die abgetropften Artischocken anrichten. Die Tofusauce dazu reichen.

Etwa 250 g Mozzarella · 1 Ei
1 Eßl. Weizenvollkornmehl
3—4 Eßl. altbackenes
Roggenbrot, frisch gerieben
1—2 Eßl. Olivenöl
etwa 835 Joule/200 Kalorien
11 g Eiweiß · 13 g Fett
8 g Kohlenhydrate pro Person

Zubereitungszeit: etwa
10 Minuten

Den Mozzarella abtropfen lassen, trockentupfen und in vier Scheiben schneiden. • Das Ei auf einem Teller mit einer Gabel verquirlen, bis sich Eiweiß und Eigelb miteinander verbunden haben, und zum Panieren bereitstellen. Das Vollkornmehl und das geriebene Roggenbrot ebenfalls jeweils auf Teller geben. • Die Mozzarellascheiben zuerst in dem Vollkornmehl, dann im Ei und schließlich in dem geriebenen Brot wenden. • Das Olivenöl erhitzen. • Die Mozzarellascheiben darin bei mittlerer Hitze pro Seite etwa 2 Minuten braten, bis sie goldbraun und weich sind. • Die Mozzarellascheiben auf vier vorgewärmten Tellern anrichten und sofort servieren. • Dazu passen Tomatenscheiben, mit frischen Kräutern bestreut und mit Olivenöl beträufelt.

Mein Tip: Mozzarella, der weiche italienische Frischkäse, wird aus Kuh- oder Büffelmilch hergestellt. Frischen Mozzarella erkennen Sie daran, daß er innen weich und etwas klebrig ist. Mozzarella- und Tomatenscheiben, dachziegelförmig auf einem Teller angeordnet, mit frisch gehacktem Basilikum bestreut und mit kaltgepreßtem Olivenöl beträufelt, sind eine köstliche, sommerlich-leichte Vorspeise.

Überbackene Gemüse

Raffinierte Zwischengerichte

Überbackener Sellerie
im Bild links

1 Stangensellerie (etwa 400 g)
100 g gekeimte Mungobohnen
75 g Käse (am besten Bel Paese, Greyerzer oder mittelalter Gouda) · 1 Bund Petersilie
1/8 l Gemüsebrühe, frisch gekocht oder Instant · Salz
schwarzer Pfeffer, frisch gemahlen
etwa 420 Joule/100 Kalorien
7 g Eiweiß · 5 g Fett
6 g Kohlenhydrate pro Person

Zubereitungszeit: etwa 40 Minuten

Den Backofen auf 200° vorheizen. • Den Sellerie vom Wurzelansatz befreien, die Stangen voneinander lösen, putzen und waschen. Die Blättchen abzupfen und beiseite legen, die harten Fasern mit einem kleinen spitzen Messer abziehen. Die Selleriestangen trockentupfen und in etwa 1 cm lange Stücke schneiden. Die Blättchen ebenfalls trockentupfen. • Die Mungobohnen auf ein Sieb geben, gründlich unter fließendem kaltem Wasser waschen und sehr gut abtropfen lassen. • Den Käse nicht zu fein reiben. • Die Petersilie waschen, die Blättchen von den Stielen zupfen, trockentupfen und zusammen mit den Sellerieblättchen feinhacken. • Die Gemüsebrühe zum Kochen bringen. Die Selleriestücke und die Mungobohnen hinzufügen und bei mittlerer Hitze etwa 3 Minuten vorgaren. • Die Gemüse abtropfen lassen und auf vier feuerfeste flache Förmchen verteilen. Die Gemüse mit Salz und schwarzem Pfeffer würzen und mit der Petersilie und dem Selleriegrün bestreuen. Den Käse darüber verteilen. • Die Förmchen in den vorgeheizten Ofen auf die zweite Schiene von unten schieben und die Gemüse 20–25 Minuten überbacken, bis der Käse zerlaufen und schön gebräunt ist.

Überbackene Pilze
im Bild rechts

1/2 Zitrone · 250 g braune Egerlinge oder Champignons
1 Schalotte · 1 Knoblauchzehe
1 Bund Petersilie
150 g Mozzarella
1 Eßl. Olivenöl · Salz
weißer Pfeffer, frisch gemahlen
1 Eßl. ungeschälte Sesamkörner
etwa 670 Joule/160 Kalorien
8 g Eiweiß · 11 g Fett
5 g Kohlenhydrate pro Person

Zubereitungszeit: etwa 30 Minuten

Den Backofen auf 200° vorheizen. • Die Zitrone auspressen. • Die Pilze putzen und dabei die Huthäute abziehen, denn sie enthalten die meisten Schadstoffe. Die Pilze gegebenenfalls waschen und blättrig schneiden. Mit dem Zitronensaft beträufeln, damit sie sich nicht zu stark verfärben. • Die Schalotte und die Knoblauchzehe schälen und feinhacken. Die Petersilie waschen, trockenschwenken und die Blättchen ebenfalls zerkleinern. Den Mozzarella abtropfen lassen und in kleine Würfel schneiden. • Das Olivenöl erhitzen und die Zwiebel und den Knoblauch darin glasig braten. Die Pilze dazugeben und bei starker Hitze unter Rühren so lange mitbraten, bis die Flüssigkeit, die sich dabei bildet, wieder verdampft ist und die Pilze möglichst trocken sind. Die Pilze mit Salz und weißem Pfeffer würzen und auf vier feuerfeste flache Förmchen verteilen. Die Petersilie darüberstreuen. Die Mozzarellawürfel und die Sesamkörner über den Pilzen verteilen. • Die Förmchen auf die heißen Backofen auf die zweite Schiene von unten stellen und die Pilze etwa 15 Minuten überbacken, bis der Käse zerlaufen und schön gebräunt ist.

Tomatenquiche

Mit hauchdünn ausgerolltem Nudelteig besonders gut

Zutaten für 6 Personen:
300 g Weizenmehl Type 1050
6 Eier · 1 Eßl. Öl · Salz
eventuell 3—4 Eßl. Wasser
1 kg vollreife Tomaten
je 1 Bund Schnittlauch und
Basilikum · 6 Zweige frischer
Thymian · 1/8 l Milch
1 Becher Crème fraîche (200 g)
75 g Parmesan, frisch gerieben
weißer Pfeffer, frisch gemahlen
1 Prise Cayennepfeffer
Muskatnuß, frisch gerieben
Butter für das Blech · Mehl
zum Ausrollen

etwa 1970 Joule/470 Kalorien
19 g Eiweiß · 22 g Fett
43 g Kohlenhydrate pro Person

Zubereitungszeit: etwa 1 Stunde

Das Weizenmehl mit 2 Eiern, dem Öl, Salz und etwas Wasser zu einem geschmeidigen Nudelteig verkneten. Der Teig darf nach dem Durchkneten nicht mehr kleben, sonst läßt er sich später nicht ausrollen. Sollte er jedoch zu fest sein, kneten Sie tropfenweise Wasser darunter. • Den Teig zu einer Kugel formen, in Pergamentpapier wickeln und 30 Minuten ruhen lassen, damit das Mehl quellen kann. • Inzwischen die Tomaten mit kochendem Wasser übergießen, kurz darin ziehen lassen, kalt abschrecken und häuten. Die Stielansätze mit einem Messer kegelförmig herausschneiden – sie sind gesundheitsschädlich – und die Tomaten vom Blütenansatz her in Scheiben schneiden. Das gilt auch für die grünen Kerne von noch nicht ausgereiften Tomaten. Die Kerne sollten Sie grundsätzlich herauslösen, da die Samenkammern die meiste Flüssigkeit enthalten und die Quiche – wie auch viele andere Gerichte – zu feucht machen würden. • Die Kräuter waschen und trockenschwenken. Den Schnittlauch in feine Röllchen schneiden. Schnittlauch sollten Sie niemals hacken; die zarten Röhren müssen wirklich sauber und fein geschnitten werden, damit das Küchenkraut sein Aroma richtig entfaltet. • Die Basilikumblättchen abzupfen und in dünne Streifen schneiden. Die Thymianblättchen nur von den Stielen streifen. • Die restlichen Eier mit der Milch, der Crème fraîche und dem Parmesan verquirlen. • Die zerkleinerten Kräuter untermischen und die Eiermilch mit Salz, dem Pfeffer, Cayennepfeffer und Muskatnuß würzen. • Ein Backblech mit Butter ausfetten. • Den Backofen auf 200° vorheizen. • Den Teig in 4–6 Stücke teilen und auf wenig Mehl so dünn wie möglich ausrollen. • Das Backblech mit den Teigplatten auslegen. Die Platten sollen sich jeweils am Rand etwa 1/2 cm überlappen und an den Rändern des Backblechs 1–2 cm hochstehen. • Die Tomatenscheiben auf dem Teig verteilen. • Die Eiermilch darübergießen. • Das Blech in den heißen Backofen auf die zweite Schiene von unten schieben und die Quiche 30–40 Minuten backen, bis die Eiermasse gestockt und die Oberfläche der Quiche schön goldbraun ist. • Sie schmeckt als Vorspeise oder als Imbiß zu Wein oder Bier. In diesem Fall reichen Sie am besten noch einen bunt gemischten Salat dazu.

Mein Tip: Je dünner der Teig ist, desto köstlicher schmeckt die Quiche. Wirklich dünne Teigplatten erhalten Sie in einer Nudelmaschine mit Handkurbel. Sie brauchen den Teig dann auch nicht lange zu kneten, sondern teilen ihn nach der Ruhezeit in Stücke, die Sie so oft durch die Maschine drehen, bis sie richtig geschmeidig sind. Rollen Sie die Teigplatte dann auf Stufe 3 aus. Möglicherweise bleibt etwas Teig übrig, den Sie am besten gleich zu breiten Nudeln, Spaghetti oder Suppennudeln verarbeiten. Die Nudeln müssen ausgebreitet auf Küchentüchern vollkommen trocknen, wenn Sie sie nicht gleich verwenden.

Fladenbrote, Avocadocreme und Olivenkäse

Gut geeignet für den Sonntags-Brunch

Fladenbrote
im Bild links

500 g Weizenvollkornmehl
Salz · ½ Teel. Kümmel, frisch gemahlen · 1 Teel. Koriander, frisch geschrotet
1 Becher Sanoghurt
¼ l lauwarmes Wasser
etwa 550 Joule/130 Kalorien
5 g Eiweiß · 1 g Fett
24 g Kohlenhydrate pro Brot

Zubereitungszeit: etwa 30 Minuten · Ruhezeit: etwa 8 Stunden

Das Weizenvollkornmehl mit einer kräftigen Prise Salz, dem Kümmel und dem Koriander in einer Schüssel mischen. • Den Sanoghurt mit dem Wasser verquirlen und zum Mehl gießen. • Die Zutaten mit den Knethaken des Handrührgerätes nur so lange durchmischen, bis sie sich miteinander verbunden haben. • Den Teig jetzt mit den Händen kräftig kneten, bis er geschmeidig ist, dann zu einer Kugel formen, in Pergamentpapier wickeln und mindestens 8 Stunden ruhen lassen. • Die Teigkugel dann in etwa 15 eigroße Stücke teilen. Die Teigstücke noch einmal kräftig durchkneten und dann auf der mit etwas Mehl bestreuten Arbeitsfläche zu möglichst dünnen Fladen ausrollen. • Eine schwere Pfanne aus Eisen oder Gußeisen bei schwacher bis mittlerer Hitze nicht zu heiß werden lassen. • Die Teigfladen darin nacheinander ohne Fettzugabe auf beiden Seiten so lange backen, bis sie hell gebräunt sind und Blasen werfen. • Die Fladenbrote entweder mit der Avocadocreme und/oder dem Olivenkäse servieren oder nur zerlassene Butter dazu reichen, die Sie zusätzlich mit Knoblauch aromatisieren können.

Avocadocreme
Bild Mitte

50 g Roquefort oder Gorgonzola
1 Eßl. geschälte Mandeln
Saft von ½ Zitrone
1 vollreife Avocado · weißer Pfeffer, frisch gemahlen
etwa 1020 Joule/245 Kalorien
2 g Eiweiß · 23 g Fett
3 g Kohlenhydrate pro Person

Zubereitungszeit: etwa 15 Minuten

Den Käse mit einer Gabel so fein wie möglich zerdrücken. Die Mandeln auf ein Brett geben und mit der Klinge eines breiten Messers feinhacken oder in der Mandelmühle reiben. • Die Avocado halbieren und den Kern herausnehmen. Die Avocadohälften mit einem kleinen scharfen Messer rasch schälen und sofort mit dem Zitronensaft beträufeln, damit sich das Fruchtfleisch nicht zu stark verfärbt. Das Fruchtfleisch ebenfalls mit einer Gabel zerdrücken, mit dem Käse und den Mandeln zu einer glatten Paste verrühren und mit Pfeffer abschmecken.

Olivenkäse
im Bild rechts

100 g schwarze Oliven
1 Knoblauchzehe · 1 Bund Basilikum · 125 g Doppelrahm-Frischkäse · 1 Eßl. Sanoghurt
1 Eßl. Gomasio · weißer Pfeffer, frisch gemahlen
etwa 820 Joule/195 Kalorien
5 g Eiweiß · 18 g Fett
3 g Kohlenhydrate pro Person

Zubereitungszeit: etwa 20 Minuten

Die Oliven sehr gut abtropfen lassen, entsteinen und ganz fein zerkleinern. Den Knoblauch schälen und hacken. Das Basilikum kalt abspülen, trockenschwenken und die Blättchen feinschneiden. • Den Doppelrahm-Frischkäse mit dem Sanoghurt glattrühren. • Die Oliven, den Knoblauch und das Basilikum untermischen. • Den Olivenkäse mit dem Gomasio und Pfeffer abschmecken.

Marinierte Gemüse auf rumänische Art

Die Gemüse sollten Sie auf das Marktangebot abstimmen

500 g Fenchel · 250 g Möhren
3 Tomaten · 3 Knoblauchzehen
Saft von ½ Zitrone
¼ l trockenen Weißwein
⅛ l Gemüsebrühe · 3 schwarze Pfefferkörner · 1 Lorbeerblatt
6 Zweige frischer Thymian
6 Petersilienstiele · Salz
6 Eßl. kaltgepreßtes Olivenöl
etwa 1970 Joule/230 Kalorien
4 g Eiweiß · 16 g Fett
16 g Kohlenhydrate pro Person

Zubereitungszeit: etwa 50 Minuten · Marinierzeit: etwa 6 Stunden

Die Fenchelknollen putzen, das zarte Fenchelgrün abschneiden und beiseite legen. Die Knollen längs halbieren, den Strunk keilförmig herausschneiden und die Hälften unter fließendem kaltem Wasser abspülen. Den Fenchel abtropfen lassen und noch zweimal längs teilen. Die Möhren schälen, waschen und in etwa 5 cm lange und 1 cm breite Stifte schneiden. Die Tomaten mit kochendem Wasser übergießen, kurz darin ziehen lassen, kalt abschrecken und häuten. Die Tomaten längs vierteln, dabei die Stielansätze und die Kerne entfernen. Die Knoblauchzehen schälen. • Den Zitronensaft mit dem Wein, der Gemüsebrühe, den Pfefferkörnern und dem Lorbeerblatt einmal aufkochen. • Den Thymian und die Petersilie waschen und in den Sud legen. • Den Fenchel, die Möhren und die Knoblauchzehen dazugeben, zum Kochen bringen und zugedeckt bei schwacher Hitze in etwa 8 Minuten halbweich garen. • Die Tomatenviertel hinzufügen und noch 2 Minuten mitgaren. • Alle Gemüse aus dem Sud nehmen, in ein Porzellan- oder Glasgefäß mit Deckel geben und mit etwas Salz bestreuen. • Den Sud durch ein Sieb gießen und bei starker Hitze unter ständigem Rühren auf etwa die Hälfte einkochen lassen. Das Olivenöl dazugeben und alles nur heiß werden lassen. Den Sud über das Gemüse gießen. • Das Fenchelgrün waschen, trockentupfen, feinhacken und die Gemüse damit bestreuen. • Die Gemüse erkalten lassen und dann zugedeckt bei Zimmertemperatur marinieren.

Rettichsalat mit Käsedressing

Köstliche Vorspeise oder Rohkostbeilage

Roher Gemüsesalat

Reich an wertvollem Pflanzeneiweiß

---

2 weiße Rettiche · Kräutersalz
1 Bund Schnittlauch
20 g Gorgonzola oder Roquefort
⅛ l Sahne oder ½ Becher
Crème fraîche (100 g)
2 EBl. Zitronensaft · weißer
Pfeffer, frisch gemahlen
1 Prise Zucker · 1 EBl. Sonnenblumenöl · 1 Handvoll frische
Brunnenkresse oder 1 Kästchen
Kresse
etwa 735 Joule/175 Kalorien
4 g Eiweiß · 14 g Fett
7 g Kohlenhydrate pro Person

Zubereitungszeit: etwa
15 Minuten

Die Rettiche putzen, schälen, waschen, abtrocknen und auf der Rohkostreibe grobraspeln. Die Raspel in eine Schüssel geben, mit Kräutersalz bestreuen und etwa 5 Minuten ziehen lassen. Dadurch verlieren die Rettiche einen Teil ihrer Flüssigkeit, so daß der Salat nicht wässrig wird. Scharfe Rettiche werden durch das Einsalzen milder. • Inzwischen den Schnittlauch kalt abspülen, trockentupfen und in feine Röllchen schneiden. • Den Gorgonzola oder den Roquefort mit einer Gabel zerdrücken und mit der Sahne zu einer glatten Paste verrühren. • Den Zitronensaft untermischen und das Käsedressing mit Pfeffer und dem Zucker abschmecken. Die Schnittlauchröllchen und das Öl zufügen und alles vorsichtig mischen. • Die Flüssigkeit, die sich bei den Rettichen gebildet hat, abgießen. Die Rettiche mit den Händen noch einmal ausdrücken und in eine andere Schüssel geben. • Das Käsedressing über die Rettiche gießen und unterziehen. • Die Brunnenkresse verlesen, sehr gründlich waschen und trockentupfen. Die härteren Stiele feinhacken und mit den zarten Blättchen über den Salat streuen. Die Gartenkresse mit einer Küchenschere abschneiden und auf dem Rettichsalat anrichten.

---

je 1 grüne und rote Paprikaschote · 1 Möhre
½ Salatgurke · 1 große Fleischtomate · je 1 Bund Frühlingszwiebeln und Radieschen
je 1 Bund Schnittlauch und Dill
oder 3 EBl. gemischte Kräuter,
frisch gehackt · 1 Knoblauchzehe
Salz · 3 EBl. Rotweinessig
1 EBl. trockener Rotwein
schwarzer Pfeffer, frisch
gemahlen · 1 Prise Zucker
5 EBl. kaltgepreßtes Olivenöl
etwa 645 Joule/155 Kalorien
1 g Eiweiß · 13 g Fett
7 g Kohlenhydrate pro Person

Zubereitungszeit: etwa
30 Minuten

Die Paprikaschoten von den Stielansätzen befreien, längs vierteln und die weißen Häute mit den Kernen herausschneiden. Die Schotenviertel kalt abspülen, trockentupfen und in Streifen oder Würfel schneiden. Die Möhre und die Salatgurke schälen und in Scheiben schneiden beziehungsweise würfeln. Die Tomate waschen, abtrocknen und ebenfalls würfeln, dabei den Stielansatz und die Kerne entfernen. • Die Frühlingszwiebeln und die Radieschen waschen und trockentupfen. Die Frühlingszwiebeln mit etwa einem Drittel ihres zarten Grüns in Ringe, die Radieschen in dünne Scheiben schneiden. Die Salatzutaten in einer Schüssel mischen. • Den Schnittlauch und den Dill ebenfalls waschen und trockenschwenken. Den Schnittlauch feinschneiden, den Dill hacken. • Die Knoblauchzehe schälen, hacken und mit etwas Salz zerdrücken. • Den Rotweinessig und den Rotwein mit Salz, Pfeffer und dem Zucker verrühren. Das Öl nach und nach unterschlagen. • Die Kräuter und den Knoblauch dazugeben. • Die Marinade über den Salat geben, alles vorsichtig mischen und sofort servieren.

Fenchelsalat mit Sesamdressing

Enthält besonders hochwertiges pflanzliches Eiweiß

Spinatsalat mit Pinienkernen

Besonders gut im Frühling

50 g Tofu · 2 Eßl. Zitronensaft
⅛ l Wasser · Kräutersalz
2 Eßl. Tahin (Sesammus)
500 g Fenchel · 2 Eßl. gemischte Kräuter, frisch gehackt (wie Petersilie, Dill, Schnittlauch, Zitronenmelisse und Kerbel)
weißer Pfeffer, frisch gemahlen
2 Eßl. Walnußkerne
etwa 675 Joule/160 Kalorien
6 g Eiweiß · 8 g Fett
14 g Kohlenhydrate pro Person

Zubereitungszeit: etwa 20 Minuten

Den Tofu abtropfen lassen und mit dem Zitronensaft und dem Wasser im Mixer pürieren. • Etwas Kräutersalz und das Tahin unterrühren. • Die Fenchelknollen der Länge nach halbieren, waschen und abtropfen lassen. Den keilförmigen Strunk herausschneiden, das zarte Fenchelgrün abschneiden und zum Bestreuen des Salates beiseite legen. • Die Fenchelknollen quer zu den Fasern in schmale Streifen schneiden. • Die Fenchelstreifen auf vier Tellern anrichten und die gehackten Kräuter darüberstreuen. Das Sesamdressing über dem Fenchel verteilen und Pfeffer darübermahlen. • Die Walnüsse auf einem Brett mit der Klinge eines breiten Messers grobhacken. Das Fenchelgrün feinschneiden. • Den Fenchelsalat mit den Walnüssen und dem Fenchelgrün bestreuen und sofort servieren.

Mein Tip: Dressings mit Tahin müssen ziemlich viel Flüssigkeit enthalten, denn wenn das Sesammus mit unverdünnter Säure wie Essig oder Zitronensaft in Berührung kommt, klumpt es und läßt sich nicht mehr glattrühren. Mischen Sie deshalb grundsätzlich alle Zutaten für das Dressing, bevor Sie das Tahin einrühren.

100 g frischer junger Spinat
1 Handvoll junge Brennesselblätter · 2 Eßl. Himbeeressig
Kräutersalz · weißer Pfeffer, frisch gemahlen · 1 Prise Zucker
1 Teel. Zitronensenf
4 Eßl. kaltgepreßtes Olivenöl
2 Eßl. Pinienkerne
etwa 690 Joule/165 Kalorien
2 g Eiweiß · 15 g Fett
4 g Kohlenhydrate pro Person

Zubereitungszeit: etwa 30 Minuten

Den Spinat und die Brennesselblätter verlesen. Die Brennesseln müssen wirklich ganz jung und zart sein, sonst »brennen« sie und schmecken nicht als Salat. Ältere Brennesselblätter werden blanchiert und wie Blattspinat angerichtet. Den Spinat in reichlich Wasser mehrmals waschen; dann auch die Brennesselblättchen waschen und beide Gemüse sorgfältig trockenschwenken. • Den Himbeeressig mit Kräutersalz, Pfeffer und dem Zucker so lange verrühren, bis sich das Salz vollkommen gelöst hat. • Den Senf dazugeben und das Olivenöl eßlöffelweise unterschlagen. • Die Spinat- und die Brennesselblätter sowie die Pinienkerne in die Marinade geben, alles vorsichtig mischen und den Salat sofort anrichten, damit die zarten Blättchen knackig bleiben. • Dazu paßt Knoblauchbrot oder Knäkebrot und Butter.

Mein Tip: Im späten Frühjahr, wenn die ersten frischen Kräuter wieder sprießen, sollten Sie den Spinat weglassen und den Salat nur mit Küchen- und Wildkräutern anrichten. Geeignet sind Petersilie, Kerbel, Pimpinelle, Löwenzahn sowie die Blätter und Blüten von Gänseblümchen und Gundermann.

Couscous-Salat

Schmeckt als leichtes Abendessen

Bohnensalat mit Tomaten-Vinaigrette

Ein feiner Vorspeisensalat

2 kleine Zucchini von je etwa 100 g · 5 Eßl. Sonnenblumenöl
500 g vollreife Tomaten
1 Zwiebel · 1 Knoblauchzehe
1 kleine rote Pfefferschote
75 g Couscous · 3 Eßl. Kräuteressig · Salz
4 Eßl. gemischte Kräuter, frisch gehackt (wie Petersilie, Dill, Schnittlauch, Zitronenmelisse, Kerbel, Borretsch und etwas Minze)
etwa 965 Joule/230 Kalorien
4 g Eiweiß · 13 g Fett
24 g Kohlenhydrate pro Person

Zubereitungszeit: etwa 30 Minuten · Quellzeit: 45 Minuten

Die Zucchini waschen, abtrocknen, von Stiel- und Blütenansätzen befreien und der Länge nach in etwa 1 cm dicke Scheiben, dann in ebenso breite Stifte schneiden. • 2 Eßlöffel Sonnenblumenöl erhitzen. • Die Zucchinistifte darin rundherum bei mittlerer Hitze so lange braten, bis sie leicht gebräunt und halbweich sind, dann auf Küchenpapier abfetten und etwas abkühlen lassen. • Inzwischen die Tomaten waschen, abtrocknen und würfeln, die Stielansätze und Kerne entfernen. • Die Zwiebel und die Knoblauchzehe schälen und feinwürfeln. • Die Pfefferschote vom Stielansatz befreien, halbieren und alle Kerne herauskratzen. Die Schotenhälften kalt abspülen und in feine Streifen schneiden. • Diese Salatzutaten mit dem Couscous, dem Essig, Salz, den Kräutern und dem restlichen Öl mischen. • Den Salat zugedeckt bei Zimmertemperatur 45 Minuten durchziehen lassen. • Den Salat vor dem Servieren mit einer Gabel noch einmal durchrühren.

300 g grüne Bohnen · Salz
1 Bund Bohnenkraut
1 rote Zwiebel · 1 Eßl. milder Kräuteressig · 1 Eßl. Balsamessig · schwarzer Pfeffer, frisch gemahlen · 1 Teel. Senf aus schwarzen Senfkörnern
3 Eßl. kaltgepreßtes Olivenöl
1 große Fleischtomate
etwa 420 Joule/100 Kalorien
2 g Eiweiß · 8 g Fett
6 g Kohlenhydrate pro Person

Zubereitungszeit: etwa 30 Minuten

Die Bohnen waschen und abtropfen lassen. Die Stiel- und die Blütenansätze der Bohnen entfernen, dabei auch eventuell vorhandene Fäden abziehen. • Die Bohnen in reichlich sprudelnd kochendem Salzwasser etwa 5 Minuten blanchieren, dann auf ein Sieb schütten und eiskalt abschrecken. • Das Bohnenkraut waschen und 2 Zweige davon für die Vinaigrette beiseite legen. • In einem Topf etwa zwei Finger hoch Wasser zum Kochen bringen, die Bohnen und das Bohnenkraut hineingeben und zugedeckt bei schwacher bis mittlerer Hitze in etwa 10 Minuten bißfest kochen. • Inzwischen die Zwiebel schälen und feinwürfeln. • Die beiden Essigsorten mit Salz und Pfeffer verrühren. Den Senf dazugeben und das Olivenöl eßlöffelweise unterschlagen. Die Zwiebelwürfel in die Vinaigrette geben. • Die Tomate waschen, abtrocknen und würfeln. Dabei den Stielansatz und die Kerne entfernen. • Das restliche Bohnenkraut feinhacken. • Die Bohnen abgießen, erneut abschrecken und gut abtropfen lassen. • Die Tomatenwürfel und das gehackte Bohnenkraut in die Vinaigrette mischen. • Die Bohnen noch warm auf einer Platte anrichten und mit der Tomaten-Vinaigrette überziehen. • Dazu schmeckt Knoblauchbrot.

Reissalat mit Huhn und Sprossen

Ideal für ein kaltes (Naturkost-)Buffet

Zutaten für 8–10 Personen:
1 Huhn oder Hähnchen von etwa 1,3 kg · 150 g Knollensellerie
1 Petersilienwurzel · 1 Möhre
1 Stange Lauch (Porree)
1 Zwiebel · 1 Knoblauchzehe
2 Gewürznelken · 1 Zweig frischer Tymian · 4 weiße Pfefferkörner · 1 Lorbeerblatt
Salz · 500 g Naturlangkornreis
2 l Wasser · 1 Teel. gekörnte Gemüsebrühe · 2 Bund Frühlingszwiebeln · 1–2 Salatgurken (etwa 700 g) · 1 Bund Petersilie
3 Tassen gekeimte Mungobohnen · 1 Zitrone · Kräutersalz
2 Eßl. kaltgepreßtes Olivenöl
etwa 1510 Joule/360 Kalorien
24 g Eiweiß · 9 g Fett
42 g Kohlenhydrate pro Person bei 10 Portionen

Zubereitungszeit: etwa 2 Stunden

Das Huhn oder Hähnchen innen und außen kalt abspülen und abtropfen lassen. • Das Huhn in einen Topf legen, der so groß sein muß, daß es mit den Gemüsen darin Platz hat, ohne zu »schwimmen«. Soviel kaltes Wasser dazugießen, daß es gerade davon bedeckt ist, und bei mittlerer Hitze langsam zum Sieden bringen. • Sobald sich kleine Bläschen zeigen, die Temperatur reduzieren. Das Huhn muß jetzt knapp unter dem Siedepunkt garziehen, damit das Fleisch zart und saftig bleibt. Decken Sie den Topf nur halb zu, und prüfen Sie immer wieder, ob das Fleisch wirklich nur siedet. Gegebenenfalls heißes Wasser nachgießen: das Huhn soll immer gerade davon bedeckt sein. Das Huhn 30 Minuten garen. • Inzwischen den Sellerie, die Petersilienwurzel und die Möhre schälen und in grobe Stücke schneiden. Den Lauch putzen, gründlich waschen und die Stange quer halbieren. Die Zwiebel und den Knoblauch schälen. Die Zwiebel ebenfalls halbieren und mit den Gewürznelken spicken. Den Thymian kalt abspülen. • Alle Gemüse, die Zwiebel, den Knoblauch, den Thymianzweig, die Pfefferkörner und das Lorbeerblatt zum Huhn geben. Die Temperatur jetzt wieder höher schalten, bis die Brühe erneut zu sieden beginnt. Die Brühe salzen. • Das Huhn weitere 60 Minuten garziehen lassen. • Inzwischen den Reis mit dem Wasser und der Gemüsebrühe zum Kochen bringen und dann zugedeckt bei schwächster Hitze in etwa 50–60 Minuten ausquellen lassen. • Den Reis in eine große Schüssel geben und abkühlen lassen. • Das Huhn aus der Brühe nehmen, tranchieren, häuten, entbeinen und das Fleisch in mundgerechte Stücke schneiden. Dabei Fett und Sehnen entfernen. • Die Frühlingszwiebeln putzen, waschen, trockenschwenken und mit etwa zwei Drittel ihres Grüns in dünne Ringe schneiden. • Die Salatgurken schälen, einmal quer und einmal längs halbieren und die Kerne mit einem Teelöffel herauskratzen. Die Gurken dann in kleine Würfel schneiden. • Die Petersilie waschen, die Blättchen abzupfen, trockentupfen und feinhacken. • Die gekeimten Bohnen gründlich kalt abspülen. • Die Brühe durch ein mit einem Mulltuch ausgelegtes Sieb gießen, die Gemüse dabei etwas ausdrücken und dann wegwerfen. • ⅜ l Brühe abmessen und zum Kochen bringen. • Die Bohnenkeime darin 3 Minuten blanchieren (wie alle anderen Bohnensorten dürfen auch Mungobohnen nicht roh gegessen werden, da sie ein natürliches Gift enthalten, das erst beim Garen unschädlich wird). • Die Zitrone auspressen. • Das Hühnerfleisch und die Mungobohnen einschließlich der Brühe zum abgekühlten Reis geben. • Die Zwiebelringe, die Gurkenwürfel und die Petersilie dazufügen. • Den Zitronensaft mit dem Kräutersalz verrühren, bis sich das Salz gelöst hat, das Olivenöl unterschlagen. Die Sauce über den Salat geben und alles mischen.

Möhren mit Nuß-Vinaigrette

Reich an Vitaminen und Ballaststoffen

im Bild unten
500 g junge Möhren
75 g Haselnüsse oder Walnüsse
Saft von 1 Zitrone
2 Eßl. milder Kräuteressig
Salz · weißer Pfeffer, frisch gemahlen · 1 Prise Zucker
2 Eßl. kaltgepreßtes Olivenöl
2 Eßl. Petersilie, frisch gehackt
etwa 920 Joule/220 Kalorien
4 g Eiweiß · 17 g Fett
14 g Kohlenhydrate pro Person

Zubereitungszeit: etwa 10 Minuten

Die Möhren schaben, nur ganz kurz unter fließendem kaltem Wasser abspülen, abtrocknen und feinraspeln. • Die Nüsse auf einem Holzbrett mit einem großen Messer mit breiter Klinge grobhacken. • Den Zitronensaft und den Kräuteressig mischen. Salz, Pfeffer und den Zucker zugeben und alles so lange rühren, bis sich Salz und Zucker gelöst haben. Das Öl eßlöffelweise unterschlagen. • Die Nüsse und 1 Eßlöffel Petersilie unter die Vinaigrette rühren, über die Möhren geben und alles mischen. Mit der restlichen Petersilie bestreut sofort servieren. • Schmeckt gut als Vorspeise oder mit Weizenschrotbrötchen und Butter als leichtes Abendessen.

Variante: Rote Bete mit Apfel
im Bild oben
300 g Rote Bete schälen und raspeln. 1 großen, säuerlichen Apfel von etwa 125 g vierteln, vom Kerngehäuse befreien, schälen und ebenfalls raspeln. 3 Eßlöffel milden Himbeeressig mit Salz, 1 Prise Zucker und frisch gemahlenem weißem Pfeffer verrühren, bis sich Salz und Zucker gelöst haben. ½ Eßlöffel kaltgepreßtes Olivenöl unterschlagen. Die geraspelten Roten Bete und den Apfel mit der Vinaigrette mischen. 250 g Joghurt oder saure Sahne unterheben und die Rohkost servieren.

Sprossensalat

Reich an Vitalstoffen

je 2 Eßl. Mungobohnen, Linsen, Kichererbsen und Weizenkörner
⅛ l Gemüsebrühe
1 Bund Frühlingszwiebeln
3 vollreife Tomaten
1 Knoblauchzehe · 3 Eßl. milder Kräuteressig · Salz
weißer Pfeffer, frisch gemahlen
1 Teel. Kräutersenf
4 Eßl. Sonnenblumenöl
1 Kästchen Kresse
2 Eßl. Sonnenblumenkerne
etwa 1010 Joule/240 Kalorien
8 g Eiweiß · 14 g Fett
21 g Kohlenhydrate pro Person

Zubereitungszeit: etwa 15 Minuten · Keimzeit der Sprossen: etwa 3 Tage

Die Mungobohnen, die Linsen, die Kichererbsen und den Weizen in Keimschalen geben. Dabei sollen die Samen nicht übereinander liegen. Die Mungobohnen keimen am besten in der untersten Schale, da sie nur wenig Licht brauchen. Die Schalen nach Anweisung mit Wasser füllen und das Wasser jeden Tag erneuern beziehungsweise nachfüllen. • Die Sprossen abspülen und trockenschwenken.
• Die Gemüsebrühe zum Kochen bringen. Die Mungokeime 1 Minute darin blanchieren. • Die Frühlingszwiebeln putzen, waschen, trockentupfen und mit etwa einem Drittel ihres Grüns in dünne Ringe teilen. • Die Tomaten ebenfalls waschen, abtrocknen und kleinwürfeln, dabei die Stielansätze und die Kerne entfernen. • Die Knoblauchzehe schälen und feinhacken. • Den Essig mit Salz, Pfeffer und dem Kräutersenf verrühren. Das Sonnenblumenöl eßlöffelweise unterschlagen. Die Kresse mit einer Küchenschere abschneiden.
• Die Sprossen und die Kresse in die Salatsauce geben und alles mischen. • Den Salat mit den Sonnenblumenkernen bestreut sofort servieren.

Zwiebel-Pilz-Salat mit Räucherlachs

Eine ausgezeichnete Vorspeise

2 Bund Frühlingszwiebeln
⅛ l Gemüse- oder Hühnerbrühe
1 Eßl. trockener Weißwein
200 g braune Egerlinge oder Champignons
1 Eßl. Zitronensaft · Salz
schwarzer Pfeffer, frisch gemahlen · 2 Eßl. kaltgepreßtes Olivenöl · 4 Scheiben Räucherlachs · 1 Kästchen Kresse
etwa 715 Joule/170 Kalorien
12 g Eiweiß · 10 g Fett
4 g Kohlenhydrate pro Person

Zubereitungszeit: etwa 20 Minuten

Die Wurzelansätze und die welken grünen Blätter der Frühlingszwiebeln abschneiden, die Zwiebeln gründlich unter fließendem kaltem Wasser waschen, trockentupfen und mit etwa zwei Drittel ihres Grüns in 3 cm lange Stücke schneiden.
• Die Gemüse- oder Hühnerbrühe mit dem Weißwein zum Kochen bringen. • Die Frühlingszwiebeln dazugeben, einmal aufkochen und dann zugedeckt darin bei schwacher Hitze in 3–5 Minuten bißfest garen. • Inzwischen die Huthäute der Pilze abziehen, da sie die meisten Schadstoffe enthalten. Die Pilze putzen, dabei die zähen Stiele entfernen. Die Pilze gegebenenfalls kurz waschen, dann blättrig schneiden und sofort mit dem Zitronensaft beträufeln, damit sie sich nicht so stark verfärben.
• Die Frühlingszwiebeln und die Pilze auf vier Teller verteilen und mit Salz (am besten aus der Mühle) und Pfeffer bestreuen. Das Olivenöl darüberträufeln.
• Den Lachs in nicht zu dünne Streifen schneiden und neben dem Salat anrichten. • Die Kresse mit einer Küchenschere abschneiden und den Zwiebel-Pilz-Salat damit garnieren. • Dazu paßt Roggenbaguette mit Butter.

Sojasprossensalat mit Krabben

Mit Fladenbrot ein leichtes Abendessen

Lauwarmer Lauchsalat mit Hühnerbrüstchen und Mandeln

Feines aus der Neuen Küche

1 Zitrone · 200 g frische oder tiefgefrorene Krabben
1 kleine rote Pfefferschote
2 Frühlingszwiebeln
400 g gekeimte Mungobohnen
3 Eßl. Sonnenblumenöl
⅛ l Gemüsebrühe · 2 Eßl. Sojasauce · 1 Eßl. trockener Sherry · Salz · 1 Prise Zucker
etwa 670 Joule/160 Kalorien
12 g Eiweiß · 9 g Fett
8 g Kohlenhydrate pro Person

Zubereitungszeit: etwa 30 Minuten · Marinierzeit: 30 Minuten

Die Zitrone auspressen und die Krabben mit der Hälfte des Saftes beträufeln. Wenn Sie tiefgefrorene Krabben verwenden, diese erst auftauen lassen und die Flüssigkeit abgießen, die sich dabei gebildet hat. • Die Pfefferschote vom Stielansatz befreien, halbieren und die Kerne herauskratzen. Die Schotenhälften kalt abspülen, um auch die restlichen, brennendscharfen Kerne zu entfernen, trockentupfen und quer in ganz feine Streifen schneiden. • Die Frühlingszwiebeln putzen, waschen, abtrocknen und mit etwa zwei Drittel ihres zarten Grüns in dünne Ringe teilen. • Die Mungobohnen auf ein Sieb geben, gründlich kalt abspülen und sehr gut trockenschwenken. • 1 Eßlöffel Öl erhitzen und die Bohnensprossen darin unter ständigem Rühren anbraten. Die Gemüsebrühe und die Sojasauce hinzugießen und die Sprossen 1 Minute dünsten. • Die Mungobohnen einschließlich der Flüssigkeit in einer Schüssel mit den Krabben, den Pfefferschoten und den Frühlingszwiebeln mischen. • Den restlichen Zitronensaft mit dem Sherry, Salz, dem Zucker und dem restlichen Öl verrühren, über den Salat gießen und vorsichtig unterziehen. • Vor dem Servieren 30 Minuten zugedeckt bei Zimmertemperatur durchziehen lassen.

2 doppelte Hühnerbrüstchen von je 240 g · 2 Eßl. Petersilie, frisch gehackt · 2 Eßl. trockener Sherry · 2 Eßl. kaltgepreßtes Olivenöl · 400 g Lauch (Porree)
⅛ l Gemüsebrühe
2 Teel. frischer Thymian
Salz · weißer Pfeffer, frisch gemahlen · 2 Eßl. Sherryessig
2 Eßl. Zitronensaft · 1 Teel. Walnußöl · 1 Teel. Butter
3 Eßl. Mandelstifte
etwa 1030 Joule/245 Kalorien
16,5 g Eiweiß · 12 g Fett
16,5 g Kohlenhydrate pro Person

Zubereitungszeit: etwa 30 Minuten · Marinierzeit: 1 Stunde

Die Hühnerbrüstchen gegebenenfalls enthäuten und die beiden Brustfilets teilen. • Die Petersilie mit dem Sherry und 1 Eßlöffel Olivenöl mischen. Die Brustfilets rundherum damit bestreichen, fest in Alufolie wickeln und marinieren. • Den Lauch putzen, waschen und mit etwa einem Drittel seines zarten Grüns in 1 cm breite Stücke teilen. • Die Gemüsebrühe erhitzen. • Den Lauch und den Thymian dazugeben und den Lauch darin in 2–3 Minuten bißfest garen. • 3 Eßlöffel der Gemüsebrühe abnehmen und mit Salz und Pfeffer verrühren. Den Sherryessig, den Zitronensaft, das restliche Olivenöl und das Walnußöl unterrühren. • Den Lauch aus der Brühe nehmen, auf vier vorgewärmte Teller verteilen und mit der Marinade beschöpfen. Die Butter erhitzen. Die Mandelstifte darin bei mittlerer Hitze goldgelb rösten und herausnehmen. • Die Hühnerbrüstchen abtupfen. • Eine Pfanne erhitzen und die Brustfilets darin ohne weitere Fettzugabe bei starker Hitze pro Seite etwa 2 Minuten braten, bis sie gerade durchgegart sind. • Das Fleisch mit Salz und Pfeffer würzen, in dünne Scheiben schneiden, auf dem Lauchsalat anrichten und mit den Mandeln bestreuen.

Dips mit Gemüse

Köstlich als kleiner Imbiß oder sommerliches Abendessen

200 g Tofu · ⅛ l Sahne
½ EBl. Zitronensaft
1 EBl. gesalzene Pistazien
1 Bund Basilikum · weißer Pfeffer, frisch gemahlen
2 EBl. ungeschälte Sesamkörner
1 Kästchen Kresse
250 g Doppelrahm-Frischkäse
⅛ l saure Sahne · Salz
250 g vollreife Tomaten
1 Zwiebel · 1 Knoblauchzehe
schwarzer Pfeffer, frisch gemahlen · 1 Prise Zucker
Tabascosauce

etwa 1950 Joule/465 Kalorien
16 g Eiweiß · 39 g Fett
11 g Kohlenhydrate pro Person

Zubereitungszeit: etwa 45 Minuten

Für den Tofu-Dip den abgetropften Tofu kleinwürfeln und mit der Sahne und dem Zitronensaft im Mixer pürieren. Die Pistazien feinhacken. Das Basilikum waschen, trockenschwenken und ebenfalls fein zerkleinern. Die Pistazien und das Basilikum unter den Dip mischen und diesen mit weißem Pfeffer abschmecken. • Für den Frischkäse-Dip die Sesamkörner in einer Pfanne ohne Fettzugabe unter Rühren anrösten. Die Kresseblättchen abschneiden. Den Frischkäse mit der sauren Sahne glattrühren und mit den Sesamkörnern und der Kresse mischen. Den Dip mit Salz und Pfeffer abschmecken. • Für den Tomaten-Dip die Tomaten mit kochendem Wasser übergießen, kurz darin ziehen lassen und kalt abschrecken. Die Tomaten häuten, von den Stielansätzen und den Kernen befreien und im Mixer pürieren. Die Zwiebel und die Knoblauchzehe schälen, ganz fein hacken und unter das Tomatenpüree mischen. Den Dip mit Salz, Pfeffer, dem Zucker und der Tabascosauce abschmecken. • Dazu passen frische, in Stifte geschnittene Gemüse wie Kohlrabi, Möhren und Gurken, Stangensellerie, Champignons, Streifen von Paprikaschoten sowie Vollkornbrot oder Weizenkeimbrötchen mit Butter.

Selbstgemachter Quark mit Kräutern und Kürbiskernen

Probieren Sie es – die Mühe lohnt sich

3 l frische Rohmilch
⅛ l Dickmilch
1 Becher körniger Frischkäse
1 Eßl. Sahne oder Crème fraîche · 1 Eßl. Hefeflocken
weißer Pfeffer, frisch gemahlen
1 Prise Zucker · 1 Zwiebel
1 Kästchen Kresse
je ½ Bund Petersilie, Dill und Schnittlauch
1 Handvoll frischer Kerbel
einige junge Blättchen von Löwenzahn, Brennesseln, Sauerampfer und Zitronenmelisse
1–2 Eßl. Kürbiskerne
1 Teel. Leinöl
etwa 985 Joule/235 Kalorien
21 g Eiweiß · 12 g Fett
7 g Kohlenhydrate pro Person

Zubereitungszeit für den Quark: etwa 4 Tage · Zubereitungszeit für die Quarkmischung: etwa 20 Minuten

Für den Quark brauchen Sie wirklich frische Rohmilch, die Sie entweder im Reformhaus oder direkt beim Bauern erhalten. Damit der Quark gelingt, darf die Milch nämlich weder pasteurisiert noch homogenisiert sein. Durch die in Molkereien übliche Kaltlagerung und das Pasteurisieren – also keimfrei machen – der Milch können sich die säurebildenden Bakterien nicht vermehren, und die Milch wird nicht sauer. Das Homogenisieren – die Feinstverteilung des Milchfetts – bewirkt, daß sich keine Sahneschicht auf der Milch absetzt. Diese Schicht jedoch muß vor der Zubereitung des Quarks abgeschöpft werden. • Die Milch in ein hochwandiges Gefäß aus Glas, Steingut oder Keramik geben und die Dickmilch untermischen. Sie setzt die Säurebildung in Gang. Das Gefäß mit einem Küchentuch abdecken und in einen warmen Raum stellen. • Am nächsten Tag die Sahneschicht, die sich auf der Milch abgesetzt hat, möglichst vollkommen abschöpfen. Die Sahne können Sie für eine Suppe oder Sauce verwenden. • Das Gefäß wieder zudecken und die Milch in etwa 3 Tagen vollkommen sauer und sehr dick werden lassen. • In einem Topf Wasser auf 40–50° erhitzen. Das Gefäß in den Topf stellen und so lange warm halten, bis sich in der gesäuerten Milch die Molke abgesetzt hat. Sie erkennen dies daran, daß die festen Bestandteile der Milch klumpen und sich eine klare Flüssigkeit bildet. • Ein Sieb über eine Schüssel hängen und mit einem Mulltuch auslegen. Die Molke einschließlich der klaren Flüssigkeit in das Mulltuch geben. Das Tuch oben fest zubinden und aufhängen, so daß die Flüssigkeit abtropfen kann und der Quark fest wird. Das dauert etwa 2 Stunden. • Den Quark dann mit dem körnigen Frischkäse, der Sahne oder der Crème fraîche und den Hefeflocken mischen und mit Pfeffer und dem Zucker abschmecken. • Die Zwiebel schälen und fein würfeln. Die Kresse mit einer Küchenschere abschneiden. Alle anderen Kräuter verlesen, von eventuell harten Stielen befreien und unter fließendem kaltem Wasser gründlich abspülen. Die Kräuter sehr gut trockenschwenken und fein zerkleinern. • Die Kürbiskerne auf ein Holzbrett geben und mit der Klinge eines großen schweren Messers hacken. • Die Zwiebel, alle Kräuter, die Kürbiskerne und das Leinöl unter den Quark mischen. • Dazu passen Radieschen, junge Rettiche, Salatgurken und Tomaten sowie frisches Vollkornbrot und eventuell Butter.

<u>Mein Tip:</u> Auch mit gewürfelten, entkernten Tomaten, 1 gehackten roten Zwiebel sowie 1 Bund frischem grobgehacktem Basilikum vermischt schmeckt der selbstgemachte Quark ausgezeichnet. Würzen Sie ihn mit Kräutersalz, frisch gemahlenem schwarzem Pfeffer, etwas Olivenöl und Gomasio.

Bananen-Sesam-Mus

Schmeckt gut zum Frühstück

2 Eßl. ungeschälte Sesamkörner
1 unbehandelte Zitrone
2 reife Bananen
2 Eßl. ungesalzenes Tahin (Sesammus)
1 feste Banane
etwa 565 Joule/135 Kalorien
3 g Eiweiß · 5 g Fett
19 g Kohlenhydrate pro Person

Zubereitungszeit: etwa 10 Minuten

Eine Pfanne ohne Fettzugabe erhitzen. Die Sesamkörner darin bei schwacher bis mittlerer Hitze unter ständigem Rühren so lange rösten, bis sie einen zarten Duft ausströmen. Durch das Rösten wird das Aroma von Sesam intensiver; er schmeckt angenehm nußartig. • Die Zitrone unter heißem Wasser gründlich waschen und abtrocknen. Ein etwa 2 cm langes Stück Schale so dünn abschneiden, daß keine weißen Häutchen daran haften, denn diese schmecken bitter. Die Zitronenschale fein zerkleinern. Die Zitrone auspressen. • Die reifen Bananen schälen und mit einer Gabel ganz fein zerdrücken oder im Mixer pürieren. Das Bananenmus sofort mit der Zitronenschale und dem Zitronensaft (1 Eßlöffel zurückbehalten) mischen. • Das Tahin unter das Bananenmus rühren. (Da Tahin viel pflanzliches Öl enthält und deshalb leicht ranzig wird, muß es im Kühlschrank aufbewahrt werden. Vor der Verarbeitung sollten Sie es jedoch Zimmertemperatur annehmen lassen, sonst ist es zu zäh und läßt sich nicht so gut verrühren.) • Das Mus auf vier Schälchen verteilen. • Die feste Banane ebenfalls schälen und schräg in Scheiben schneiden, auf dem Mus anrichten und mit dem restlichen Zitronensaft beträufeln. Die Sesamkörner darüberstreuen. • Dazu schmecken Weizenkeimbrötchen oder Knäckebrot. Das Brot können Sie statt mit Butter mit Tahin bestreichen.

Porridge mit Trockenobst

Reich an Ballaststoffen

Zutaten für 2 Personen:
100 g getrocknete Pflaumen und Aprikosen, gemischt
¾ l Wasser · 1 Prise Salz
100 g Haferflocken
½ Eßl. Zucker · 6 Eßl. Sahne
etwa 2035 Joule/485 Kalorien
10 g Eiweiß · 13 g Fett
79 g Kohlenhydrate pro Person

Zubereitungszeit: etwa 15 Minuten · Einweichzeit: 5 Stunden

Trockenfrüchte sind häufig geschwefelt, um sie haltbarer und für den Verbraucher farblich attraktiver zu machen. Die schwefelige Säure ist jedoch gesundheitsschädlich (stark geschwefelter Wein zum Beispiel verursacht Kopfschmerzen). Am besten kaufen Sie im Reformhaus oder im Naturkostladen ungeschwefeltes Obst. Um jedoch ganz sicherzugehen, sollten Sie Trockenobst immer gründlich unter fließendem heißem Wasser waschen; durch das Waschen wird der Schwefel zum größten Teil entfernt. • Die Trockenfrüchte in eine Schüssel geben und mit ¼ l Wasser übergießen. Das Obst zugedeckt einweichen. • Das eingeweichte Obst abtropfen lassen und zerkleinern. • Für den Porridge das restliche Wasser mit dem Salz und den Haferflocken einmal aufkochen und bei schwacher Hitze 10 Minuten köcheln lassen. Dabei häufig umrühren, denn die Haferflocken brennen leicht an. • Den Porridge auf zwei Teller verteilen, mit den Trockenfrüchten belegen und mit dem Zucker bestreuen. • Die Sahne über dem Porridge verteilen.

<u>Mein Tip:</u> Das Einweichen macht Trockenobst nicht bekömmlicher, sondern verändert nur seinen Geschmack. Wenn es also schneller gehen soll, können Sie den Porridge auch mit zerkleinertem Trockenobst zubereiten, das nicht eingeweicht ist.

Süße Quarkmischungen

Kraftspender am Morgen oder feine Desserts

Vanillequark mit Trauben
im Bild links

Zutaten für 1 Person:
100 g weiße und blaue Trauben, gemischt · 3 Eßl. Quark (20 %)
1 Teel. Crème fraîche
1 Teel. Zitronensaft
1 Eßl. Butter · 1 Eßl. Haferflocken
2 Teel. Vanillezucker
etwa 1680 Joule/400 Kalorien
11 g Eiweiß · 15 g Fett
52 g Kohlenhydrate pro Person

Zubereitungszeit: etwa 30 Minuten

Die Trauben waschen, gut abtropfen lassen, von den Stielen zupfen, halbieren und entkernen. • Den Quark mit der Crème fraîche und dem Zitronensaft glattrühren. • Die Trauben unter den Quark mischen. • Die Butter erhitzen, aber nicht bräunen. • Die Haferflocken in die Butter geben, mit dem Vanillezucker bestreuen, bei mittlerer Hitze unter ständigem Rühren goldbraun rösten und über den Vanillequark streuen.

Mein Tip: Für Vanillezucker, den Sie möglichst nur als Gewürz in ganz kleinen Mengen verwenden sollten, schlitzen Sie eine Vanilleschote mit einem spitzen Messer auf. Das Mark wird herausgekratzt und mit Zucker gemischt. Den Zucker zusammen mit der Vanilleschote in ein Glas mit Schraubverschluß füllen. Gut verschlossen hält er sich monatelang.

Kirschquark
Bild Mitte

Zutaten für 1 Person:
1 Scheibe altbackenes, trockenes Vollkornbrot
125 g frische Kirschen
50 g Quark (20 %) · je 2 Eßl. Crème fraîche und Sanoghurt
Ahornsirup · 1 Eßl. Haselnüsse, frisch gerieben
etwa 1825 Joule/435 Kalorien
14 g Eiweiß · 17 g Fett
56 g Kohlenhydrate pro Person

Zubereitungszeit: etwa 15 Minuten

Das Vollkornbrot grobreiben. Die Kirschen waschen, abtropfen lassen, entstielen und entsteinen. Den Quark mit der Crème fraîche und dem Sanoghurt glattrühren, mit Ahornsirup nach Geschmack süßen. Die Kirschen, die Brotbrösel und die Quarkcreme schichtweise in ein Schälchen füllen. Den Kirschquark mit den Haselnüssen bestreut servieren.

Erdbeerquark
im Bild rechts

Zutaten für 1 Person:
1 Eßl. Mandelstifte
125 g frische Erdbeeren
125 g Quark (20 %)
2 Eßl. Sahne
1 Teel. Zitronensaft
1 Eßl. Preiselbeerkompott
etwa 1405 Joule/335 Kalorien
20 g Eiweiß · 19 g Fett
19 g Kohlenhydrate pro Person

Zubereitungszeit: etwa 15 Minuten

Eine Pfanne erhitzen. Die Mandelstifte darin ohne weitere Fettzugabe bei schwacher bis mittlerer Hitze unter ständigem Rühren goldgelb rösten. • Die Erdbeeren unter fließendem kaltem Wasser waschen, abtropfen lassen, entkelchen und mit einer Gabel nicht zu fein zerdrücken. • Den Quark mit der Sahne und dem Zitronensaft verrühren. • Die Erdbeeren, die Quarkcreme und das Preiselbeerkompott locker miteinander mischen, mit den gerösteten Mandelstiften bestreuen und anrichten.

Frühstücksmüslis

Köstliche Vollwertkost

Flockenmüsli mit Obst
im Bild links

400 g frische Früchte (wie Aprikosen, Pfirsiche, Zwetschgen, Erdbeeren und Brombeeren)
1–2 Eßl. Haferflocken
1–2 Eßl. Weizenflocken
1–2 Eßl. Hirseflocken
1 Eßl. Sonnenblumenkerne
¾ l Milch · Ahornsirup
4 Eßl. Corn flakes
etwa 1090 Joule/260 Kalorien
19 g Eiweiß · 13 g Fett
34 g Kohlenhydrate pro Person

Zubereitungszeit: etwa 30 Minuten

Die Aprikosen und die Pfirsiche mit kochendem Wasser übergießen. Das Obst einige Minuten ziehen lassen und dann kalt abschrecken. Die Früchte schälen, halbieren, entsteinen und in Stücke schneiden. • Die Zwetschgen, die Erdbeeren und die Brombeeren waschen und sehr gut abtropfen lassen. Die Zwetschgen ebenfalls halbieren, entsteinen und zerkleinern. Die Erdbeeren entkelchen, große Früchte halbieren oder in Stücke schneiden. • Das Obst auf vier Teller verteilen. • Die Getreideflocken mit den Sonnenblumenkernen mischen und über das Obst streuen. • Die Milch über das Flockenmüsli gießen und alles mit Ahornsirup nach Geschmack beträufeln, mit den Corn flakes bestreuen und sofort servieren.

Müsli mit Weizenkeimen
im Bild rechts

4 Eßl. Weizenkörner
2 kleine Bananen · 2 Orangen
2 Äpfel · 200 g frische Ananas
2 Eßl. Sonnenblumenkerne
etwa 1050 Joule/250 Kalorien
6 g Eiweiß · 4 g Fett
49 g Kohlenhydrate pro Person

Zubereitungszeit: etwa 5 Minuten · Keimzeit: etwa 3 Tage

Die Weizenkörner mit Wasser befeuchten und keimen lassen. Das geht am besten in einem speziellen Keimapparat, den es in Reformhäusern und Naturkostläden gibt. Sie können jedoch auch ein Einmachglas oder eine flache Schale verwenden. Die Körner müssen täglich gewässert werden, dürfen jedoch nicht im Wasser liegen, da sie sonst faulen oder schimmeln. Bei Weizenkeimen bildet sich immer ein zarter weißer Flaum, der jedoch nichts mit Schimmel zu tun hat. Das Keimgefäß stellen Sie in einen warmen Raum und decken es zu, denn die Körner keimen am besten in einem warmen, feuchten Milieu. Nach etwa 3 Tagen haben sie ihren größten Nährstoffgehalt erreicht und sollten gegessen werden. • Den gekeimten Weizen auf ein Sieb geben und gründlich unter fließendem kaltem Wasser abspülen und sehr gut abtropfen lassen. • Die Bananen schälen und mit einer Gabel fein zerdrücken. • Die Orangen halbieren und auspressen. Den Saft über die Bananen gießen. • Die Äpfel sorgfältig unter fließendem warmem Wasser abreiben, denn sie werden nicht geschält. Die Äpfel abtrocknen und vierteln, vom Kerngehäuse befreien, sehr klein würfeln und sofort mit den Bananen und dem Orangensaft mischen. Die im Orangensaft enthaltene Säure verhindert, daß sich die Äpfel verfärben. • Die Ananas schälen, ebenfalls in Würfel schneiden und zum Obst geben. • Die Weizenkeime und die Sonnenblumenkerne über dem Müsli verteilen und das Müsli servieren.

Mein Tip: Wenn Sie das Müsli etwas süßer mögen, sollten Sie statt Zucker Honig, Malzextrakt oder Ahornsirup untermischen.

Drei-Korn-Müsli mit Obst

Energiespender am Morgen

im Bild rechts

je 4 Eßl. Hafer, Weizen und Buchweizen (ganze Körner)
etwa ¼ l kaltes Wasser
4 kleine Orangen · 2 Äpfel
2 Bananen · 4 Eßl. Walnußkerne
1 Teel. Honig oder Ahornsirup
2 Eßl. Korinthen · 4 Eßl. Sahne
etwa 1660 Joule/395 Kalorien
8 g Eiweiß · 11 g Fett
66 g Kohlenhydrate pro Person

Zubereitungszeit: etwa 10 Minuten · Quellzeit des Getreides: etwa 12 Stunden

Die Getreidekörner und den Buchweizen in die Getreidemühle geben und grob schroten. Sie können das Getreide auch bereits geschrotet im Reformhaus oder im Naturkostladen kaufen. Achten Sie darauf, daß man es wirklich vor Ihren Augen frisch schrotet, sonst verliert es zu viele wichtige Inhaltsstoffe. Allein durch das Mahlen oder Schroten verflüchtigt sich bereits ein Teil dieser Stoffe, und je länger der Schrot unverarbeitet bleibt, desto wertloser für die Ernährung wird er. Deshalb sollten Sie den Schrot auch zu Hause nicht aufbewahren, sondern sofort verwenden. • Den Getreideschrot mit so viel Wasser mischen, daß ein dickflüssiger Brei entsteht. Die Wassermenge kann dabei je nach Getreidesorte variieren. • Den Getreideschrot nun über Nacht zugedeckt an einem kühlen Ort quellen lassen. Vor allem im Sommer sollten Sie den Schrot unbedingt in den Kühlschrank stellen, denn bei Zimmertemperatur besteht die Gefahr, daß sich Schimmelpilze und andere Keime bilden, deren Stoffwechselprodukte (Aflatoxine) sehr gesundheitsschädlich sind. Ungekochtes Getreide sollte vor dem Verzehr übrigens grundsätzlich in Wasser quellen, sonst ist es schwer verdaulich.
• Wenn der Schrot gequollen ist, 2 Orangen auspressen und den Saft beiseite stellen. Die restlichen beiden Orangen schälen, von allen weißen Häutchen befreien, in Segmente teilen und die Segmente in Stücke schneiden. Dabei den Saft auffangen und eventuell vorhandene Kerne entfernen. • Die Äpfel sehr gründlich waschen und abtrocknen. Die Äpfel vierteln, vom Kerngehäuse befreien und zuerst in Spalten, dann in kleine Stücke schneiden. Die Apfelstücke sofort mit dem Orangensaft und den Orangenstückchen mischen. Die Säure verhindert, daß sich die Äpfel verfärben.
• Die Bananen schälen und mit einer Gabel fein zerdrücken. Das Bananenmus mit dem restlichen Obst mischen. • Die Walnußkerne grobhacken. • Den eingeweichten Getreideschrot mit dem Orangensaft und dem Honig oder dem Ahornsirup verrühren. • Das Obst, die Walnußkerne und die Korinthen unter das Müsli mischen, auf vier Schälchen verteilen und jeweils mit etwas Sahne übergießen.

Variante: Sechs-Korn-Müsli mit Trockenfrüchten
im Bild links

4 Eßlöffel frisch geschrotetes Sechs-Korn-Getreide mit etwa 8 Eßlöffeln kaltem Wasser zu einem dicken Brei verrühren. Den Schrotbrei über Nacht zugedeckt an einem kühlen Ort quellen lassen. Am nächsten Tag je 4 getrocknete Aprikosen und entsteinte Dörrpflaumen waschen, abtropfen lassen und kleinwürfeln. 100 g beliebiges frisches Obst wie Äpfel, Zwetschgen oder Beeren vorbereiten und, wenn nötig, ebenfalls zerkleinern. 4 Eßlöffel Haselnüsse grobhacken. Den eingeweichten Getreideschrot mit etwa 4 Teelöffeln Honig oder Ahornsirup, den Trockenfrüchten und dem frischen Obst mischen. Das Müsli auf vier Teller geben. Jede Portion mit 1 Eßlöffel Gerstenflocken bestreuen und mit je 1 Eßlöffel Milch übergießen. Das Müsli mit den Haselnüssen bestreut anrichten.

Apfel-Joghurt

Reich an Ballaststoffen

im Bild unten

Zutaten für 2 Personen:
4 getrocknete Aprikosen
2 Becher Sanoghurt
1 großer Apfel · ½ Orange
1 Eßl. Ahornsirup · ½ Teel.
Zimt · 1 Eßl. Haselnußkerne
2 Eßl. Haferflocken
etwa 1635 Joule/390 Kalorien
12 g Eiweiß · 12 g Fett
56 g Kohlenhydrate pro Person

Zubereitungszeit: etwa
15 Minuten

Die Aprikosen gründlich heiß waschen, abtropfen lassen und feinschneiden. • Den Sanoghurt mit einem Schneebesen kräftig durchschlagen. • Den Apfel vierteln, vom Kerngehäuse befreien, schälen und auf der Rohkostreibe raspeln. • Die Orange auspressen und den Saft zusammen mit dem Apfel und den zerkleinerten Aprikosen unter den Joghurt mischen, mit dem Ahornsirup süßen und mit dem Zimt würzen. • Die Haselnußkerne auf einem Brett mit der Klinge eines breiten Messers grobhacken. • Den Apfeljoghurt mit den Nüssen und den Haferflocken bestreut sofort servieren.

Variante: Joghurt mit Nüssen
im Bild rechts
2 Becher Sanoghurt cremig schlagen. 100 g Walnußkerne, Haselnußkerne und geschälte Mandeln – alles gemischt – mit einem Messer mittelfein hacken. Die Nüsse, 1 Eßlöffel Rosinen und 1 Eßlöffel ungesüßten Sanddornsirup unter den Joghurt mischen. Den Nuß-Joghurt nach Geschmack mit Honig süßen und eventuell noch mit Weizenkleie oder Getreideflocken bestreuen.

Variante: Joghurt mit Orangen
im Bild links
2 Becher Sanoghurt mit dem Schneebesen cremig schlagen. 1–2 Eßlöffel Pinienkerne in etwas heißem Öl goldbraun rösten. 2 Orangen schälen, von allen weißen Häutchen befreien und in kleine Stücke schneiden. Den Saft dabei auffangen und eventuell vorhandene Kerne entfernen. Die Orangen und den Saft sowie die gerösteten Pinienkerne unter den Joghurt mischen, nach Geschmack süßen.

Knusprige Waffeln

Schmecken zum Brunch oder als süßes Hauptgericht

Haferflockenwaffeln mit Beeren
im Bild rechts

200 g blütenzarte Haferflocken
2 EßI. kernige Haferflocken
½ l Buttermilch
½ unbehandelte Zitrone · Salz
½ EßI. Vanillezucker · ½ Teel.
Zimt · 2 Eier · 300 g gemischte
Beeren (wie Erdbeeren,
Johannisbeeren, Himbeeren
und Brombeeren) · 3 EßI. Honig
1 EßI. bittere Orangenkonfitüre
Öl zum Einfetten des
Waffeleisens
etwa 1640 Joule/390 Kalorien
16 g Eiweiß · 12 g Fett
52 g Kohlenhydrate pro Person

Zubereitungszeit: etwa
1¼ Stunden · Quellzeit: etwa
3 Stunden

Die Haferflocken mit der Buttermilch verrühren und etwa 3 Stunden zugedeckt quellen lassen. • Die Zitrone unter fließendem heißem Wasser gründlich waschen, gut abtrocknen und die Schale fein abreiben. • Die gequollenen Haferflocken mit der Zitronenschale, Salz, dem Vanillezucker, dem Zimt und den Eiern mischen und mit den Rührbesen des Handrührgerätes kräftig durchschlagen. • Den Teig zugedeckt ruhen lassen. • Die Beeren gründlich waschen, sehr gut abtropfen lassen und entkelchen beziehungsweise von den Stielen zupfen. • Den Honig und die Orangenkonfitüre in einen Topf geben und bei schwächster Hitze unter ständigem Rühren so lange erwärmen, bis die Mischung flüssig ist. • Die Honig-Mischung über die Beeren gießen. • Das Waffeleisen nach Gebrauchsanweisung vorheizen und mit etwas Öl bepinseln. • Jeweils etwa 2 Eßlöffel Teig in das Waffeleisen geben, das Eisen schließen und die Waffeln in etwa 6 Minuten goldbraun backen. • Die gebackenen Waffeln im Ofen warm halten. • Aus dem restlichen Teig nacheinander noch 7 Waffeln backen, dabei das Eisen immer wieder mit Öl ausstreichen, bevor Sie den Teig einfüllen. • Die Waffeln entweder gleich auf Tellern anrichten und mit dem Beerenkompott überziehen oder beides getrennt servieren.

Vollkornwaffeln
im Bild links

120 g Butter · ½ EßI. Zucker
4 Eier · abgeriebene Schale von
1 unbehandelten Zitrone · Salz
¼ l saure Sahne
150 g Weizenvollkornmehl · Öl
zum Einfetten des Waffeleisens
Ahornsirup
etwa 2160 Joule/515 Kalorien
13 g Eiweiß · 38 g Fett
26 g Kohlenhydrate pro Person

Zubereitungszeit: etwa 1 Stunde

Die Butter mit dem Zucker so lange schaumig rühren, bis die Butter den Zucker vollkommen aufgenommen hat. Je mehr Luft Sie dabei in die Masse rühren, desto cremiger wird sie. • Die Eier trennen. Die Eiweiß in den Kühlschrank stellen, dann lassen sie sich später besser steifschlagen. • Die Eigelbe nacheinander in die Butter-Zucker-Mischung rühren. Die abgeriebene Zitronenschale, 1 Prise Salz und die saure Sahne untermischen. • Die Eiweiß mit einer weiteren Prise Salz sehr steif schlagen. Den Eischnee auf den Waffelteig geben und das Vollkornmehl darüberstreuen. Alles mit einem Holzspatel vorsichtig mischen, bis sich die Zutaten miteinander verbunden haben. Sie sollten dabei nicht kräftig rühren, sonst fällt der Eischnee wieder zusammen und die Waffeln werden nicht locker genug. • Das Waffeleisen nach Gebrauchsanweisung vorheizen und mit etwas Öl auspinseln. • Aus dem Teig nacheinander etwa 8 Waffeln backen und die Waffeln jeweils warm halten. • Die Waffeln mit Ahornsirup beträufeln und servieren.

Suppen, Eintöpfe und Aufläufe

Kräftige Brühen, nur mit Gemüse gekocht, bilden die Grundlage für köstliche Suppen aus der Vollwertküche. Wenn sie – wie auf unserem Foto – mit frischem Broccoli, zarten Kohlrabi und goldgelben Pfannkuchen aus Maismehl angerichtet werden, erinnern sie an die feinen Kreationen der neuen Küche und sind ein Fest für Augen und Gaumen. Aber neben so Raffiniertem wie einer Kartoffelsuppe mit Sahne und frühlingsfrischen Kräutern finden Sie auch deftige Hausmannskost: Graupeneintopf und gratinierte Grießschnitten, Gemüsestrudel und Hirseauflauf. Mit Pizza und Cannelloni, Chili und Kichererbsenklößchen können Sie internationale Spezialitäten nachkochen mit Zutaten, die es auch bei uns überall zu kaufen gibt. Oder Sie schlemmen mit Gerichten aus Großmutters Küche: Die Rezepte für Kürbissuppe und geröstete Grünkernsuppe stammen aus alten Kochbüchern. Tofuragout auf provenzalische Art mit vielen duftenden Kräutern, Gratin mit Mangold und eine köstliche Fischsuppe mit würzigem Sauerampfer schließlich werden auch diejenigen begeistern, die eine Vorliebe für ungewöhnliche kulinarische Genüsse haben.

Suppen, warm und kalt

Köstlich-leichte Gemüsesuppen

Kalte Gurkensuppe
im Bild links

2 Salatgurken von je etwa 300 g
1 Zwiebel · 3 Knoblauchzehen
2 Bund Dill · 2 Becher Sanoghurt
⅛ l Sahne · Hefeflocken oder
Salz · weißer Pfeffer, frisch
gemahlen · 2 Eßl. Schnittlauchröllchen

etwa 670 Joule/160 Kalorien
5 g Eiweiß · 11 g Fett
8 g Kohlenhydrate pro Person

Zubereitungszeit: etwa
30 Minuten

Die Salatgurken schälen und zuerst einmal quer, dann längs halbieren. Die Kerne mit einem Teelöffel herauskratzen. Die Gurkenhälften in Stücke schneiden. • Die Zwiebel und die Knoblauchzehen schälen. • Den Dill kalt abspülen, trockentupfen und feinhacken. • Die Gurke mit der Zwiebel und den Knoblauchzehen im Mixer pürieren.

• Den Sanoghurt mit der Sahne schaumig schlagen und unter das Gurkenpüree rühren. • Die Gurkensuppe mit dem Dill mischen und mit Hefeflocken oder Salz und Pfeffer abschmecken und mit dem Schnittlauch bestreut anrichten.

Gemüsebrühe
im Bild rechts

Zutaten für knapp 1½ l Brühe:
250 g Lauch · 350 g Möhren
1 Petersilienwurzel
1 Fenchelknolle von etwa 250 g
450 g Stangensellerie
1 Zwiebel · 1 Knoblauchzehe
1 Bund Petersilie · einige Zweige
frischer Thymian · 1 Lorbeerblatt
4 weiße Pfefferkörner
2 Wacholderbeeren
2 Gewürznelken
1½ l Wasser · Salz

Diese Brühe enthält so wenig Kalorien und Nährwerte, daß sich eine Berechnung erübrigt.

Zubereitungszeit: etwa
1½ Stunden

Die Zutaten müssen möglichst feingeschnitten werden, damit sich das Aroma besser in der Brühe verteilen kann. • Die Wurzelansätze und die welken grünen Blätter der Lauchstangen abtrennen. Die gestutzten Blätter bis zum weißen Teil der Lauchstangen kreuzweise einschneiden. So können Sie die Blätter beim Waschen auseinanderbiegen und wirklich alle Schmutzreste, die sich dazwischen festgesetzt haben, unter fließendem Wasser abspülen. Den Lauch in Ringe schneiden. Die Möhren und die Petersilienwurzel schälen, waschen und würfeln. Die Fenchelknolle halbieren und den keilförmigen Strunk mit einem spitzen Messer herausschneiden. Die Hälften kalt abspülen und quer in etwa 1 cm breite Streifen teilen. Den Wurzelansatz des Selleries abtrennen, den Sellerie in die einzelnen Stangen aufteilen und waschen.

Die Blättchen abzupfen und die eventuell harten Fasern der Selleriestangen abziehen. Die Stangen ebenfalls zerkleinern. • Die Zwiebel und die Knoblauchzehe schälen und halbieren. • Die Petersilie und den Thymian abspülen. • Alle diese Zutaten mit dem Lorbeerblatt, den Pfefferkörnern, den Wacholderbeeren und den Gewürznelken in einen Topf geben. • Das Wasser dazugießen und zum Kochen bringen. Die Brühe dann zugedeckt bei schwacher Hitze etwa 30 Minuten köcheln lassen. • Ein Sieb mit einem Mulltuch auslegen, einen Topf darunterstellen und die Brühe durch das Sieb gießen. Das Gemüse mit einem Holzspatel ausdrücken und dann wegwerfen. • Die Gemüsebrühe mit Salz abschmecken, auf vorgewärmten Tellern verteilen und entweder mit kurz gegarten Gemüsen und frisch gehackten Kräutern gleich anrichten oder als Grundlage für andere Suppen verwenden.

Kalte Tomatensuppe mit Kräutern

Herrlich erfrischend an heißen Tagen

1 kg vollreife Tomaten
1 große Zwiebel · 3 Knoblauchzehen · je 1 Bund Petersilie und Basilikum · 1 Zweig frisches Bohnenkraut · 1 Zweig frischer Thymian · Hefeflocken oder Salz schwarzer Pfeffer, frisch gemahlen · 5 Eßl. kaltgepreßtes Olivenöl · 2–3 Scheiben Roggenvollkornbrot
etwa 1015 Joule/240 Kalorien
5 g Eiweiß · 13 g Fett
22 g Kohlenhydrate pro Person

Zubereitungszeit: etwa 30 Minuten

Die Tomaten waschen, abtrocknen und vierteln. Dabei die Stielansätze und die Kerne entfernen. • Die Zwiebel und die Knoblauchzehen schälen. Die Zwiebel ebenfalls vierteln. • Die Petersilie, das Basilikum, das Bohnenkraut und den Thymian waschen und trockenschwenken. • Die Tomaten mit der Zwiebel, 1 Knoblauchzehe, der Petersilie und dem Basilikum im Mixer pürieren. • Die Bohnenkraut- und die Thymianblättchen von den Stielen streifen und unter das Tomatenpüree mischen, mit Hefeflocken oder Salz und Pfeffer abschmecken. Zum Schluß 2 Eßlöffel Olivenöl untermischen. • Die restlichen Knoblauchzehen sehr fein hacken. Die Brotscheiben würfeln. • Das restliche Olivenöl in einer Pfanne erhitzen, die Brotwürfel darin bei mittlerer bis starker Hitze rundherum unter ständigem Wenden rösten. Zum Schluß den gehackten Knoblauch untermischen, kurz mitbraten und die Würfel über die Suppe geben.

Mein Tip: Auch ohne Mixer können Sie diese Suppe zubereiten. Die Tomaten mit kochendem Wasser übergießen, kurz darin ziehen lassen, häuten und kleinwürfeln. Die Stielansätze und die Kerne dabei entfernen und die Tomatenwürfel mit einer Gabel zerdrücken. Die Zwiebel, die Knoblauchzehen und die Kräuter feingehackt untermischen.

Gemüsesuppe mit Maisflädle

Schmeckt am besten mit wirklich knackigem Gemüse

im Bild links

Zutaten für 4–5 Personen:
75 g Maisgrieß (Polenta)
1 Bund Petersilie
25 g Weizenvollkornmehl
3 Eßl. Milch · 2 Eier · Salz
250 g frische Broccoli
1 junger Kohlrabi (etwa 200 g)
3 Eßl. Öl · 1 Bund Schnittlauch
1½ l Gemüsebrühe, frisch gekocht (Rezept Seite 38)
etwa 860 Joule/205 Kalorien
8 g Eiweiß · 9 g Fett
21 g Kohlenhydrate pro Person bei 5 Portionen

Zubereitungszeit: etwa 40 Minuten · Quellzeit: 15 Minuten

Den Maisgrieß in der Getreidemühle mehlfein mahlen. • Die Petersilie waschen, die Blättchen von den Stielen zupfen, trockentupfen und feinhacken. • Das Maismehl mit dem Vollkornmehl, der Petersilie, der Milch, den Eiern und 1 Prise Salz zu einem dünnflüssigen Eierkuchenteig verrühren. Den Teig zugedeckt 15 Minuten ruhen lassen, damit das Mehl quellen kann. Sollte er nach der Ruhezeit zu dickflüssig sein, noch etwas Milch dazugeben. • Während der Teig ruht, die Broccoli waschen, von den großen Blättern und den holzigen Stielenden befreien. Die Haut der Stiele mit einem kleinen, spitzen Messer nach oben abziehen. Die Röschen abschneiden, denn sie haben eine kürzere Garzeit als die Stiele. Den Kohlrabi schälen, dabei das zarte Blattgrün abschneiden und zum Bestreuen der Suppe beiseite legen. Den Kohlrabi waschen, vierteln und zuerst in Scheiben, dann in Stifte schneiden. • Für die Maisflädle 1 Eßlöffel Öl in einer Pfanne erhitzen. • 1 knapp gefüllte Schöpfkelle Teig in die Pfanne geben und 1 Eierkuchen backen. Den Eierkuchen im Backofen warm halten. Erneut Öl erhitzen und aus dem restlichen Teig ebenfalls Eierkuchen backen und warm halten. • Den Schnittlauch und das Kohlrabigrün kalt abspülen und trockentupfen. Den Schnittlauch feinschneiden, das Kohlrabigrün grobhacken. • Die Brühe zum Kochen bringen und zuerst die Broccolistiele und die Kohlrabistifte etwa 3 Minuten darin garen. Die Broccoliröschen dazugeben und noch einmal 2–3 Minuten garen, bis alle Gemüse bißfest sind. • Die Eierkuchen in dünne Streifen (Flädle) schneiden. • Die Gemüsesuppe auf vorgewärmte Teller verteilen. Die Maisflädle in die Suppe geben. Die Suppe mit dem Schnittlauch und dem Kohlrabigrün bestreut sofort servieren.

Variante: Gemüsesuppe mit Tofu
im Bild rechts

250 g Tofu in 1 cm große Würfel schneiden, mit 1 Eßlöffel Sojasauce mischen und zugedeckt 30 Minuten marinieren. Dabei immer wieder wenden. 4 Stangen Sellerie waschen, die Blättchen abzupfen und beiseite legen. Die eventuell harten Fasern der Selleriestangen abziehen und den Sellerie in etwa ½ cm breite Stücke schneiden. 250 g junge Möhren schaben, waschen und in Stifte teilen. 1–2 Eßlöffel Öl in einer Pfanne erhitzen. Die Tofuwürfel darin unter ständigem Wenden etwa 5 Minuten braten. Währenddessen 1 l frisch gekochte Gemüsebrühe zum Kochen bringen. Die Gemüse zugeben und in etwa 4 Minuten bißfest garen. Die Suppe mit je 1 Eßlöffel trockenem Sherry und Sojasauce abschmecken und auf vier vorgewärmten Tellern verteilen. Die Tofuwürfel in die Suppe geben. Die Gemüsesuppe mit den feingehackten Sellerieblättchen und frisch gehackter Petersilie oder Brunnenkresse bestreut sofort servieren.

Lauch-Chicorée-Suppe

Schnell und einfach zuzubereiten

Möhren-Zucchini-Suppe

Reich an Vitaminen

je 250 g Lauch (Porree) und Chicorée · 2 Scheiben Roggenbrot von je 40 g · 3 Knoblauchzehen · 30 g Butter	
⅜ l Milch · ¼ l Gemüsebrühe	
Salz · weißer Pfeffer, frisch gemahlen · Muskatnuß, frisch gerieben · ½ Teel. Kümmel	
etwa 840 Joule/220 Kalorien	
3 g Eiweiß · 10 g Fett	
20 g Kohlenhydrate pro Person	

Zubereitungszeit: etwa 15 Minuten

Den Lauch und den Chicorée putzen, gründlich waschen und abtropfen lassen. Den Lauch mit etwa zwei Drittel seines Grüns in dünne Ringe schneiden. Den bitteren, keilförmigen Strunk des Chicorées mit einem kleinen spitzen Messer entfernen und den Chicorée quer in etwa ½ cm breite Streifen schneiden. • Das Roggenbrot würfeln. • Die Knoblauchzehen schälen und feinhacken. • Etwa ½ Eßlöffel Butter erhitzen, aber nicht bräunen. Den Lauch und den Chicorée dazugeben und unter Rühren anbraten, bis die Gemüse glasig sind. • Die Milch und die Gemüsebrühe dazugießen.
• Die Suppe mit Salz, Pfeffer, Muskatnuß und dem Kümmel würzen, einmal aufkochen und zugedeckt bei schwacher Hitze 5 Minuten sanft köcheln lassen.
• Inzwischen die restliche Butter in einer Pfanne erhitzen. Sie soll dabei aufschäumen, aber nicht braun werden. Die Brotwürfel dazugeben und unter ständigem Wenden bei mittlerer Hitze rösten, bis sie knusprig und leicht gebräunt sind. Den Knoblauch dazugeben und kurz mitrösten. Schalten Sie gegebenenfalls die Temperatur zurück, denn Knoblauch verbrennt leicht und schmeckt dann bitter. • Die Suppe auf vorgewärmte Teller verteilen und mit den Knoblauch-Croûtons bestreut anrichten.

je 250 g Möhren und Zucchini	
1 Zwiebel · 1 Knoblauchzehe	
1 Eßl. Butter · ¼ l Milch	
½ l Gemüsebrühe · Salz	
weißer Pfeffer, frisch gemahlen	
Muskatnuß, frisch gerieben	
1 Bund Petersilie	
1 Eßl. Kürbiskerne	
etwa 550 Joule/130 Kalorien	
5 g Eiweiß · 7 g Fett	
13 g Kohlenhydrate pro Person	

Zubereitungszeit: etwa 20 Minuten

Die Möhren schälen – bei sehr jungen zarten Möhren genügt es, sie zu schaben –, unter fließendem kaltem Wasser waschen, abtrocknen und zuerst längs in Scheiben, dann in dünne Stifte teilen. Die Zucchini ebenfalls waschen und abtrocknen, von ihren Stiel- und Blütenansätzen befreien und ungeschält in etwas dickere Scheiben schneiden, da sie eine kürzere Garzeit als die Möhren haben. • Die Zwiebel und die Knoblauchzehe schälen und sehr fein würfeln. • Die Butter erhitzen, aber nicht braun werden lassen.
• Die Zwiebel und den Knoblauch darin glasig braten. • Die Gemüse dazugeben und unter ständigem Rühren nur so lange mitbraten, bis sie von einem dünnen Fettfilm überzogen sind.
• Die Milch und die Gemüsebrühe dazugießen. • Die Suppe mit Salz, Pfeffer und Muskatnuß würzen und einmal kurz aufkochen. Die Temperatur sofort zurückschalten und die Suppe zugedeckt bei schwacher Hitze etwa 5 Minuten sanft köcheln lassen, bis die Gemüse weich, aber noch bißfest sind. • Inzwischen die Petersilie waschen, die Blättchen abzupfen, trockentupfen und sehr fein hacken. • Die Suppe auf vorgewärmte Teller verteilen und mit der Petersilie und den Kürbiskernen bestreuen.

Gemüsesuppe mit Grünkernklößchen

Fast so sättigend wie ein Hauptgericht

50 g Butter · 50 g mittelalter Gouda, frisch gerieben · 1 Ei Salz · Muskatnuß, frisch gerieben · 1 Eßl. Petersilie, frisch gehackt · 125 g Grünkern, mehlfein gemahlen 500 g gemischtes, frisches Gemüse (Kohlrabi, Möhren, Broccoli, Erbsen, Bohnen und Lauch) · 1½ l Gemüsebrühe 2 Bund Schnittlauch
etwa 1450 Joule/345 Kalorien
11 g Eiweiß · 16 g Fett
34 g Kohlenhydrate pro Person

Zubereitungszeit: etwa 35 Minuten · Quellzeit: 30 Minuten

Für die Grünkernklößchen die Butter mit dem Käse schaumig rühren. Das Ei, Salz, Muskatnuß, die Petersilie und das Grünkernmehl untermischen. Den Teig 30 Minuten ruhen lassen, damit das Mehl quellen kann. • Inzwischen das Gemüse schälen beziehungsweise putzen, waschen, abtropfen lassen und zerkleinern. Die Kohlrabi und die Möhren in Stifte schneiden, den Broccoli in Röschen teilen, die Erbsen auspalen, die Bohnen einmal durchbrechen und den Lauch in etwa 1 cm breite Stücke schneiden. • Die Gemüsebrühe zum Kochen bringen. • Aus dem Klößchenteig mit angefeuchteten Händen 1 walnußgroßes Klößchen formen und in die leise kochende Brühe geben. Wenn es seine Form behält, die restlichen Klößchen ebenfalls formen und etwa 5 Minuten in der Brühe garen. Sollte das Klößchen »abkochen«, ist der Teig zu weich und Sie müssen noch etwas Grünkern- oder Weizenvollkornmehl unterkneten. • Die zerkleinerten Gemüse dazugeben und alles bei schwacher bis mittlerer Hitze weitere 5–10 Minuten garen, bis die Gemüse bißfest sind. • Inzwischen den Schnittlauch kalt abspülen, trockentupfen und feinschneiden. • Die Gemüsesuppe auf Teller verteilen und mit dem Schnittlauch bestreut servieren.

Hirsesuppe mit Gemüse

Reich an Vitaminen und Mineralstoffen

100 g Hirse · 1 Zwiebel
1 Knoblauchzehe · 1 Eßl. Butter
1 Eßl. Sonnenblumenöl
1 l Gemüsebrühe, frisch gekocht oder Instant · 1 Stange Lauch (Porree) von etwa 100 g
250 g Weißkohl
½ Bund Petersilie oder
1 Handvoll frischer Kerbel
Kräutersalz oder Hefeflocken
weißer Pfeffer, frisch gemahlen
Kümmel, frisch gemahlen
etwa 740 Joule/175 Kalorien
4 g Eiweiß · 7 g Fett
23 g Kohlenhydrate pro Person

Zubereitungszeit: etwa 35 Minuten

Die Hirse auf ein Tablett oder einen großen, flachen Teller geben und verlesen: alle schwarzen Körner und sonstigen Unreinheiten am besten mit einer Pinzette herauspicken. Die Hirse dann auf ein Sieb schütten, unter fließendem lauwarmem Wasser waschen und sehr gut abtropfen lassen. • Die Zwiebel und die Knoblauchzehe schälen und feinhacken. • Die Butter und das Öl in einem Topf erhitzen. • Die Zwiebel und den Knoblauch unter ständigem Rühren darin glasig braten. Die Hirse dazugeben und ebenfalls anbraten, bis die Körner vollkommen vom Fett überzogen sind. • Die Gemüsebrühe dazugießen und zum Kochen bringen. Die Temperatur dann sofort zurückschalten und die Hirse bei schwacher Hitze zugedeckt etwa 15 Minuten leise köcheln lassen. • Inzwischen vom Lauch den Wurzelansatz und die welken äußeren Blätter abschneiden. Die gestutzten Blätter bis zum weißen Teil der Lauchstange kreuzweise einschneiden. Den Lauch nun unter fließendem kaltem Wasser gründlich waschen, dabei die eingeschnittenen Blätter auseinanderbiegen und alle Schmutzreste, die dazwischen sitzen, abspülen. Den Lauch in etwa 1 cm lange Stücke schneiden und dabei die Hälfte des Grüns mitverwenden. Den Weißkohl gegebenenfalls vom Strunk befreien. Die dicken Blattrippen herausschneiden, die Blätter waschen und in Streifen teilen. • Die Gemüse zur Hirse geben und etwa 5 Minuten garen; die Gemüse sollen noch bißfest sein. • Die Petersilie oder den Kerbel kalt abspülen und trockenschwenken. Die Petersilienblättchen von den Stielen zupfen und sehr fein hacken. Den Kerbel mit den Stielen fein zerkleinern. • Die Suppe mit Kräutersalz oder Hefeflocken, Pfeffer und 1 kräftigen Prise Kümmel abschmecken und mit der Petersilie oder dem Kerbel bestreut servieren.

Mein Tip: Obwohl Hirse von allen Getreidesorten die härteste – jedoch auch die mit den kleinsten Körnern – ist, braucht sie nur eine kurze Garzeit und muß überhaupt nicht quellen. Wie Gerste und Hafer spielte sie früher in der Ernährung eine große Rolle; allerdings symbolisiert sie zum Beispiel im Volksmärchen weniger den kulinarischen Überfluß als vielmehr die Armut. Vielleicht ist dies der Grund, weshalb die meisten von uns sie heute nur noch als Vogelfutter kennen. Dabei ist Hirse leicht verdaulich, reich an Vitaminen und Mineralstoffen, und die in ihr enthaltenen Spurenelemente sind gut für Zähne und Haut. Sie können Hirse als ganze Körner oder Flocken im Reformhaus oder Naturkostladen kaufen. Die Körner eignen sich besonders gut als Suppeneinlage, für süße und pikante Aufläufe (siehe Rezept »Hirseauflauf«, Seite 54), die Flocken werden wie Haferflocken verwendet. Auch als Beilage wie Reis oder wie Risotto zubereitet schmeckt Hirse köstlich (siehe Rezept »Hirsetopf mit Kräutern«, Seite 53).

Gerstensuppe mit Kräutern

Reich an Vitaminen

Geröstete Grünkernsuppe

Würzig und leicht

Zutaten für 6 Personen:
100 g Gerste (ganze Körner)
1½ l Gemüsebrühe
400 g junge zarte Möhren
1 Bund Petersilie oder Kerbel
1 Bund Schnittlauch
Kräutersalz oder Hefeflocken
weißer Pfeffer, frisch gemahlen
etwa 380 Joule/90 Kalorien
3 g Eiweiß · 0,5 g Fett
18 g Kohlenhydrate pro Person

Zubereitungszeit: etwa 1 Stunde

Die Gerste gegebenenfalls verlesen, auf ein Sieb schütten, unter fließendem kaltem Wasser gründlich waschen und sehr gut abtropfen lassen. • Die Gemüsebrühe zum Kochen bringen, die Gerste dazugeben und einmal aufkochen. Die Temperatur zurückschalten und die Gerste bei schwacher Hitze etwa 45 Minuten leise köcheln lassen. • Inzwischen die Möhren putzen, schaben, waschen und halbieren. Die Möhren zuerst längs in dünne Scheiben, dann in feine Stifte schneiden. • Die Petersilie und den Schnittlauch unter fließendem kaltem Wasser abspülen und sorgfältig trockentupfen. Die Petersilienblättchen von den Stielen zupfen und feinhacken. Den Schnittlauch feinschneiden. • Die Möhrenstifte in die Gerstensuppe geben, alles noch einmal aufkochen und die Möhren dann bei schwacher Hitze etwa 3 Minuten garen. • Die Suppe mit Kräutersalz oder Hefeflocken und Pfeffer abschmecken. Die Kräuter untermischen, die Suppe auf vorgewärmte Teller verteilen und sofort servieren.

Mein Tip: Die Suppe schmeckt auch sehr gut mit frisch gekochter Hühnerbrühe. Wenn Sie das kräftige Aroma von Liebstöckel mögen, bestreuen Sie die Suppe zum Schluß mit frischen Blättchen und lassen den Kerbel weg.

1 Eßl. Butter · 60 g Grünkern, grob geschrotet
¾ l Gemüsebrühe, frisch gekocht
oder Instant · 2–3 Frühlingszwiebeln · ½ Bund Petersilie
Hefeextrakt oder Salz
etwa 420 Joule/100 Kalorien
3 g Eiweiß · 4 g Fett
15 g Kohlenhydrate pro Person

Zubereitungszeit: etwa 20 Minuten

Die Butter erhitzen, so daß sie leicht aufschäumt, aber nicht braun wird. • Den Grünkernschrot dazugeben und unter ständigem Rühren so lange anrösten, bis er einen zarten würzigen Duft ausströmt. • Die Gemüsebrühe dazugießen und unter weiterem Rühren zum Kochen bringen. • Die Temperatur sofort zurückschalten und die Suppe zugedeckt bei schwacher Hitze etwa 10 Minuten leise köcheln lassen. Dabei immer wieder umrühren, damit der Grünkernschrot nicht anbrennt. • Während die Suppe kocht, die Frühlingszwiebeln von den Wurzelansätzen und den welken äußeren Blättern befreien. Die Zwiebeln gründlich waschen und in hauchdünne Ringe schneiden, dabei etwa die Hälfte des zarten Grüns mitverwenden. • Die Petersilie waschen, die Blättchen von den Stielen zupfen, trockentupfen und feinhacken. • Die Suppe mit Hefeextrakt oder Salz nach Geschmack würzen und auf vorgewärmten Tellern verteilen. Die Zwiebelringe und die Petersilie darüberstreuen und die Suppe sofort servieren.

Mein Tip: Nach demselben Rezept können Sie auch geröstete Grießsuppe (aus Vollkorngrieß) oder Buchweizensuppe mit grob geschroteten Körnern zubereiten. Geeignete frische Kräuter sind Kerbel, Thymian oder in feine Streifen geschnittene Blättchen von Knoblauchhederich.

Kürbissuppe

Ein Rezept aus Großmutters Küche

Kartoffelsuppe mit Kräutern

Fein und raffiniert im Geschmack

---

400 g Kürbis · 1 große Zwiebel
1 Eßl. Butter · 1–2 Teel.
Weizenvollkornmehl
1 l Gemüsebrühe
½ Bund Petersilie · Salz
weißer Pfeffer, frisch gemahlen
Muskatnuß, frisch gerieben
⅛ l Sahne oder 3 Eßl. Crème fraîche

etwa 790 Joule/190 Kalorien
3 g Eiweiß · 14 g Fett
13 g Kohlenhydrate pro Person

Zubereitungszeit: etwa 30 Minuten

Den Kürbis schälen, die Kerne entfernen und das Fruchtfleisch in kleine Würfel schneiden. Die Zwiebel schälen und feinhacken. • Die Butter zerlassen, aber nicht bräunen. Die Zwiebel darin unter Rühren glasig braten. Das Kürbisfleisch dazugeben und unter ständigem Wenden so lange mitbraten, bis es vollkommen vom Fett überzogen ist. • Das Mehl darüberstäuben und kurz anschwitzen, bis es einen zarten Duft ausströmt. Die Gemüsebrühe nach und nach einrühren und einmal aufkochen lassen. Die Temperatur dann zurückschalten und die Suppe bei schwacher Hitze zugedeckt etwa 10 Minuten köcheln lassen. • Inzwischen die Petersilie waschen, die Blättchen abzupfen, trockentupfen und feinhacken. • Die Suppe einige Male kräftig durchrühren, damit sich das weiche Kürbisfleisch fein verteilt und die Suppe sämig macht. • Die Suppe mit Salz, Pfeffer und Muskat abschmecken. Die Sahne einrühren. • Die Suppe mit der Petersilie bestreut servieren.

Mein Tip: Statt Kürbis können Sie für diese Cremesuppe auch Zucchini, Broccoli oder Blumenkohl verwenden. Passende Kräuter sind Schnittlauch und Zitronenmelisse für Zucchini, Kerbel für Broccoli und Blumenkohl.

---

500 g mehligkochende Kartoffeln
1 Zwiebel · 1 Eßl. Butter
¼ l Sahne · 1 unbehandelte
Zitrone · etwa ½ l heiße Lamm- oder Gemüsebrühe
1 Eßl. frische Thymianblättchen · Salz · weißer Pfeffer, frisch gemahlen

etwa 1430 Joule/340 Kalorien
5 g Eiweiß · 24 g Fett
25 g Kohlenhydrate pro Person

Zubereitungszeit: etwa 30 Minuten

Die Kartoffeln schälen, waschen und kleinwürfeln. Die Zwiebel schälen und feinhacken. • Die Butter in einem Topf erhitzen, aber nicht bräunen, und die Zwiebel darin unter Rühren glasig braten. • Die Kartoffelwürfel dazugeben und unter ständigem Wenden so lange braten, bis sie vom Fett überzogen sind. • Die Sahne angießen, alles einmal aufkochen und die Kartoffeln dann zugedeckt bei schwacher Hitze in 12 bis 15 Minuten weichkochen. Dabei häufig umrühren, denn die Sahne-Kartoffeln brennen leicht an. • Ein etwa 2 cm langes Stück Zitronenschale so dünn abschneiden, daß keine weißen Häutchen daran haften, denn diese schmecken bitter. Die Zitronenschale ganz fein hacken. • Die Zitrone dann auspressen und den Saft beiseite stellen. • Die Brühe unter die gegarten Kartoffeln rühren. Die Zitronenschale und die Thymianblättchen untermischen. • Die Suppe mit dem Zitronensaft, Salz und Pfeffer abschmecken und sofort servieren.

Mein Tip: Diese feine Suppe schmeckt als Auftakt eines festlichen Menüs. Vielleicht reichen Sie als Hauptgang den Tafelspitz vom Lamm (Rezept Seite 79); dann können Sie für die Suppe die Lammbrühe verwenden.

Kräutersuppe

Vitaminreich durch Wildkräuter

500 g gemischte junge Wildkräuter (wie Brennesseln, Pimpinelle, Löwenzahn und Vogelmiere) · 1 Bund Petersilie
1 Zwiebel · 1 Knoblauchzehe
1 Eßl. Butter · ¾ l Gemüsebrühe
¼ l Sahne oder 1 Becher Crème fraîche (200 g)
2 Eßl. geschlagene Sahne · Salz weißer Pfeffer, frisch gemahlen Muskatnuß, frisch gerieben
etwa 1300 Joule/310 Kalorien
5 g Eiweiß · 25 g Fett
14 g Kohlenhydrate pro Person

Zubereitungszeit: etwa 30 Minuten

Die Wildkräuter verlesen und dabei alle harten Stiele entfernen. Die Petersilienblättchen abzupfen. Die Wildkräuter und die Petersilie mehrmals gründlich waschen und trockentupfen. Mit einem Messer ganz fein hakken. Zerkleinern Sie Kräuter nie im Mixer oder Blitzhacker; die Messer zerreißen die zarten Blättchen, wodurch Gerb- oder Bitterstoffe freigesetzt werden. • Die Zwiebel und die Knoblauchzehe schälen und feinhakken. • Die Butter zerlassen, aber nicht bräunen. Die Zwiebel und den Knoblauch darin unter Rühren glasig braten. • Die Gemüsebrühe und die Sahne oder die Crème fraîche dazugießen und einmal aufkochen lassen. Die Temperatur zurückschalten und die Suppe bei schwacher Hitze 3 Minuten köcheln lassen. • Die Kräuter – etwa 2 Eßlöffel davon zum Bestreuen zurückbehalten – und die geschlagene Sahne untermischen. • Die Suppe mit Salz, Pfeffer und Muskatnuß abschmecken, mit den restlichen Kräutern bestreuen und auf vorgewärmten Tellern servieren.

Gemüsebrühe mit Schollenstreifen

Eine köstliche, ungewöhnliche Kombination

2 Schollenfilets von je etwa 80 g · ½ unbehandelte Zitrone · 1 Bund Schnittlauch
1 Fenchelknolle (etwa 200 g)
100 g junge Möhren
3 Frühlingszwiebeln
knapp 1 l Gemüsebrühe · Salz
etwa 335 Joule/80 Kalorien
13 g Eiweiß · 0,5 g Fett
9 g Kohlenhydrate pro Person

Zubereitungszeit: etwa 30 Minuten

Die Schollenfilets abspülen und sehr gut trockentupfen. Die Fischfilets quer zu den Fasern in etwa 1 cm breite Streifen schneiden und auf vier Teller verteilen. • Von der Zitronenhälfte mit einem Sparschäler 2 hauchdünne Schalenstücke abschneiden und diese in feine Streifen schneiden. Die Zitrone dann auspressen. Den Schnittlauch waschen, trockentupfen und feinschneiden. • Die Zitronenschale und den Schnittlauch mischen und über den Fischstreifen verteilen. Den Fisch mit dem Zitronensaft beträufeln und ziehen lassen, während Sie die Suppe zubereiten. • Den Fenchel putzen und halbieren. Den keilförmigen Strunk mit einem spitzen Messer entfernen. Den Fenchel waschen und trockentupfen. Die Hälften noch einmal längs teilen und dann quer in dünne Streifen schneiden. Die Möhren schaben, waschen und in feine Stifte teilen. Die Frühlingszwiebeln putzen, sorgfältig waschen und mit etwa zwei Drittel ihres Grüns in hauchdünne Ringe schneiden. • Die Gemüsebrühe zum Kochen bringen. Die Gemüse in die sprudelnd kochende Brühe geben und darin in etwa 2 Minuten bißfest garen. • Die Suppe mit wenig Salz abschmecken und sehr heiß über die Schollenstreifen gießen. Das Fischfleisch gart in der Brühe und bleibt zart und saftig. Die Suppe sofort servieren.

Fischsuppe mit Gemüse und Kresse

Reich an Vitaminen, Mineralstoffen und leicht verdaulichem Eiweiß

Zutaten für 6 Personen:
1,5 kg gemischte Fische (wie Steinbutt, Goldbarsch, Seelachs und Lachs) · 750 g Fischabfälle (Gräten und Köpfe von Lachs, Steinbutt und Seezunge)
1 Zwiebel · 1 Stange Lauch (Porree) · 1 Stange Sellerie
1 Petersilienwurzel
400 g Möhren · 1 Bund Petersilie
1 Zweig frischer Thymian
einige Blättchen Selleriegrün
4 weiße Pfefferkörner
2 Wacholderbeeren
1 Lorbeerblatt · 1 Stück Schale von 1 unbehandelten Zitrone
½ l trockener Weißwein
¾ l Wasser · 2 Schalotten
1–2 Knoblauchzehen
1 Fenchelknolle (etwa 250 g)
250 g vollreife Tomaten
3 Eßl. Olivenöl
100 g Sauerampfer
3 Eßl. trockener weißer Wermut
¼ l Sahne · Salz
weißer Pfeffer, frisch gemahlen
2 Kästchen Kresse

etwa 2060 Joule/490 Kalorien
40 g Eiweiß · 20 g Fett
20 g Kohlenhydrate pro Person

Zubereitungszeit: etwa 1½ Stunden

Die Fische und die Fischabfälle müssen Sie gegebenenfalls vorbestellen. Die Fische schon vom Händler filieren und häuten lassen. Die Gräten und die Fischköpfe sowie die restlichen Fischabfälle für die Brühe mitnehmen.
• Aus allen Köpfen die Kiemen herausschneiden: Sie müssen vor dem Kochen grundsätzlich entfernt werden, sonst schmeckt die Brühe tranig. Achten Sie darauf, daß Sie beim Herausschneiden nicht nur die äußeren Kiemendeckel erwischen, sondern auch die innen liegenden Kiemenbögen. Alle Fischabfälle in einen Topf geben. • Die Zwiebel schälen und vierteln. Den Lauch und die Selleriestange putzen. Die Petersilienwurzel und 2 Möhren schälen. Alle diese Gemüse waschen und in grobe Stücke schneiden. Die Petersilie, den Thymian und die Sellerieblättchen ebenfalls waschen und trockenschwenken. Die Gemüse zusammen mit den Zwiebelvierteln, der Petersilie, dem Thymian, den Sellerieblättchen, den Pfefferkörnern, den Wacholderbeeren, dem Lorbeerblatt und der Zitronenschale zu den Fischabfällen geben. Den Wein und das Wasser dazugießen, alles zum Kochen bringen und dann bei schwacher Hitze 25 Minuten köcheln lassen. • Während die Brühe kocht, die Fischfilets kalt abspülen, trockentupfen und in mundgerechte Stücke schneiden. Die Schalotten und die Knoblauchzehen schälen und feinhacken. Die Fenchelknolle halbieren und den Strunk entfernen. Die Hälften waschen, abtrocknen und quer zu den Fasern in Streifen schneiden. Die restlichen Möhren schälen, waschen und in Stifte schneiden. Die Tomaten mit kochendem Wasser übergießen, kurz darin ziehen lassen und kalt abschrecken. Die Tomaten häuten und würfeln, dabei die Stielansätze und die Kerne entfernen. • Die Fischbrühe durch ein Sieb gießen (die Fischabfälle und die Gemüse dabei nicht ausdrücken, sonst wird die Brühe trübe) und alle festen Teile wegwerfen. • Das Olivenöl erhitzen. Die Schalotten und den Knoblauch darin glasig braten. Den Fenchel, die Möhren und die Tomaten dazugeben und kurz mitbraten. • Die Fischbrühe hinzufügen, alles einmal aufkochen und dann bei schwacher Hitze zugedeckt 8–10 Minuten garen, bis die Gemüse bißfest sind.
• Inzwischen den Sauerampfer waschen, trockentupfen, grobhacken und in die Suppe geben. Den Wermut und die Sahne zugießen. • Die Fischstücke in die Suppe legen und zugedeckt bei schwächster Hitze in etwa 3 Minuten gar ziehen lassen.
• Die Suppe mit Salz und Pfeffer abschmecken. • Die Kresse mit einer Küchenschere abscheiden und die Suppe damit bestreut servieren.

Kichererbsensuppe mit Lamm

Mit einem frischen Salat vorweg eine vollständige Mahlzeit

Zutaten für 6 Personen:
400 g Kichererbsen · 1 l Wasser
1 l ungesalzene Gemüsebrühe, frisch gekocht oder Instant
500 g Lammschulter
1 Möhre (etwa 100 g)
1 Petersilienwurzel
1 große Stange Lauch (Porree) von etwa 150 g
100 g Knollensellerie · 1 Zwiebel
1 Knoblauchzehe
einige Zweige frischer Thymian
½ Bund Petersilie
1 EßI. Öl · 1 Lorbeerblatt · Salz
weißer Pfeffer, frisch gemahlen
Cayennepfeffer
etwa 1970 Joule/470 Kalorien
25 g Eiweiß · 21 g Fett
43 g Kohlenhydrate pro Person

Zubereitungszeit: 40 Minuten
Einweichzeit: 7–8 Stunden

Die Kichererbsen auf ein Sieb schütten und unter fließendem kaltem Wasser gut abspülen. Die Erbsen mit dem Wasser und der Gemüsebrühe übergießen und zugedeckt 7–8 Stunden einweichen. • Am nächsten Tag die Kichererbsen in der Einweichflüssigkeit zum Kochen bringen und zugedeckt bei schwacher Hitze etwa 2 Stunden leise köcheln lassen. • Inzwischen das Fett von der Lammschulter abschneiden. Das Fleisch von Häuten und Sehnen befreien und in möglichst gleichgroße, mundgerechte Stücke schneiden. • Die Möhre und die Petersilienwurzel schälen. Den Wurzelansatz und die Blätter der Lauchstange entfernen. Den Sellerie putzen und schälen. Alle Gemüse unter fließendem kaltem Wasser waschen, abtrocknen und kleinschneiden. • Die Zwiebel und die Knoblauchzehe schälen und feinhacken. • Den Thymian und die Petersilie waschen und trockenschwenken. Die Blättchen der Petersilie abzupfen und beiseite stellen, die Stiele brauchen Sie für die Suppe. • Das Öl in einem großen Topf erhitzen. Das Fleisch portionsweise darin bei starker bis mittlerer Hitze rundherum anbraten. Die angebratenen Fleischwürfel jeweils wieder herausnehmen und auf ein Sieb geben. Das Sieb über eine Schüssel legen, damit der Fleischsaft abtropfen und sich sammeln kann. Angebratenes Fleisch sollte nicht im Fleischsaft liegen, sonst gart es nach und wird zäh. • Wenn das gesamte Fleisch angebraten ist, die Zwiebel und den Knoblauch im Bratfett glasig werden lassen. • Das gewürfelte Gemüse dazugeben und unter Rühren mitbraten. • Das Lammfleisch wieder hinzufügen und alles mit den Kichererbsen einschließlich ihrer Kochflüssigkeit auffüllen. Die Thymian- und Petersilienstiele sowie das Lorbeerblatt dazugeben. Alles einmal aufkochen. Die Temperatur dann zurückschalten und die Suppe weitere 30 Minuten bei schwacher Hitze zugedeckt garen. • Die Petersilienblättchen feinhacken. • Die Kräuterzweige beziehungsweise -stiele und das Lorbeerblatt aus der Suppe nehmen, die Suppe mit Salz, Pfeffer und Cayennepfeffer pikant bis scharf abschmecken und mit der Petersilie bestreut servieren.

Mein Tip: Bei der Frage, ob man Hülsenfrüchte im Einweichwasser kochen oder lieber abgießen und in frischem Wasser garen soll, gehen die Meinungen auseinander. Im Einweichwasser werden nämlich sowohl die Schadstoffe wie auch die wertvollen Vitamine gelöst. Da Hülsenfrüchte reichlich Vitamine der B-Gruppe enthalten und diese wiederum wasserlöslich sind, gieße ich das Einweichwasser nicht weg. Das Problem der Schadstoffe können Sie verringern, indem Sie Hülsenfrüchte aus biologischem Anbau kaufen. Hülsenfrüchte müssen grundsätzlich in ungesalzenem Wasser oder ungesalzener Brühe kochen, sonst werden sie nicht weich.

Kartoffelsuppe mit Lammbällchen

Mit Rohkost vorweg und einem Dessert danach ein komplettes Menü

Zutaten für 6 Personen:
350 g Lammknochen
1½ l Gemüsebrühe, frisch gekocht oder Instant
100 g Knollensellerie
1 Möhre · 1 Petersilienwurzel
1 Stange Lauch (Porree) von etwa 100 g · 2 Zwiebel
3 Knoblauchzehen
1 Bund Petersilie · 2 weiße Pfefferkörner · 1 Lorbeerblatt
1 Scheibe Roggentoast
⅛ l lauwarmes Wasser
1 Schalotte · 1 Zweig frischer Thymian · 250 g gehacktes Lammfleisch · 1 Eigelb · Salz weißer Pfeffer, frisch gemahlen
300 g mehligkochende Kartoffeln
1–2 Bund Schnittlauch
½ Becher Dickmilch (100 g)
etwa 920 Joule/220 Kalorien
11 g Eiweiß · 12 g Fett
16 g Kohlenhydrate pro Person

Zubereitungszeit: etwa 2½ Stunden

Die Lammknochen kalt abspülen und in einen Topf geben. Die kalte Gemüsebrühe dazugießen und langsam zum Kochen bringen. Die Temperatur zurückschalten und die Brühe bei schwacher Hitze knapp unter dem Siedepunkt etwa 1 Stunde leise köcheln lassen; in der Flüssigkeit sollen immer nur kleine Bläschen aufsteigen. Den grauen Schaum, der sich während des Siedens bildet, brauchen Sie nicht abzuschöpfen, denn das darin enthaltene Eiweiß macht die Brühe klar und sammelt sich am Topfboden. • Inzwischen den Sellerie, die Möhre und die Petersilienwurzel schälen, waschen und in grobe Stücke teilen. Den Wurzelansatz und die dunkelgrünen Blätter der Lauchstange abschneiden und die Stange kreuzweise bis zu ihrem weißen Teil einschneiden. Die Blätter auseinanderbiegen und unter fließendem Wasser gründlich von allen Erdresten säubern. Den Lauch dann ebenfalls grob zerkleinern. • Die Zwiebel und 1 Knoblauchzehe schälen und halbieren. Die Petersilie waschen und trockenschwenken. Die Blättchen von den Stielen zupfen und für die Lammbällchen beiseite legen. Die Stiele brauchen Sie für die Brühe. • Die Gemüse und die Petersilienstiele zusammen mit den Pfefferkörnern und dem Lorbeerblatt in die Brühe geben und alles noch einmal 1 Stunde köcheln lassen. • Den Roggentoast in dem lauwarmen Wasser einweichen und sehr gut ausdrücken. • Die Schalotte und die restlichen Knoblauchzehen schälen und feinhacken. • Den Thymian abspülen, trockentupfen und die Blättchen von den Stielen streifen. Die Petersilienblättchen feinhacken. • Alle diese Zutaten mit dem gehackten Lammfleisch und dem Eigelb zu einem Teig mischen. Den Fleischteig mit Salz und Pfeffer würzen. Aus dem Teig walnußgroße Bällchen formen. • Die Lammbrühe durch ein Sieb gießen. Die Knochen, das Gemüse und die Gewürze wegwerfen. Die Brühe erneut zum Kochen bringen. • Die Lammbällchen in die kochende Brühe geben. Die Temperatur zurückschalten und die Bällchen bei schwacher bis mittlerer Hitze etwa 10 Minuten garen. • Die Kartoffeln schälen, waschen und auf der Rohkostreibe direkt in die Suppe raffeln. Die Kartoffeln etwa 5 Minuten garen, bis sie weich sind und der Suppe die Bindung geben. • Den Schnittlauch waschen, trockentupfen und feinschneiden. Die Dickmilch in die heiße Suppe rühren, die jetzt nicht mehr kochen darf, weil die Dickmilch sonst gerinnt. Die Suppe nur noch bis knapp unter den Siedepunkt erhitzen und in eine vorgewärmte Terrine füllen. Die Suppe mit den Schnittlauchröllchen bestreuen und sehr heiß servieren.
Dazu passen Weizenkeimbrötchen mit Butter.

Chili mit Lamm

Feurig scharf und reich an Eiweiß und Ballaststoffen

Zutaten für 6 Personen:
100 g Wachtelbohnen
je 100 g rote, schwarze und weiße Bohnen · ¼ l ungesalzene Gemüsebrühe · ¼ l trockener Rotwein · 1 kg vollreife Tomaten
1 große Zwiebel
1 Knoblauchzehe · 2 EBl. Öl
750 g gehacktes Lammfleisch
1 EBl. getrockneter Oregano
Chilipulver · Salz
2 EBl. Petersilie, frisch gehackt
etwa 2390 Joule/570 Kalorien
47 g Eiweiß · 20 g Fett
46 g Kohlenhydrate pro Person

Zubereitungszeit: etwa 2 Stunden · Einweichzeit: 12 Stunden

Die Bohnen kalt abspülen, mit der Gemüsebrühe bedecken und 12 Stunden einweichen. • Am nächsten Tag den Rotwein dazugießen, alles zum Kochen bringen und die Bohnen dann bei schwacher Hitze 30 Minuten kochen. • Inzwischen die Tomaten mit kochendem Wasser übergießen, kurz darin ziehen lassen, kalt abschrecken und häuten. Die Tomaten würfeln, dabei die Stielansätze und die Kerne entfernen. • Die Zwiebel und die Knoblauchzehe schälen und feinhacken. Das Öl in einem Topf erhitzen. Das gehackte Lammfleisch darin bei mittlerer bis starker Hitze unter ständigem Rühren so lange anbraten, bis es sich grau färbt und krümelig ist. Die Zwiebel und den Knoblauch dazugeben und glasig braten. Die Tomaten hinzufügen und mitbraten, bis sie Flüssigkeit abgeben. • Die Bohnen mit der Kochflüssigkeit hinzugießen und den Bratfond unter Rühren ablösen. • Das Chili mit dem Oregano und 1 kräftigen Prise Chilipulver würzen und einmal aufkochen lassen, dann zugedeckt bei schwacher Hitze etwa 1½ Stunden garen, bis die Bohnen weich, aber nicht zerfallen sind und das Chili ziemlich trocken ist. Während der Garzeit häufig umrühren, damit nichts anbrennt. Eventuell noch Brühe nachgießen. • Das Chili mit Salz und eventuell auch noch Chilipulver abschmecken und mit der Petersilie bestreut servieren.

Gemüsepfanne mit Kichererbsenklößchen

Köstliches aus der arabischen Küche

Zutaten für 6 Personen:
500 g Kichererbsen · 1 Zwiebel
4 Knoblauchzehen · je 1 Bund
Schnittlauch und Petersilie
Salz · schwarzer Pfeffer,
frisch gemahlen
½ Teel. Gelbwurz (Kurkuma)
1 Teel. gemahlener
Kreuzkümmel (Kumin oder
Djintan) · ½ Eßl. gemahlener
Koriander · Chilipulver
2 Eßl. Weizenvollkornmehl
600 g gemischtes Gemüse der
Saison (wie Möhren, Fenchel,
Weißkohl, Lauch (Porree) und
Broccoli oder Auberginen,
Zucchini, Paprikaschoten und
Tomaten) · 1 Gemüsezwiebel
1 Teel. getrockneter Thymian
eventuell einige Salbei- und
1 Liebstöckel-Blättchen
⅛ l Gemüsebrühe
¼ l Sonnenblumenöl
etwa 2310 Joule/550 Kalorien
18 g Eiweiß · 24 g Fett
63 g Kohlenhydrate pro Person

Zubereitungszeit: etwa 1 Stunde
Einweichzeit: 12 Stunden

Die Kichererbsen waschen, mit Wasser bedecken und 12 Stunden einweichen. • Am nächsten Tag für die Kichererbsenklößchen die Zwiebel und 2 Knoblauchzehen schälen. Die Zwiebel vierteln. • Den Schnittlauch und die Petersilie kalt abspülen und trockenschwenken. Den Schnittlauch feinschneiden. Die Petersilienblätter abzupfen und feinhacken. • Die Kichererbsen abtropfen lassen und zusammen mit den Zwiebelvierteln und den geschälten Knoblauchzehen pürieren. • Die Masse mit dem Schnittlauch, der Petersilie, Salz, Pfeffer, der Gelbwurz, dem Kreuzkümmel, dem Koriander und Chilipulver nach Geschmack sowie dem Mehl zu einem festen formbaren Teig verkneten. Sollte der Teig kleben, noch etwas Mehl darunter kneten; wenn er zu fest ist, geben Sie tropfenweise Wasser dazu. Den Teig zugedeckt ruhen lassen. • Währenddessen alle Gemüse putzen, waschen und zerkleinern: Die Möhren schälen und in Stifte schneiden, die Fenchelknollen längs halbieren, vom keilförmigen Strunk befreien und quer zu den Fasern in Streifen schneiden. Den Weißkohl gegebenenfalls vom Strunk und von den dicken Blattrippen befreien und die Blätter in Streifen schneiden. Den Lauch mit etwa zwei Dritteln seiner zarten grünen Blätter in 2 cm lange Stücke, die Broccoli in Röschen teilen. Die Auberginen und die Zucchini von ihren Stiel- und Blütenansätzen befreien und in Scheiben schneiden. Die Paprikaschoten halbieren, die weißen Häutchen und die Kerne entfernen und die abgespülten Schotenhälften in Streifen teilen. Die Tomaten mit kochendem Wasser übergießen, kurz darin ziehen lassen, abschrecken, häuten und würfeln. Dabei die Stielansätze und die Kerne entfernen. • Die Gemüsezwiebel schälen und in Ringe schneiden. Den Thymian, die Salbeiblättchen und das Liebstöckel kalt abspülen und trockenschwenken. • Die restlichen Knoblauchzehen ebenfalls schälen.
• Aus dem Kichererbsenteig mit angefeuchteten Händen walnußgroße Kugeln formen. • Das Sonnenblumenöl bis auf 1 Eßlöffel in einer Pfanne erhitzen und die Kugeln portionsweise je etwa 4 Minuten darin ausbacken. Die fritierten Klößchen zum Abfetten auf Küchenpapier legen und im Backofen warm halten. • Parallel dazu die Gemüse mit den unzerkleinerten Knoblauchzehen, den Kräutern, der Gemüsebrühe und dem restlichen Sonnenblumenöl in einen Topf geben und zum Kochen bringen. Die Gemüse zugedeckt bei schwacher Hitze je nach Sorte in 5—10 Minuten bißfest garen. Die Kräuter aus dem gegarten Gemüse nehmen und das Gemüse eventuell noch mit Salz und Pfeffer abschmekken. • Gemüse und Klößchen getrennt servieren.

Geschmorte Zucchini und Tomaten

Leichte erfrischende Sommerkost

Tofuragout provenzalisch

Reich an pflanzlichem Eiweiß

Zutaten für 4–6 Personen:
1 kg vollreife Tomaten
1 kg kleine junge Zucchini
1 Gemüsezwiebel · 2 Knoblauchzehen · 1 Bund Petersilie
6 Zweige frischer Thymian
2 Zweige frischer Rosmarin
1/8 l Olivenöl · Salz · schwarzer Pfeffer, frisch gemahlen
etwa 1200 Joule/285 Kalorien
5 g Eiweiß · 22 g Fett
16 g Kohlenhydrate pro Person bei 6 Portionen

Zubereitungszeit: etwa 1 Stunde

Die Tomaten mit kochendem Wasser übergießen, kurz darin ziehen lassen und kalt abschrecken. Die Tomaten häuten und vierteln, dabei die Stielansätze und die Kerne entfernen. Die Zucchini waschen, von ihren Stiel- und Blütenansätzen befreien, abtrocknen und längs in etwa 1/2 cm dicke Scheiben schneiden. Die Gemüsezwiebel und die Knoblauchzehen schälen.

Die Zwiebel in dünne Ringe schneiden, die Knoblauchzehen feinhacken. Die Kräuter waschen und trockentupfen. Die Petersilienblättchen abzupfen und feinhacken. Die Thymianblättchen und die Rosmarinnadeln nur von den Stielen streifen. • Den Backofen auf 220° vorheizen. • Etwa die Hälfte des Olivenöls in einer Pfanne erhitzen und die Zucchinischeiben portionsweise darin auf beiden Seiten braun braten. Die Scheiben wieder herausnehmen und auf Küchenpapier abfetten lassen. Wenn alle Scheiben angebraten sind, die Zwiebel und den Knoblauch im Bratfett glasig braten. • Die Zucchini und die Tomatenviertel nun lagenweise in eine feuerfeste Form schichten. Jede Lage salzen und pfeffern und mit den Zwiebelscheiben, dem Knoblauch und den Kräutern belegen. Die Gemüse mit dem restlichen Olivenöl beträufeln, in den Backofen schieben und in 30 Minuten bißfest garen.

300 g Tofu · 3 Knoblauchzehen
1/2 Eßl. frische Rosmarinnadeln
3 Eßl. Zitronensaft · 1/8 l Olivenöl
400 g Auberginen · Salz
400 g vollreife Tomaten
250 g Zucchini · 8 schwarze Oliven · 1/8 l Gemüsebrühe
schwarzer Pfeffer, frisch gemahlen · 1 Teel. provenzalische Kräutermischung
etwa 1720 Joule/410 Kalorien
8 g Eiweiß · 34 g Fett
12 g Kohlenhydrate pro Person

Zubereitungszeit: etwa 40 Minuten · Marinierzeit: 2 Stunden

Den Tofu abtropfen lassen und kleinwürfeln. Die Knoblauchzehen schälen und hacken. Die Rosmarinnadeln grobhakken. Den Zitronensaft mit dem Knoblauch, dem Rosmarin und 2 Eßlöffeln Olivenöl mischen. Diese Marinade über die Tofuwürfel geben. Den Tofu zugedeckt marinieren und dabei hin und wieder vorsichtig umrühren.

• Die Auberginen waschen, abtrocknen, von den Stielansätzen befreien und längs in Scheiben teilen. Die Scheiben mit Salz bestreuen und ziehen lassen.
• Inzwischen die Tomaten häuten und würfeln, dabei die Stielansätze und die Kerne entfernen. Die Zucchini waschen, abtrocknen, von den Stielansätzen befreien und in Stifte teilen. • Die Auberginenscheiben abtupfen.
• Das restliche Öl in einer Pfanne erhitzen. Die Auberginen darin auf beiden Seiten braun anbraten und wieder herausnehmen. Die Zucchini ebenfalls anbraten und aus der Pfanne nehmen. • Die Pfanne jetzt mit den Auberginenscheiben auslegen, die Zucchini, die Tomaten, die Oliven und den Tofu mit der Marinade darüberfüllen. Die Gemüsebrühe angießen und alles mit Salz, Pfeffer und der Kräutermischung würzen. • Das Ragout zugedeckt bei mittlerer Hitze etwa 5 Minuten garen, bis die Zucchini bißfest und die Tofuwürfel heiß sind.

Rustikale Eintöpfe

Deftiges für Feinschmecker

Hirsetopf mit Kräutern
im Bild links

1 große Zwiebel · 2 Knoblauchzehen · 200 g Hirse
1 Eßl. Sonnenblumenöl
0,35–0,40 l Gemüsebrühe · Salz
weißer Pfeffer, frisch gemahlen
2 Handvoll gemischte Kräuter und Wildkräuter (wie Petersilie, Kerbel, Löwenzahn, Brennesseln, Vogelmiere) · 1 Eßl. Butter
4 Eßl. Crème fraîche
etwa 1220 Joule/290 Kalorien
7 g Eiweiß · 11 g Fett
41 g Kohlenhydrate pro Person

Zubereitungszeit: etwa 1 Stunde

Die Zwiebel und die Knoblauchzehen schälen und feinhacken. Die Hirse verlesen, auf ein Sieb geben, kalt abspülen und abtropfen lassen. • Das Öl in einem Topf erhitzen. Die Zwiebel und den Knoblauch darin bei mittlerer Hitze unter Rühren glasig braten. Die Hirse dazugeben und so lange unter Rühren mitbraten, bis alle Körner vom Fett überzogen sind. • Die Gemüsebrühe dazugießen und die Hirse einmal aufkochen. Mit Salz und Pfeffer würzen und zugedeckt bei schwacher Hitze etwa 35 Minuten zugedeckt sanft köcheln lassen. Verwenden Sie einen Topf mit wirklich festschließendem Deckel, sonst wird die Hirse nicht weich. • Den Topf vom Herd ziehen und die Hirse zugedeckt noch einmal 10 Minuten ausquellen lassen. • Inzwischen die Kräuter und die Wildkräuter verlesen, waschen, trockenschwenken und fein zerkleinern. • Die Kräuter, die Butter und die Crème fraîche mit einer Gabel unter die Hirse ziehen und alles noch einmal erhitzen, aber nicht mehr aufkochen. Den Hirsetopf in einer vorgewärmten Schüssel anrichten. • Dazu paßt roher Gemüsesalat (Rezept Seite 21).

Graupeneintopf
im Bild rechts

1 Möhre von etwa 100 g
1 große Zwiebel · 2 Knoblauchzehen · 300 g Graupen · 3 Eßl. Öl
etwa 0,6 l Gemüsebrühe
250 g braune Egerlinge oder Champignons
1 Eßl. Zitronensaft
1 Bund Petersilie
2–3 Eßl. Crème fraîche · Salz
weißer Pfeffer, frisch gemahlen
etwa 1680 Joule/400 Kalorien
10 g Eiweiß · 11 g Fett
63 g Kohlenhydrate pro Person

Zubereitungszeit: etwa 45 Minuten

Die Möhre schaben, waschen und kleinwürfeln. Die Zwiebel und die Knoblauchzehen schälen und feinhacken. • Die Graupen so lange abspülen, bis das ablaufende Wasser klar bleibt. So wird die Stärke entfernt, und die Graupen kleben beim Garen nicht zusammen. • 2 Eßlöffel Öl erhitzen. Die Zwiebel und den Knoblauch darin glasig braten. Die Möhrenwürfel dazugeben und kurz mitbraten. Die Graupen hinzufügen und unter Rühren anschwitzen, bis sie vom Fett umschlossen sind. • Die Gemüsebrühe dazugießen. Die Graupen einmal aufkochen und dann zugedeckt bei schwacher Hitze etwa 25 Minuten garen. • Inzwischen die Huthäute der Pilze abziehen, denn sie enthalten die meisten Schadstoffe. Die Pilze putzen und gegebenenfalls waschen. Die Pilze blättrig schneiden und sofort mit dem Zitronensaft beträufeln, damit sie sich nicht verfärben. Die Petersilie waschen, trockentupfen und feinhacken. Das restliche Öl in einer Pfanne erhitzen. Die Pilze dazugeben und so lange unter Rühren braten, bis die Flüssigkeit, die sich gebildet hat, wieder verdampft ist. Die Petersilie und die Crème fraîche unterrühren. Das Pilzgemüse mit den gegarten Graupen mischen. Mit Salz und Pfeffer abschmecken.

Gratinierte Grießschnitten

Feines aus dem Backofen

Hirseauflauf

Mit einem Salat ein sättigendes Hauptgericht

¼ l Instant-Gemüsebrühe
¼ l Milch · Salz
weißer Pfeffer, frisch gemahlen
Muskatnuß, frisch gerieben
100 g Vollkornweizengrieß
2 Eier · 150 g Emmentaler,
frisch gerieben · Butter für
die Form und zum Belegen
2 Eßl. gemischte Kräuter, frisch
gehackt
etwa 1410 Joule/335 Kalorien
18 g Eiweiß · 19 g Fett
21 g Kohlenhydrate pro Person

Zubereitungszeit: etwa
50 Minuten

Die Gemüsebrühe mit der Milch, wenig Salz, Pfeffer und Muskatnuß einmal aufkochen. Den Topf vom Herd ziehen, den Grieß langsam einrühren und auf der abgeschalteten Kochplatte etwa 10 Minuten zugedeckt quellen und dann etwas abkühlen lassen. • Den Backofen auf 200° vorheizen. • Die Eier mit einer Gabel verquirlen, bis sie leicht schaumig sind.
• Die Eier und die Hälfte des Emmentalers unter den Grießbrei mischen. • Eine Gratinform mit Butter ausfetten. Die Grießmasse einfüllen und glattstreichen.
• Die Form in den Backofen auf die zweite Schiene von unten stellen und die Grießschnitten 5 Minuten backen. • Die Temperatur auf 250° hochschalten und die Grießschnitten weitere 10 Minuten backen. • Den restlichen Emmentaler mit den Kräutern mischen und auf den Grießschnitten verteilen, mit Butterflöckchen belegen und die Grießschnitten noch einmal 10 Minuten backen, bis sie oben schön gebräunt sind. Dazu schmeckt Bohnensalat mit Tomaten-Vinaigrette (Rezept Seite 23) oder Sprossensalat (Rezept Seite 26).

1 Zwiebel · 1 Knoblauchzehe
200 g Hirse · 1 Eßl. Öl
½ l Gemüsebrühe
750 g Mangold · 100 g
Emmentaler oder Bergkäse
4 Eier · Salz · weißer Pfeffer,
frisch gemahlen · Muskatnuß,
frisch gerieben · 20 g Butter
etwa 1760 Joule/420 Kalorien
23 g Eiweiß · 17 g Fett · 42 g
Kohlenhydrate pro Person

Zubereitungszeit: etwa 1 Stunde

Die Zwiebel und die Knoblauchzehe schälen und feinhacken. Die Hirse auf ein Sieb geben, kalt abspülen, abtropfen lassen und gegebenenfalls verlesen. • Das Öl erhitzen. • Die Zwiebel und den Knoblauch darin bei mittlerer Hitze unter Rühren glasig braten. Die Hirse dazugeben und unter weiterem Rühren so lange mitbraten, bis die Körner vom Öl überzogen sind. • Die Gemüsebrühe dazugießen, die Hirse einmal aufkochen und dann zugedeckt bei schwacher Hitze 20 Minuten köcheln lassen. • Vom Mangold die Blätter von den Stielen streifen, sehr gründlich waschen und in reichlich sprudelnd kochendem Wasser etwa 1 Minute blanchieren, dann abgießen, abtropfen lassen und feinhacken. • Den Käse feinreiben. • Die Hirse abkühlen lassen. • Den Backofen auf 200° vorheizen. • Die Eier trennen. • Die Eigelbe, den Mangold und den Käse unter die Hirse mischen, die Masse mit Salz, weißem Pfeffer und Muskatnuß abschmecken. • Die Eiweiße mit einer Prise Salz sehr steif schlagen und vorsichtig unter die Hirsemasse ziehen.
• Eine Auflaufform mit etwas Butter auspinseln. • Die Hirsemasse einfüllen, glattstreichen und mit der restlichen Butter in Flöckchen belegen. • Den Auflauf in den Backofen auf die zweite Schiene von unten schieben und etwa 30 Minuten backen, dann auf die oberste Schiene stellen und weitere 10 Minuten backen.

Auflauf mit Polenta

Schmeckt auch ohne Fleisch ausgezeichnet

150 g Maisgrieß (Polenta)
knapp ¾ l Wasser · Salz
2 Eßl. Petersilie, frisch gehackt
je 500 g Zucchini und Tomaten
2 Zwiebeln · 2 Knoblauchzehen
2 Zweige frischer Thymian
1 Zweig frischer Rosmarin
3—4 Eßl. Sonnenblumenöl
500 g gehacktes Lammfleisch
schwarzer Pfeffer, frisch gemahlen · 100 g Emmentaler, frisch gerieben · 30 g Butter
etwa 2480 Joule/590 Kalorien
27 g Eiweiß · 35 g Fett
35 g Kohlenhydrate pro Person

Zubereitungszeit: etwa 1¾ Stunden

Den Maisgrieß mit dem Wasser und Salz aufkochen und zugedeckt bei schwacher Hitze etwa 45 Minuten ausquellen lassen, bis sich der Brei vom Topfrand löst. Zwischendurch häufig umrühren, damit nichts anbrennt. Die Polenta mit der Petersilie mischen, auf ein Backblech streichen und etwa 30 Minuten trocknen lassen, bis sie sich in Stücke schneiden läßt.
• Inzwischen die Zucchini waschen, abtrocknen, von Stiel- und Blütenansätzen befreien und längs in etwa ½ cm dicke Scheiben schneiden. Die Tomaten häuten und würfeln, dabei die Stielansätze und die Kerne entfernen. Die Zwiebeln und die Knoblauchzehen schälen und feinhacken. Die Kräuterzweige waschen, trockenschwenken und die Blättchen abstreifen.
• Den Backofen auf 250° vorheizen. • Etwa 3 Eßlöffel Öl in einer Pfanne erhitzen. Die Zucchinischeiben darin bei mittlerer Hitze auf beiden Seiten braun anbraten und eine feuerfeste Form damit auslegen. • Das restliche Öl erhitzen. Das Lammhack darin anbraten, bis es krümelig ist. Die Zwiebeln und den Knoblauch zugeben und mitbraten. Die Tomaten hinzufügen und mitschmoren, bis die Flüssigkeit verdampft ist. Die Kräuter untermischen, alles mit Salz und Pfeffer würzen und auf den Zucchini verteilen.
• Die Polenta in Stücke von etwa 5 x 10 cm schneiden, darauflegen und mit dem Emmentaler bestreuen. Die Butter in Flöckchen darüber verteilen. Den Auflauf im vorgeheizten Backofen 10—15 Minuten backen, bis er schön gebräunt ist.

Pie mit Pilzen und Sprossen

Besonderes aus der Vollwertküche

Zutaten für 4—5 Personen:
200 g Weizenmehl Type 1700
2 Eigelb · 1 EBl. kaltes Wasser
Salz · 100 g kalte Butter
500 g braune Egerlinge
1 Zwiebel · 1 Bund Petersilie
300 g gekeimte Mungobohnen
und Kichererbsen · 20 g Butter
schwarzer Pfeffer, frisch
gemahlen · 1 Becher Crème
fraîche (200 g) · 1 EBl. Sahne
1 kg vollreife Tomaten
6 Zweige frischer Thymian
1 EBl. Olivenöl · 1 Prise Zucker
etwa 3170 Joule/755 Kalorien
18 g Eiweiß · 50 g Fett · 53 g
Kohlenhydrate pro Person

Zubereitungszeit: etwa
60 Minuten · Keimzeit der
Sprossen: 2—3 Tage

Das Mehl auf eine Arbeitsfläche häufen und in die Mitte ein Mulde drücken. 1 Eigelb, das Wasser und Salz hineingeben. Die kalte Butter in kleine Stücke schneiden und auf dem Rand des Mehles verteilen. Alle Zutaten vom Rand her rasch zu einem glatten Teig verkneten.

• Den Teig zu einer Kugel formen, in Folie wickeln und im Kühlschrank etwa 45 Minuten ruhen lassen. • Inzwischen die Huthäute der Pilze abziehen; sie enthalten die meisten Schadstoffe. Die Pilze putzen, gegebenenfalls waschen, und blättrig schneiden. Die Zwiebel schälen und feinhacken. Die Petersilie waschen, trockenschwenken, die Blättchen abzupfen und ebenfalls fein zerkleinern. Die Keimlinge kalt abspülen und gut abtropfen lassen. • Den Backofen auf 220° vorheizen. • Die Butter zerlassen und die Zwiebel darin bei mittlerer Hitze glasig braten. • Die Pilze, die Keimlinge und die Petersilie dazugeben und bei starker Hitze so lange unter Rühren braten, bis alle Flüssigkeit, die sich gebildet hat, wieder verdampft ist. Dabei nach und nach die Crème fraîche dazugeben und jeweils einkochen lassen. • Das Pilz-Sprossen-Gemüse mit Salz und schwarzem Pfeffer würzen und in eine Gratinform mit flachem Rand füllen.

• Etwa zwei Drittel des Teiges zwischen zwei Blätter Haushaltsfolie legen, zuerst mit dem Handballen flachdrücken und dann mit dem Nudelholz zu einer Platte ausrollen, die etwas größer als die Form sein sollte. Beim Ausrollen zwischen Folie brauchen Sie kein weiteres Mehl, das den Teig trocken machen würde. Außerdem können Sie die Teigplatten bequem auf die Füllung legen, ohne daß sie dabei reißt: Die Folie auf der Oberseite der Teigplatte abziehen. Die Platte jetzt mit dem zweiten Folienblatt aufrollen und so über der Füllung wieder abrollen, daß die Folienseite oben ist. Die Folie dabei während des Abrollens vorsichtig entfernen. • Den Teig rundherum am Rand der Form gut andrücken und mit einer Gabel in gleichmäßigen Abständen einstechen, damit der Dampf beim Backen entweichen kann und der Teigdeckel nicht aufreißt.

• Den restlichen Teig ebenfalls zwischen den Folienblättern ausrollen, die Folie an der Oberseite entfernen und den Teig zu beliebigen Formen ausstechen. • Das zweite Eigelb mit der Sahne verquirlen, den Teigdeckel damit bestreichen und mit den ausgestochenen Formen verzieren. Diese dann ebenfalls mit dem verquirlten Eigelb bepinseln.

• Die Gratinform in den heißen Backofen schieben und die Pie 30—35 Minuten backen. • Währenddessen die Tomaten mit kochendem Wasser übergießen, kalt abschrecken, häuten und würfeln, dabei von den Stielansätzen und den Kernen befreien. • Den Thymian kalt abspülen, trockenschwenken und die Blätter abstreifen. • Das Öl erhitzen und die Thymianblättchen darin anschwitzen. • Die Tomaten dazugeben und nur so lange unter Rühren garen, bis sie heiß sind und Flüssigkeit gebildet haben, mit Salz, Pfeffer und dem Zucker abschmecken. • Die Tomaten gesondert zur Pie servieren.

Hefetaschen mit Gemüse

Macht Arbeit, aber die Mühe lohnt sich

Zutaten für 4–5 Personen:
500 g Weizenmehl Type 1050
1 Päckchen Hefe · ⅛ l lauwarmes Wasser · ⅛ l Öl · 1 Eigelb · Salz
Zwiebelfüllung: 300 g Zwiebeln
2 Knoblauchzehen · 2 Eßl. Öl
4 Eßl. saure Sahne · 1 Ei
1 Paket gemischte, tiefgefrorene Kräuter · 1 Eßl. Kümmel
1 Teel. getrockneter Thymian
weißer Pfeffer, frisch gemahlen
Tomatenfüllung: 300 g vollreife Tomaten · 150 g Schafkäse
1 Knoblauchzehe · 2 Bund Basilikum · 2 Eßl. Pinienkerne
2 Eßl. altbackenes Vollkornbrot, frisch gerieben · schwarzer Pfeffer, frisch gemahlen
1 Prise Zucker
Kohlrabifüllung: 300 g Kohlrabi
1 Bund Petersilie · 1 Bund Schnittlauch · 75 g Emmentaler oder Bergkäse, frisch gerieben
2 Eßl. Crème fraîche · 1 Ei
3 Eßl. Sesamkörner · Muskatnuß, frisch gerieben · Cayennepfeffer
Mehl zum Ausrollen
1 Ei · 1 Eßl. Sahne · 1 Eßl. Öl
etwa 3780 Joule/900 Kalorien
30 g Eiweiß · 50 g Fett · 75 g Kohlenhydrate pro Person

Zubereitungszeit: 2½ Stunden

Für den Hefeteig das Mehl in eine Schüssel geben, in die Mitte eine Mulde drücken und die Hefe hineinbröckeln. Etwa 2 Eßlöffel lauwarmes Wasser über die Hefe träufeln und alles mit wenig Mehl vom Rand zum Vorteig mischen. Den Vorteig zugedeckt an einem warmen Ort 15 Minuten gehen lassen. • Das restliche lauwarme Wasser, das Öl, das Eigelb und das Salz zugeben und alles miteinander vermischen. Den Teig kneten, bis er elastisch ist und dann so lange schlagen, bis er Blasen wirft. Die Schüssel mit einem Tuch bedecken und den Teig weitere 60 Minuten warm gehen lassen. • Inzwischen für die Zwiebelfüllung die Zwiebeln schälen und in dünne Ringe hobeln. Die Knoblauchzehen ebenfalls schälen und hacken. Das Öl erhitzen. Die Zwiebelringe und den Knoblauch darin bei schwacher Hitze glasig braten und abkühlen lassen. Die saure Sahne, das Ei, die Kräuter, den Kümmel und den Thymian untermischen. Die Füllung mit Salz und weißem Pfeffer abschmecken. • Für die Tomatenfüllung die Tomaten häuten und würfeln, dabei die Stielansätze und die Kerne entfernen. Den Schafkäse feinwürfeln. Die Knoblauchzehe schälen und feinhacken. Das Basilikum waschen, trockentupfen, die Blättchen fein zerkleinern. Alle diese Zutaten mit den Brotbröseln mischen. Die Füllung mit Salz, schwarzem Pfeffer und dem Zucker abschmecken. • Für die Kohlrabifüllung die Kohlrabi schälen und raspeln. Die Petersilie und den Schnittlauch waschen und fein schneiden. • Alle diese Zutaten mit dem Käse, der Crème fraîche, dem Ei und den Sesamkörnern mischen und mit Salz, Muskat und einer Prise Cayennepfeffer abschmecken.
• Den Backofen auf 200° vorheizen. • Den Teig noch einmal durchkneten und in 6 Portionen teilen. Jede Portion auf der mit Mehl bestäubten Arbeitsfläche zu einer runden, etwa messerrückendicken Platte ausrollen und weitere 15 Minuten gehen lassen. • Das Ei trennen. Das Eigelb mit der Sahne verquirlen und beiseite stellen. • Jede Teigplatte jeweils zur Hälfte mit den Gemüsefüllungen belegen. Am Rand einen etwa 1 cm breiten Streifen freilassen und mit dem Eiweiß bestreichen. Die Teigplatten zusammenklappen, die Ränder gut zusammendrücken und die Taschen mit einem Zahnstocher mehrmals einstechen. • Ein Backblech mit dem Öl einfetten, die Hefetaschen darauflegen und mit dem Eigelb bepinseln.
• Die Bleche nacheinander in den heißen Backofen auf die zweite Schiene von unten schieben und die Hefetaschen jeweils etwa 30 Minuten backen.

Cannelloni mit Tofu und Spinat

Das beliebte Gericht einmal ohne Fleisch

Zutaten für 6 Personen:
150 g Weizenmehl Type 1050
Salz · 1 Ei · 1–3 Eigelbe
1 Eßl. Öl · 1 kg Spinat
1 Zwiebel · 1 Knoblauchzehe
500 g Tofu · weißer Pfeffer, frisch gemahlen · Muskatnuß, frisch gerieben · ¼ l Sahne
100 g Parmesan, frisch gerieben
Öl für die Form · 20 g Butter
etwa 2060 Joule/490 Kalorien
21 g Eiweiß · 32 g Fett
28 g Kohlenhydrate pro Person

Zubereitungszeit: etwa 2 Stunden

Das Mehl mit Salz, dem Ei, 1 Eigelb und dem Öl zu einem geschmeidigen Nudelteig verkneten. Der Teig darf nicht kleben. Sollte er jedoch zu fest oder gar bröckelig sein, 1 oder 2 weitere Eigelbe unterkneten. Den Nudelteig in Folie wickeln und 30 Minuten ruhenlassen, damit das Mehl quellen kann. • Inzwischen die Füllung zubereiten: Den Spinat verlesen, von den harten Stielen befreien und in kaltem Wassr mehrmals gründlich waschen. Das ist bei Blattgemüse besonders wichtig, denn durch das Waschen werden schädliche Bleirückstände entfernt. Den Spinat abtropfen lassen. • Reichlich Wasser mit etwas Salz zum Kochen bringen. • Den Spinat portionsweise in dem sprudelnd kochendem Wasser etwa 1 Minute blanchieren. • Jede Portion mit einem Schaumlöffel herausnehmen, sehr gut abtropfen lassen und dann mit einem Holzlöffel ausdrücken, damit der Spinat möglichst wenig Flüssigkeit enthält. • Den Spinat sehr fein hacken. • Die Zwiebel und die Knoblauchzehe schälen und kleinwürfeln. • Den Tofu ebenfalls abtropfen lassen. Etwa drei Viertel davon mit einer Gabel fein zerdrücken oder im Mixer pürieren. • Das Tofupüree mit dem gehackten Spinat, der Zwiebel und dem Knoblauch mischen und mit Salz, Pfeffer und Muskatnuß abschmecken. • Den restlichen Tofu mit der Sahne im Mixer pürieren und mit dem geriebenen Parmesan mischen. • Den Backofen auf 220° vorheizen.
• Den Nudelteig in Portionen teilen und auf wenig Mehl möglichst dünn ausrollen. Schneller und einfacher geht das Ausrollen in einer Nudelmaschine mit Handkurbel. Übrigens brauchen Sie den Teig dann auch nicht mit der Hand zu kneten. Stellen Sie zuerst den größten Walzenabstand ein und rollen eine Teigportion durch. Ein Ende der Teigplatte zur Mitte hin einschlagen, das andere Ende darüberlegen und den Teig um 90 Grad gewendet erneut durch die Walzen drehen. So fortfahren, bis jede Teigportion geschmeidig ist. Dann den gewünschten Walzenabstand einstellen und jede Platte dünn ausrollen. • Die Teigplatten in Stücke von etwa 10x15 cm teilen, jedes mit der Tofu-Spinat-Mischung bestreichen und aufrollen. • Eine flache feuerfeste Form mit Öl ausstreichen und die Cannelloni nebeneinander hineinlegen. • Die Cannelloni mit der Tofusahne übergießen, in den heißen Backofen auf die zweite Schiene von unten schieben und etwa 45 Minuten bakken, bis die Oberfläche schön gebräunt ist. • Dazu paßt Sprossensalat (Rezept Seite 26) oder ein bunt gemischter Blattsalat mit Sonnenblumenkernen und Kräutern.

Mein Tip: Wenn Sie keinen frischen Spinat bekommen, verwenden Sie 2 Päckchen tiefgefrorenen Spinat (etwa 900 g). Nach dem Auftauen muß er sehr gut ausgedrückt und dann ebenfalls feingehackt werden. • Die Cannelloni schmecken auch köstlich mit Mangoldblättern, die Sie ebenso wie den Spinat vorbereiten. Oder Sie mischen den Tofu mit geschälten, entkernten und pürierten Tomaten. Diese Füllung würzen Sie mit frischem Basilikum oder – im Winter – mit getrocknetem Oregano.

Überbackene Zucchini

Auch Nichtvegetarier werden begeistert sein

1 kg kleine junge Zucchini
2 große vollreife Tomaten
1 Bund Frühlingszwiebeln
10 schwarze Oliven
etwa 250 g Mozzarella
1 Bund Petersilie · Kräutersalz
schwarzer Pfeffer, frisch gemahlen · ⅛ l Sahne
etwa 1510 Joule/360 Kalorien
15 g Eiweiß · 23 g Fett
22 g Kohlenhydrate pro Person

Zubereitungszeit: etwa 1 Stunde

Die Zucchini unter fließendem kaltem Wasser waschen und abtrocknen. Die Stiel- und die Blütenansätze abschneiden und die Zucchini längs halbieren. • Den Backofen auf 200° vorheizen. • Die Tomaten mit kochendem Wasser übergießen, kurz darin ziehen lassen, kalt abschrecken und häuten. Die Tomaten quer halbieren, die Stielansätze herausschneiden und die Kerne entfernen. Das Fruchtfleisch würfeln. • Die Frühlingszwiebeln putzen, gründlich waschen und mit etwa einem Drittel des zarten Zwiebelgrüns in dünne Ringe schneiden. • Die Oliven halbieren, entsteinen und feinhacken. • Den Mozzarella abtropfen lassen und würfeln. • Die Petersilie waschen, die Blättchen von den Stielen zupfen, trockentupfen und feinhacken. • Die Tomatenwürfel, die Zwiebelringe, die Oliven, die Mozzarellawürfel und die Petersilie mischen und mit Kräutersalz und Pfeffer würzen. • Die Zucchinihälften in eine feuerfeste Form setzen, mit etwas Kräutersalz bestreuen und mit der Tomatenmischung bedecken. • Die Sahne seitlich angießen. Die Form in den heißen Backofen auf die zweite Schiene von unten stellen und die Zucchini etwa 30 Minuten backen, bis der Käse zerlaufen und schön gebräunt ist. • Dazu passen Pellkartoffeln und Salat.

Gefüllte Gurken

Mit Naturreis eine sättigende Hauptmahlzeit

2 Salatgurken von je etwa 500 g
1 Schalotte · 350 g Tomaten
½ Avocado · je 1½ Bund
Petersilie und Dill
100 g gehacktes Lammfleisch
Salz · Cayennepfeffer
weißer Pfeffer, frisch
1 EBl. Öl · 100 g Ed…
1 EBl. Pinienkerne
1 Becher Crème
4 EBl. Sahne ·
etwa 1700 Jo…
12 g Eiweiß
34 g Kohle…

Tomaten und die Avocado pürieren. • Die Kräuter waschen, trockenschwenken und fast musig hacken. Das Tomaten-Avocado-Püree mit etwa der Hälfte der Kräuter, der Schalotte und dem Lammfleisch mischen und mit Salz, Cayennepfeffer und Pfeffer …chmecken. • Eine feuerfeste … dem Öl auspinseln.

Vollkornpizza mit Tomaten und Pilzen

Reich an Ballaststoffen

Zutaten für 2–4 Personen:
300 g Weizenmehl Type 1050
30 g Hefe · ⅛ l lauwarmes
Wasser · 1 Eßl. Öl · 1 Eigelb
1 Eßl. Magerquark · Salz
750 g vollreife Tomaten
etwa 400 g Mozzarella
250 g braune Egerlinge oder
Champignons · 1 Bund Basilikum
1 Zweig frischer Thymian
3 Eßl. Olivenöl · Mehl zum
Ausrollen · 2 Teel. getrockneter
Oregano · 2 Eßl. Parmesan,
frisch gerieben · schwarzer
Pfeffer, frisch gemahlen
etwa 3190 Joule/760 Kalorien
30 g Eiweiß · 39 g Fett
67 g Kohlenhydrate
pro Person bei 4 Portionen

Zubereitungszeit: etwa
1¼ Stunden

Für den Hefeteig das Weizenmehl in eine Schüssel geben, in die Mitte eine Mulde drücken und die Hefe hineinbröckeln. Etwa 2 Eßlöffel lauwarmes Wasser über die Hefe träufeln und alles mit wenig Mehl vom Rand zum Vorteig mischen, diesen zugedeckt an einem warmen Ort 15 Minuten gehen lassen; am besten schalten Sie den Backofen auf die niedrigste Temperaturstufe ein und stellen die Schüssel hinein. • Danach das restliche lauwarme Wasser, das Öl, das Eigelb, den Quark und 1 Prise Salz untermischen. Den Teig kneten, bis er elastisch ist und dann so lange schlagen, bis er Blasen wirft. Die Schüssel mit einem Küchentuch bedecken und den Teig noch einmal 30 Minuten warm gehen lassen. • Inzwischen die Tomaten mit kochendem Wasser übergießen, kurz darin ziehen lassen, kalt abschrecken, häuten und die Stielansätze keilförmig herausschneiden. Die Hälfte der Tomaten klein würfeln, die restlichen vom Blütenansatz her in Scheiben schneiden. Die Kerne entfernen. • Den Mozzarella abtropfen lassen und ebenfalls in Scheiben schneiden. • Von den Pilzen die Huthäute abziehen, da sie die meisten Schadstoffe enthalten, die Pilze putzen, gegebenenfalls ganz kurz waschen, und blättrig schneiden. Pilze sollten Sie nur dann unter fließendem kaltem Wasser kurz abspülen, wenn es unbedingt notwendig ist und sich die Erdreste nicht mit dem Messer entfernen lassen. Sie saugen sich nämlich sehr rasch voll und verlieren dann an Aroma. Deshalb dürfen Pilze auch niemals im Wasser liegen bleiben. • Das Basilikum und den Thymian kalt abspülen und trockenschwenken. Das Basilikum feinhacken, die Thymianblättchen vom Stiel streifen. • Ein Backblech mit etwas Öl einfetten. • Den Hefeteig in zwei Portionen teilen. Jede Portion auf etwas Mehl zu einer dünnen, möglichst runden Platte ausrollen. Die Platten nebeneinander auf das Backblech legen und mit dem Küchentuch bedeckt weitere 10 Minuten gehen lassen.
• Den Backofen auf 200° vorheizen. • Die Teigplatten mehrmals mit einer Gabel einstechen, damit sie gleichmäßig backen und keine Blasen werfen. • Zuerst die gewürfelten Tomaten, dann die Tomatenscheiben und die Pilze auf den Teigplatten verteilen. Alles mit dem Parmesan, dem Basilikum, dem Thymian, dem Oregano, Salz und Pfeffer bestreuen. Die Mozzarellascheiben darauflegen und mit dem restlichen Olivenöl beträufeln.
• Das Backblech in den heißen Ofen auf die zweite Schiene von unten schieben und die Pizza 15–20 Minuten backen, bis die Teigränder knusprig sind und der Mozzarella weich und leicht gebräunt ist. • Dazu schmeckt bunt gemischter Salat.

<u>Mein Tip:</u> Verwenden Sie für die Pizza auch mal Auberginen- und Zucchinischeiben, in Öl angebraten, gewürfelte Paprikaschoten und in Ringe geschnittene Frühlingszwiebeln. Tomaten und Mozzarella gehören unbedingt darauf.

Knusprige Gratins mit Kartoffeln und Gemüse

Mit Salat feine Hauptgerichte

Kartoffel-Tomaten-Gratin
im Bild hinten

500 g mehligkochende Kartoffeln
400 g vollreife Tomaten · Salz
schwarzer Pfeffer, frisch
gemahlen · etwa ¼ l Sahne
100 g Käse, frisch gerieben
(Bel Paese, Emmentaler,
Greyerzer oder mittelalter Gouda)
etwa 30 g Butter
etwa 1930 Joule/460 Kalorien
11 g Eiweiß · 34 g Fett
25 g Kohlenhydrate pro Person

Zubereitungszeit: etwa
50 Minuten

Den Backofen auf 220° vorheizen. • Die Kartoffeln schälen, gründlich waschen, abtrocknen und auf dem Gurkenhobel in millimeterdünne Scheiben hobeln. Die Kartoffelscheiben noch einmal mit Küchenpapier möglichst gut trockentupfen, denn je weniger Feuchtigkeit sie enthalten, desto knuspriger wird der Gratin. • Die Tomaten ebenfalls waschen, abtrocknen, die Stielansätze keilförmig herausschneiden und die Tomaten von den Blütenansätzen her in etwa ½ cm dicke Scheiben schneiden. • Die Kartoffel- und die Tomatenscheiben dachziegelartig in eine Gratinform schichten. Jede Schicht mit Salz und schwarzem Pfeffer bestreuen. • Die Sahne am Rand der Form rundherum zugießen. • Den Gratin mit dem Käse bestreuen und mit der in Flöckchen geteilten Butter belegen. • Den Gratin in den heißen Backofen auf die zweite Schiene von unten stellen und 20—25 backen, bis der Käse schön gebräunt, die Kartoffeln weich und die Flüssigkeit aufgesogen ist. Gegebenenfalls gießen Sie am Rand der Form noch etwas Sahne nach. Die Flüssigkeitsmenge läßt sich nicht exakt angeben, denn sie hängt von der Kartoffelsorte wie auch der Feuchtigkeit ab, die die Tomaten enthalten. • Den Gratin sofort servieren, denn bei längerem Stehen wird die Käsekruste zäh.

**Mangoldgratin
mit Knoblauchbrot**
im Bild rechts

500 g Mangold · Salz
⅛ l Gemüsebrühe
1 Eßl. Zitronensaft
125 g Tofu · 2 Eßl. Roggenbrot,
fein gerieben · 2 Eßl. Sesamkörner · 6 Eßl. Olivenöl
4 Knoblauchzehen · 1 Bund
Petersilie oder 1 Kästchen
Kresse · schwarzer
Pfeffer, frisch gemahlen
4 Scheiben Roggenbrot von
je etwa 40 g
etwa 1470 Joule/370 Kalorien
10 g Eiweiß · 22 g Fett
26 g Kohlenhydrate pro Person

Zubereitungszeit: etwa 1 Stunde

Den Backofen auf 220° vorheizen. • Den Mangold waschen, trockenschwenken und grob zerkleinern. • Den Mangold in eine Gratinform geben und mit Salz würzen. • Die Gemüsebrühe und den Zitronensaft mit dem abgetropften Tofu im Mixer oder im Blitzhacker pürieren und über den Mangold gießen. • Den Gratin mit dem geriebenen Roggenbrot und den Sesamkörnern bestreuen und mit 1 Eßlöffel Olivenöl beträufeln. • Die Form in den heißen Backofen auf die zweite Schiene von unten stellen und den Gratin 35—40 Minuten backen, bis die Oberfläche gebräunt und der Mangold bißfest ist. • Während der Gratin gart, die Knoblauchzehen schälen und durch die Presse drücken oder ganz fein hacken. • Die Petersilie waschen, die Blättchen von den Stielen zupfen, trockentupfen und ebenfalls sehr fein zerkleinern (die Kresse mit einer Schere abschneiden). • Den Knoblauch mit der Petersilie oder der Kresse, dem Pfeffer und dem restlichen Olivenöl mischen. • Die Roggenbrotscheiben erst bei Tisch toasten und mit der Knoblauch-Paste bestreichen zum Mangoldgratin servieren.

Gesund kochen heißt keineswegs, daß auf Fleisch und Fisch verzichtet werden muß. In der modernen Küche für Ernährungsbewußte hat sich Fisch einen festen Platz erobert. Wie herrlich abwechslungsreich er zubereitet werden kann, beweisen Schollenfilets oder Forellen in sahniger Kräutercreme, gedämpfter Kabeljau auf Gemüse, angerichtet mit würziger Dill-Butter-Sauce oder Schleien in einem Bett aus saftigen Tomaten. Auch einen Blick in fremde Kochtöpfe können Sie tun: Sie finden Fisch auf China-Art mit Bohnensprossen und Frühlingszwiebeln oder eine üppige Fischpfanne, wie sie die Spanier kennen.

Die saftige Lammkeule, gewürzt mit viel Knoblauch und Thymian, ist ein Hochgenuß, den Sie sich ruhig gönnen sollten. Das zarte Fleisch von jungen Lämmern läßt sich hervorragend mit frischen Kräutern und jungem Gemüse oder auch Früchten und Joghurt kombinieren. Überzeugen Sie sich selbst, wie köstlich Lamm mit Estragon, Mangold oder Quitten schmecken. Wenn Sie lieber mit Geflügel schlemmen, probieren Sie Ente mit Beifuß, saftige Hühnerfrikadellen oder ein sanft geschmortes Hühnchen, dem Wein und getrocknete Aprikosen die mild-würzige Note geben.

Leichte Fisch- und Fleischgerichte aus der Bio-Küche

Schollenfilets in Kräutersauce

Reich an leicht verdaulichem Eiweiß

2 Schollen von je etwa 600 g
300 g Köpfe und Gräten von Edelfischen (wie Lachs, Seezunge und Steinbutt)
2 Schalotten · 1 Bund Petersilie
1 Möhre · 1 kleine Stange Lauch (Porree) · 1 Stange Sellerie
4 weiße Pfefferkörner
1 Lorbeerblatt · ¼ l Wasser
¼ l trockener Weißwein
½ Bund Dill · 2 Handvoll frischer Kerbel · 5 frische Sauerampferblätter · 1 Handvoll Wildkräuter (wie Löwenzahn, Brennesseln und Pimpinelle)
2 Eßl. Zitronensaft · Salz weißer Pfeffer, frisch gemahlen
etwa 945 Joule/225 Kalorien
30 g Eiweiß · 2 g Fett
8 g Kohlenhydrate pro Person

Zubereitungszeit: etwa 1¼ Stunden

Die Schollen schon vom Fischhändler häuten und filieren lassen. Die Köpfe und die Gräten zusammen mit den anderen Fischabfällen für den Fischfond mitnehmen. Aus sämtlichen Fischköpfen die Kiemen herausschneiden (auf Wunsch macht das ebenfalls der Händler), denn sie würden dem Fond einen tranigen Geschmack geben. Beim Entfernen der Kiemen darauf achten, daß Sie nicht nur die Kiemendeckel erwischen, sondern auch die darunterliegenden Kiemenbögen. • Die Schalotten schälen und halbieren. Die Petersilie waschen und trockenschwenken. Die Blättchen abzupfen und für die Kräutersauce beiseite legen. Die Stiele brauchen Sie für den Fond.
• Die Möhre putzen, schaben, waschen und ebenfalls längs halbieren. Den Wurzelansatz und die welken Blätter der Lauchstange entfernen. Die Stange kreuzweise von den Blättern bis zum weißen Teil einschneiden, die Blätter auseinanderbiegen und den Lauch gründlich waschen. Den Lauch noch einmal quer teilen. • Die Selleriestange ebenfalls waschen und quer halbieren. • Die Petersilienstiele, die Möhre, den Lauch und den Sellerie mit Küchengarn zu einem Päckchen zusammenbinden. • Die Fischköpfe und die Gräten mit dem Gemüsepäckchen, den Pfefferkörnern, dem Lorbeerblatt, dem Wasser und der Hälfte des Weins zum Kochen bringen. Alles zugedeckt bei schwacher Hitze 25 Minuten kochen lassen. Auf keinen Fall länger, weil der Fischfond sonst bitter schmeckt. • Den Fond durch ein mit Küchenpapier ausgelegtes Sieb in einen Topf gießen. Die Fischabfälle und die Gemüse dabei nicht ausdrücken, sonst wird der Fond trübe. • Die Kräuter verlesen, von eventuell harten Stielen befreien, abspülen, trockenschwenken und zusammen mit den Petersilienblättchen nicht zu fein zerkleinern.
• Den Fischfond mit dem restlichen Wein und dem Zitronensaft in einen breiten Topf geben, der groß genug sein sollte, daß die Schollenfilets nebeneinander darin Platz haben, und bei starker Hitze unter häufigem Umrühren auf etwa die Hälfte einkochen lassen. • Die Schollenfilets mit Salz und Pfeffer bestreuen. • Die Kräuter in den Fischfond geben. • Die Schollenfilets einlegen und bei schwacher Hitze in etwa 2 Minuten gar ziehen lassen. Dann vorsichtig herausnehmen, auf vorgewärmten Tellern anrichten und mit der Kräutersauce beschöpfen. • Dazu passen Kartoffeln oder Vollkornbaguette und Salat.

<u>Mein Tip</u>: Noch edler, aber auch gehaltvoller, wird die Sauce, wenn Sie diese mit Butter aufschlagen: Die gegarten Schollenfilets auf vorgewärmten Tellern anrichten. Etwa 50 g eiskalte Butter in Flöckchen teilen und mit dem Schneebesen in die Kräutersauce schlagen.

Sahne-Forellen mit Kräutern

Ein würziges Frühlingsgericht

4 küchenfertige frische Forellen von je etwa 300 g · Salz
weißer Pfeffer, frisch gemahlen
1 Kästchen Kresse
1 großes Bund Petersilie
einige Blätter Zitronenmelisse
1½ Becher Sahne (375 g)
1 Lorbeerblatt
etwa 1880 Joule/450 Kalorien
27 g Eiweiß · 33 g Fett
5 g Kohlenhydrate pro Person

Zubereitungszeit: etwa 45 Minuten

Den Backofen auf 200° vorheizen. • Die Forellen innen und außen kalt abspülen und sehr gut trockentupfen. • Etwas Salz mit reichlich Pfeffer auf einem Teller mischen und die Forellen innen und außen damit einreiben, dann nebeneinander in eine feuerfeste Form legen. • Die Kresse mit einer Küchenschere abschneiden. Die Petersilie waschen, die Blättchen abzupfen, sehr gut trockentupfen und feinhacken. Die Zitronenmelisse ebenfalls waschen, trockentupfen und in feine Streifen schneiden. Die Kräuter mit der Sahne mischen, über die Forellen gießen und das Lorbeerblatt dazugeben. • Die Form in den Backofen schieben und die Forellen 20—25 Minuten garen. Dabei immer wieder mit der Kräutersahne beschöpfen.
• Die gegarten Forellen aus der Sahne nehmen und auf einer vorgewärmten Platte warm halten. • Die Kräutersahne in einen Topf füllen. Das Lorbeerblatt entfernen. Die Sahne bei starker Hitze cremig einkochen lassen.
• Die Forellen und die Sauce getrennt anrichten. • Dazu schmecken Pellkartoffeln und Salat.

<u>Mein Tip:</u> Statt Zitronenmelisse können Sie ein Stück in feine Streifen geschnittene unbehandelte Zitronenschale verwenden, die Sie dann mit der Kresse und der Petersilie in die Sahne mischen.

Fisch in der Folie

Besonders schonend gegart

Kräuterfisch in Zitronenbutter

Geht schnell und schmeckt köstlich

---

2 Lachsforellen von je
etwa 600 g · 1 unbehandelte
Zitrone · 2 Schalotten
2 Bund Petersilie · Salz
weißer Pfeffer, frisch gemahlen
etwa 795 Joule/190 Kalorien
31 g Eiweiß · 3 g Fett
3 g Kohlenhydrate pro Person

Zubereitungszeit: etwa
40 Minuten

Den Backofen auf 220° vorheizen. • Die Lachsforellen innen und außen kalt abspülen und rundherum – auch in der Bauchöffnung – sehr gut trockentupfen. • Die Zitrone unter heißem Wasser waschen, trockenreiben und mit der Schale in dünne Scheiben schneiden, dabei die Kerne entfernen. Die Schalotten schälen und ebenfalls in feine Scheiben schneiden. • Die Petersilie waschen und trockenschwenken. Von einem Bund die Blättchen abzupfen und feinhacken. Das andere Bund nur teilen, aber nicht zerkleinern; die Forellen werden damit gefüllt. • Die Lachsforellen innen und außen mit Salz und Pfeffer würzen. Die Hälfte der Zitronen- und Schalottenscheiben sowie die unzerkleinerte Petersilie in den Bauchöffnungen der Forellen verteilen.
• Die Forellen auf zwei ausreichend große Blätter extrastarke Alufolie legen. • Die restlichen Zitronen- und Schalottenscheiben sowie die gehackte Petersilie über die Fische geben. Die Folienblätter locker über den Fischen schließen und an den Rändern fest zusammenkniffen, damit die Flüssigkeit, die sich beim Garen bildet, nicht auslaufen kann. • Die Päckchen auf den Bratrost legen und die Forellen auf der zweiten Schiene von unten in etwa 20 Minuten garen.
• Die Folienpäckchen vorsichtig öffnen, damit kein Saft verlorengeht. Die Forellen anrichten und mit dem Saft beschöpfen. • Dazu passen Kartoffeln und Salat.

---

1 Zitrone · 1 Bund Petersilie
oder 2 Handvoll Kerbel
4 Goldbarschfilets von je etwa
125 g · 3 Eßl. Butter · Salz
weißer Pfeffer, frisch gemahlen
etwa 1110 Joule/265 Kalorien
28 g Eiweiß · 22 g Fett
1 g Kohlenhydrate pro Person

Zubereitungszeit: etwa
15 Minuten

Die Zitrone auspressen. • Die Petersilie waschen, die Blättchen von den Stielen zupfen, trockentupfen und fein zerkleinern. Wenn Sie Kerbel verwenden, wird dieser verlesen, ebenfalls gewaschen und trockengeschwenkt. Die Blättchen und die zarten Stiele dann feinhacken.
• Die Goldbarschfilets kalt abspülen und gut trockentupfen.
• Eine Pfanne oder einen breiten Topf erhitzen, der groß genug sein muß, daß die Fischfilets nebeneinander darin Platz haben. Die Butter bei schwacher bis mittlerer Hitze darin zerlassen; sie soll dabei leicht aufschäumen, aber nicht bräunen. • Den Zitronensaft in die Butter geben und heiß werden lassen. • Die Fischfilets in die Zitronenbutter legen und bei schwacher bis mittlerer Hitze auf einer Seite in etwa 4 Minuten mehr gar ziehen lassen als braten. • Die Petersilie jetzt in die Butter geben; Kerbel kommt erst in den letzten Sekunden der Garzeit dazu, weil er bei längerem Garen einen Teil seines Aromas verliert. Die Fischfilets wenden und auf der zweiten Seite weitere 4 Minuten garen. Sie sollen dabei nicht braun werden. • Die Goldbarschfilets auf vorgewärmten Tellern anrichten, mit der Zitronenbutter beschöpfen und nach Wunsch noch mit Salz und Pfeffer würzen. • Dazu passen Pellkartoffeln und Sprossensalat (Rezept Seite 26) oder gemischter Salat.

Gedämpfter Kabeljau auf Gemüse

Ein Genuß mit allen Gemüsen der Saison

1 unbehandelte Zitrone
1 Bund Dill · 250 g junge Möhren
250 g Kohlrabi · 1 Bund Frühlingszwiebeln · ¼ l Wasser
1 Lorbeerblatt · 3 weiße Pfefferkörner · 1 Wacholderbeere
4 Kabeljaukoteletts, je etwa 4 cm dick · Kräutersalz
weißer Pfeffer, frisch gemahlen
1 Eigelb · 100 g kalte Butter
etwa 1740 Joule/415 Kalorien
37 g Eiweiß · 23 g Fett
9 g Kohlenhydrate pro Person

Zubereitungszeit: etwa
50 Minuten

Die Zitrone unter fließendem heißem Wasser waschen, abtrocknen und halbieren. Von der einen Zitronenhälfte eine dünne Scheibe für den Sud abschneiden. Die Hälften dann auspressen und den Saft für die Sauce beiseite stellen. • Den Dill kalt abspülen und trockenschwenken. Die Stiele abknipsen; Sie brauchen sie ebenfalls für den Sud. Das Dillkraut für die Sauce aufheben, aber noch nicht zerkleinern. • Die Möhren putzen, schaben und waschen. Die Kohlrabi schälen, dabei von eventuell holzigen Stellen befreien und ebenfalls waschen. Die Wurzelansätze und die welken grünen Blätter der Frühlingszwiebeln abschneiden, die Zwiebelchen gründlich waschen und trockenschwenken. • Die Möhren und Kohlrabi zuerst in etwa ½ cm dünne Scheiben, dann in feine Stifte schneiden. Die Frühlingszwiebeln in etwa 1 cm lange Stücke teilen und dabei etwa die Hälfte des zarten Zwiebelgrüns mitverwenden. Das Wasser mit der Zitronenscheibe, den Dillstielen, dem Lorbeerblatt, den Pfefferkörnern und der Wacholderbeere in einem Fischkochtopf mit Dämpfeinsatz oder in einem speziellen Dämpfgerät aufkochen. • Die Kabeljaukoteletts kalt abspülen, trockentupfen und auf beiden Seiten mit Kräutersalz und Pfeffer würzen. • Die Gemüse auf dem Dämpfeinsatz verteilen und die Fischkoteletts darauflegen. Den Fisch und die Gemüse in etwa 20 Minuten dämpfen. • Die Fischkoteletts und die Gemüse auf vorgewärmten Tellern anrichten und im Backofen warm halten. • Das Dillkraut feinhacken. Für die Sauce eine Schüssel mit heißem Wasser füllen und auf die Kochplatte stellen. Das Wasser bei schwacher Hitze warm halten. Über dieses Wasserbad ein hochwandiges Gefäß, am besten aus Edelstahl, stellen. 3 Eßlöffel der Dampfflüssigkeit, den Zitronensaft und das Eigelb in das Gefäß geben und mit dem Schneebesen oder auch den Rührbesen des elektrischen Handrührgeräts zu einer dicken, schaumigen Masse aufschlagen. Das Wasserbad muß dabei heiß sein, darf aber nicht kochen, sonst gerinnt das Eigelb. • Die Butter in Flöckchen teilen und nach und nach unter die Eigelbcreme schlagen. Den gehackten Dill untermischen und die Sauce mit Pfeffer abschmecken. • Die Fischkoteletts und die Gemüse mit der Sauce umgießen und alles sofort servieren.
• Dazu passen Pellkartoffeln.

<u>Mein Tip:</u> Die Garzeiten, die ich für Fisch angebe, sind knapper bemessen, als Sie es vielleicht gewohnt sind. Probieren Sie dennoch, Fisch auf moderne, schonende und nicht zuletzt köstliche Art zuzubereiten: Bei richtig gegarten Fischfilets oder -koteletts sieht das Fleisch an der dicksten Stelle beziehungsweise in der Mitte des Koteletts noch glasig aus; bei ganzen Fischen ist die Mittelgräte rosa und das Fleisch läßt sich gerade eben davon lösen. Fische, deren Rückenflossen sich leicht herausziehen lassen oder die beim Vorlegen zerfallen, sind zu lange gegart. Ganz wichtig: Auch beim Warmhalten gart Fisch noch etwas nach.

Schleien mit Tomaten

Köstlich auch mit Kabeljau oder Seelachs

2 Schleien von je etwa 600 g · ½ Zitrone
750 g vollreife Tomaten
1 Gemüsezwiebel von etwa 300 g · 2 Knoblauchzehen · Salz
1 Zweig frischer Rosmarin
5 schwarze Pfefferkörner
2 frische Lorbeerblätter
knapp ⅛ l trockener Weißwein
4 EBl. kaltgepreßtes Olivenöl
½ Bund Petersilie
etwa 1590 Joule/380 Kalorien
30 g Eiweiß · 29 g Fett
14 g Kohlenhydrate pro Person

Zubereitungszeit: etwa 1½ Stunden

Die Schleien innen und außen unter fließendem kaltem Wasser abspülen und rundherum, auch in der Bauchöffnung, sehr gut trockentupfen. Die Haut der Fische an der Oberseite mit einem scharfen Messer einige Male schräg einschneiden, damit das Aroma der Würzmischung besser in das Fleisch eindringen kann. • Die Zitrone auspressen. Die Fische mit dem Saft beträufeln und etwa 20 Minuten ziehen lassen. • Inzwischen die Tomaten mit kochendem Wasser übergießen und kurz darin ziehen lassen. Dann kalt abschrecken, häuten, von den Stielansätzen und den Kernen befreien und würfeln. Bei noch nicht ganz ausgereiften Tomaten sollten Sie die grünen Kerne möglichst vollständig herauskratzen, denn sie sind – wie die Stielansätze – gesundheitsschädlich. • Den Backofen auf 200° vorheizen. • Die Gemüsezwiebel und die Knoblauchzehen schälen. Die Zwiebel ebenfalls kleinwürfeln, die Knoblauchzehen halbieren und mit etwas Salz zerdrücken. • Für die Würzmischung den Rosmarinzweig kalt abspülen, trockenschwenken und die Nadeln vom Stiel streifen. Die Pfefferkörner auf einem Holzbrett mit der Klinge eines breiten Messers zerquetschen. Die Rosmarinnadeln und die Lorbeerblätter zu den Pfefferkörnern geben und alles mit dem Messer grobhacken. • Den Boden einer feuerfesten Form mit der Hälfte der Tomaten- und Zwiebelwürfel sowie dem Knoblauch auslegen. • Die Schleien darauflegen und innen und außen mit Salz und der Würzmischung bestreuen. • Die restlichen Tomaten- und Zwiebelwürfel und den Knoblauch über den Fischen verteilen. • Den Weißwein rundherum am Rand der Form zugießen und alles mit dem Olivenöl beträufeln. • Die Form in den Backofen schieben und die Schleien etwa 40 Minuten garen. • Die Petersilie waschen und trockenschwenken. Die Blättchen von den Stielen zupfen und feinhacken. • Die Schleien mit der Petersilie bestreuen und in der Form servieren. • Dazu passen Pellkartoffeln, Weizenkeimbrötchen oder Vollkornbaguette und roher Gemüsesalat (Rezept Seite 21).

Mein Tip: Schleien, die zarten und fettreichen Verwandten des Karpfens, sind nicht immer zu bekommen und auch nicht gerade billig. Eine ebenso schmackhafte und dabei preiswerte Alternative sind Kabeljau- oder Seelachsfilets, die Sie mit dem Saft von 1 Zitrone beträufeln, mit Salz und frisch gemahlenem schwarzem Pfeffer würzen und zusammen mit den oben genannten Zutaten in eine feuerfeste Form schichten. Noch zarter wird das Gericht, wenn Sie den Weißwein durch 1 Becher Sahne oder Crème fraîche ersetzen und das Olivenöl weglassen. Die Petersilie wird dann gleich gehackt und die Hälfte davon in die Sahne gemischt, die Sie über den Fisch gießen. Mit der restlichen Petersilie bestreuen Sie das Gericht erst unmittelbar vor dem Servieren. Der Fisch braucht im vorgeheizten Backofen nur etwa 15 Minuten.

Gedämpfter Fisch mit Ingwer

Ein Hauch von Fernost

2 küchenfertige Rotbarben von je etwa 600 g · Salz
4 Frühlingszwiebeln · 1 Stück frische Ingwerwurzel, etwa 6 cm lang
4 Frühlingszwiebeln
1–2 Knoblauchzehen
4 Eßl. trockener Sherry
2 Eßl. Sojasauce · ½ Teel. Zucker
1 Eßl. Sonnenblumenöl
etwa 965 Joule/230 Kalorien
27 g Eiweiß · 8 g Fett
7 g Kohlenhydrate pro Person

Zubereitungszeit: etwa 30 Minuten

Die Rotbarben abspülen und sehr gut trockentupfen. Die Fische flach auf die Arbeitsfläche legen und an den Oberseiten mit einem scharfen Messer jeweils dreimal schräg einschneiden. Die Fische innen und außen sparsam salzen. • Die Frühlingszwiebeln von den Wurzelansätzen und den welken grünen Blättern befreien, gründlich waschen, trockentupfen und mit etwa zwei Drittel ihres Grüns in dünne Ringe schneiden. Die Ingwerwurzel wie eine Kartoffel schälen, waschen, abtrocknen und in hauchdünne Scheibchen schneiden. Die Knoblauchzehen schälen und feinhacken. • Den Sherry mit der Sojasauce, dem Zucker und dem Sonnenblumenöl verrühren. Die Ingwerwurzel und den Knoblauch untermischen. • Den Boden eines Fischkochtopfes mit Siebeinsatz mit Wasser bedecken oder ein spezielles Dämpfgerät nach Gebrauchsanweisung mit Wasser füllen. Die Fische auf den Siebeinsatz oder in die Dämpfschale geben und mit den Frühlingszwiebeln belegen, darüber die Marinade gießen. • Die Fische etwa 15–20 Minuten im Dampf garen. Die gedämpften Fische von den Gräten lösen und auf vorgewärmten Tellern anrichten. • Dazu passen Naturreis oder Vollkornbaguette und Salat.

Mein Tip: Statt Frühlingszwiebeln können Sie dünne Lauchstangen verwenden.

Fisch mit Gemüse

Köstlich auch mit Hummerkrabben

750 g Goldbarschfilet oder anderes festfleischiges Fischfilet · 1 gestrichener EBl. Speisestärke · 1 EBl. trockener Sherry · 2 EBl. Sojasauce 1 Knoblauchzehe · 1 Bund Frühlingszwiebeln · 2 Stangen Sellerie · 1 Handvoll gekeimte Mungobohnen · 5 EBl. Öl ⅛ l Gemüsebrühe · Salz Cayennepfeffer etwa 1090 Joule/260 Kalorien 18 g Eiweiß · 16 g Fett 9 g Kohlenhydrate pro Person

Zubereitungszeit: etwa 30 Minuten

Das Fischfilet gegebenenfalls mit einer Pinzette von allen Gräten befreien. Den Fisch unter fließendem kaltem Wasser abspülen und sehr gut trockentupfen. Das Fischfilet mit einem scharfen Messer in etwa 3 cm große Würfel schneiden. Sie sollten möglichst gleich groß sein, damit sie gleichmäßig garen. • Die Speisestärke mit dem Sherry und der Sojasauce verrühren, über die Fischwürfel gießen und alles miteinander mischen. Den Fisch zugedeckt stehen lassen, während Sie das Gemüse vorbereiten. • Die Knoblauchzehe schälen und sehr fein hacken. Die Wurzelansätze und die welken grünen Blätter der Frühlingszwiebeln entfernen. Die Zwiebeln gründlich kalt waschen, trockenschwenken und in etwa ½ cm dünne Ringe schneiden. Dabei ein Drittel des Zwiebelgrüns mitverwenden. Die eventuell harten Fasern der Selleriestangen mit einem kleinen, spitzen Messer nach oben abziehen. Den Sellerie waschen und trockentupfen. Die Sellerieblättchen abzupfen und die Stangen ebenfalls in etwa ½ cm breite Stücke schneiden. Die gekeimten Mungobohnen auf ein Sieb geben, kalt abspülen und abtropfen lassen. • 1 Eßlöffel Öl in einer Pfanne erhitzen. • Den Knoblauch darin unter Rühren bei schwacher bis mittlerer Hitze glasig braten. Er darf dabei auf keinen Fall braun werden, sonst schmeckt er bitter. • Alle Gemüse und die Mungobohnen in die Pfanne geben und die Temperatur höherschalten. Die Gemüse bei mittlerer bis starker Hitze unter ständigem Wenden so lange anbraten, bis sich die Keime der Mungobohnen zartgrün färben. • Die Gemüsebrühe dazugießen und alles mit Salz und Cayennepfeffer würzen. Die Gemüse nun zugedeckt bei mittlerer Hitze etwa 1 Minute kochen lassen; sie müssen bißfest sein. • Die Gemüse auf eine vorgewärmte, tiefe Platte geben und warm halten, während Sie den Fisch zubereiten. • 2 weitere Eßlöffel Öl in der Pfanne erhitzen. Eine Portion Fischwürfel dazugeben und bei mittlerer bis starker Hitze 3—4 Minuten braten. Dabei die Fischwürfel immer wieder vorsichtig wenden. Die gebratenen Fischwürfel auf das Gemüse legen. • Erneut Öl erhitzen und den restlichen Fisch ebenfalls braten. Wenn der gesamte Fisch gebraten ist, wird er leicht mit dem Gemüse gemischt und mit den Sellerieblättchen bestreut sofort angerichtet. • Dazu passen Reis, Vollkornbrot oder auch Vollkornbaguette.

<u>Mein Tip:</u> Für dieses Gericht sollten Sie unbedingt festfleischigen Fisch verwenden, also außer Goldbarschfilet auch Seewolf, Seeteufel oder den edlen — wenn auch teuren — Steinbutt. Dennoch zerfallen die Fischwürfel beim Braten etwas. Wenn Sie das vermeiden wollen, sollten Sie den Fisch in reichlich Öl fritieren. Allerdings ist das Gericht dann kalorienreicher und etwas schwerer verdaulich. Statt Fisch können Sie auch frische oder tiefgefrorene Hummerkrabbenschwänze verwenden. Wie Sie die Krabben vorbereiten, finden Sie im Rezept »Hummerkrabben in Kräutersauce« auf Seite 72 beschrieben.

Matjesfilets mit Kartoffeln und Quarksauce

Schmeckt am besten im Frühjahr

1 kg kleine, möglichst neue Kartoffeln · 1 säuerlicher Apfel
1 rote Zwiebel · je 1 Bund Dill und Schnittlauch
250 g Quark (20 %)
⅛ l Sahne · 1–2 EBl. Meerrettich, frisch gerieben
Salz oder Hefeflocken
weißer Pfeffer, frisch gemahlen
8 zarte Matjesfilets
etwa 2900 Joule/690 Kalorien
31 g Eiweiß · 36 g Fett
57 g Kohlenhydrate pro Person

Zubereitungszeit: etwa 20 Minuten

Die Kartoffeln unter fließendem kaltem Wasser sehr gründlich abbürsten, damit man sie später mit der Schale essen kann. Die Kartoffeln mit wenig Wasser zum Kochen bringen und dann zugedeckt bei schwacher Hitze in 20–30 Minuten garen. • Den Apfel vierteln, vom Kerngehäuse befreien, schälen und feinwürfeln. Die Zwiebel schälen und feinhacken. Den Dill und den Schnittlauch waschen und sehr gut trockentupfen. Den Dill hacken, den Schnittlauch in Röllchen schneiden. • Den Quark mit der Sahne glattrühren. • Die Apfelwürfel, die Zwiebel, die Kräuter und den Meerrettich untermischen. • Den Quark mit Salz oder Hefeflocken und Pfeffer abschmecken. • Eine Platte eventuell zuerst mit Eiswürfeln auslegen. • Die Matjesfilets unter fließendem kaltem Wasser abspülen, falls sie sehr salzig sind. Trockentupfen und auf dem Eis anrichten. • Die gegarten Kartoffeln abgießen und etwas ausdämpfen lassen, dann mit der Quarksauce und den Matjesfilets servieren. • Dazu passen in wenig Butter gedünstete grüne Bohnen.

Fischragout mit Gurken

Problemlos zuzubereiten und wunderbar leicht

100 g Schalotten oder sehr kleine Zwiebeln · 1 Salatgurke von etwa 400 g · 1 EBl. Butter
1 EBl. Zitronensaft
⅛ l Gemüsebrühe · Salz
weißer Pfeffer, frisch gemahlen
600 g Goldbarschfilet
1 Teel. scharfer Senf
1 Bund Dill
etwa 960 Joule/230 Kalorien
28 g Eiweiß · 9 g Fett
9 g Kohlenhydrate pro Person

Zubereitungszeit: etwa 30 Minuten

Die Schalotten schälen und in Achtel schneiden. Die Salatgurke waschen, einmal quer und einmal längs halbieren und die Kerne mit einem Teelöffel herauskratzen. Die Gurkenhälften in etwa 1 cm breite Stücke schneiden. • Die Butter in einer großen tiefen Pfanne erhitzen, aber nicht bräunen. • Die Schalotten und die Gurkenstücke darin unter ständigem Wenden so lange anbraten, bis sie glasig sind. Den Zitronensaft und die Gemüsebrühe dazugießen, das Gemüse mit Salz und Pfeffer würzen, einmal aufkochen und dann zugedeckt bei schwacher Hitze 8–10 Minuten köcheln lassen. • Inzwischen das Goldbarschfilet kalt abspülen, sehr gut trockentupfen und in 2 cm große Würfel schneiden. • Den Senf unter das Gemüse mischen. • Die Fischwürfel auf das Gemüse legen, nach Wunsch ebenfalls mit Salz und Pfeffer würzen und zugedeckt bei schwächster Hitze in etwa 8 Minuten gar ziehen lassen. • Währenddessen den Dill waschen, trockentupfen und fein zerkleinern, dabei die harten Stiele nicht mitverwenden. • Das Fischragout in eine vorgewärmte Schüssel füllen und mit dem Dill bestreut sofort servieren. • Dazu passen Pellkartoffeln oder Reis und Tomatensalat mit vielen frischen Kräutern.

Hummerkrabben in Kräutersahne

Für festliche Gelegenheiten

Gegrillte Hummerkrabben

Leicht und besonders würzig

| 12 rohe Hummerkrabben in der Schale · 1 Zwiebel |
| 2 Bund Suppengrün · ½ Bund Petersilie · 1 Eßl. Butter |
| ⅛ l trockener Weißwein |
| 2 weiße Pfefferkörner |
| 1 Lorbeerblatt · ½ Bund Dill |
| ⅛ l Sahne · Salz |
| 1 Teel. Zitronensaft · weißer Pfeffer, frisch gemahlen |
| etwa 1130 Joule/270 Kalorien |
| 22 g Eiweiß · 16 g Fett |
| 2 g Kohlenhydrate pro Person |

Zubereitungszeit: etwa 1 Stunde

Die Hummerkrabben kalt abspülen. Die Schalen am Rücken aufschneiden und abziehen. Den fadenförmigen Darm, der am Rücken entlangläuft, mit einer Messerspitze herausziehen. • Die Zwiebel schälen und vierteln. Das Suppengrün waschen und grob zerkleinern. Die Petersilie waschen, die Blättchen abzupfen, trockentupfen und für die Sauce beiseite legen. Von den Stielen brauchen Sie 3 für den Sud. • Die Butter zerlassen. Die Krabbenschalen, die Zwiebel und das Suppengrün darin anbraten, bis sich die Krabbenschalen rötlich färben. Den Wein angießen und den Bratensatz damit lösen. Die Petersilienstiele, die Pfefferkörner und das Lorbeerblatt hinzufügen. • Den Sud bei schwacher Hitze 30 Minuten köcheln lassen, dann durch ein Sieb gießen und alle festen Bestandteile wegwerfen. • Den Sud einmal aufkochen, die Hummerkrabben einlegen und bei schwächster Hitze in etwa 8 Minuten gar ziehen lassen. • Den Dill waschen und mit den Petersilienblättchen feinhacken. • Die Krabben aus dem Sud nehmen und auf vier vorgewärmten Tellern warm halten. • Den Sud bei starker Hitze auf etwa die Hälfte einkochen lassen. Die Sahne nach und nach dazugießen und die Sauce unter Rühren cremig einkochen. • Die Kräuter untermischen und die Sauce mit Salz, dem Zitronensaft und Pfeffer abschmecken. Die Krabben mit der Sauce umgießen.

| Zutaten für 2–4 Personen: |
| 12 rohe Hummerkrabben in der Schale · ½ Zitrone |
| 3 Knoblauchzehen · 1 Bund Petersilie · 3–4 Eßl. Olivenöl |
| Salz · schwarzer Pfeffer, frisch gemahlen |
| etwa 920 Joule/220 Kalorien |
| 22 g Eiweiß · 12 g Fett |
| 2 g Kohlenhydrate pro Person bei 2 Portionen |

Zubereitungszeit: etwa 30 Minuten

Den Backofen- oder Holzkohlengrill vorheizen. • Die Hummerkrabben an den nach innen gekrümmten Seiten mit einem scharfen Messer längs halbieren, jedoch nicht ganz durchschneiden. Die Krabben jetzt fest auseinanderbiegen, so daß die Schalen zerbrechen und die Hummerkrabben möglichst flach ausgebreitet auf der Arbeitsfläche liegen. • Die Zitrone auspressen. Die Knoblauchzehen schälen und durch die Presse drücken oder so fein hacken, daß sie musig sind. Die Petersilie waschen. Die Blättchen von den Stielen zupfen, trockentupfen und ebenfalls sehr fein hacken. • Den Zitronensaft mit dem Knoblauch, der Petersilie und dem Olivenöl zu einer Paste verrühren. • Die Hummerkrabben auf den Fleischseiten mit der Paste bestreichen, unter den vorgeheizten Grill schieben oder auf den heißen Rost des Holzkohlengrills legen und etwa 10 Minuten grillen. • Die Krabben auf vorgewärmten Tellern anrichten, mit Salz und Pfeffer bestreuen und sofort servieren. • Dazu schmecken Vollkornbaguette und gemischter Salat.

<u>Mein Tip:</u> Die Hummerkrabben reichen als Vorspeise oder Zwischengericht für 4 Personen. Wenn Sie sie als Hauptgericht servieren, werden 2 Personen davon satt.

Fischpfanne mit Reis

Eine Anlehnung an die spanische Küche

Zutaten für 6 Personen:
1 Zwiebel · 2 Knoblauchzehen
4 EßI. kaltgepreßtes Olivenöl
150 g Naturlangkornreis
etwa ½ l Gemüsebrühe, frisch gekocht oder Instant · Salz
500 g vollreife Tomaten
je 1 rote und grüne Paprikaschote
500 g Rotbarschfilet · 6 Scampi
1 Zitrone · 300 g gepalte Erbsen (etwa 750 g Rohware), frisch oder tiefgefroren · 1 EßI. Butter
1 Briefchen Safranfäden
1 Bund Petersilie oder
1 Handvoll frischer Kerbel
Cayennepfeffer

etwa 1590 Joule/380 Kalorien
27 g Eiweiß · 13 g Fett
16 g Kohlenhydrate pro Person

Zubereitungszeit: etwa 1¼ Stunden

Die Zwiebel und die Knoblauchzehen schälen und feinhacken. • Das Olivenöl in einer Pfanne oder einem breiten Topf erhitzen. Die Zwiebel und den Knoblauch darin bei mittlerer Hitze unter Rühren glasig braten. Den Reis dazugeben und unter weiterem Rühren so lange mitbraten, bis alle Körner vom Öl überzogen sind. • Die Gemüsebrühe dazugießen und den Reis, nur wenn nötig, mit Salz würzen: Instant-Gemüsebrühe ist oft schon gesalzen. Die Brühe zum Kochen bringen und den Reis bei schwächster Hitze zugedeckt 30 Minuten ausquellen lassen. Sollte er zu trocken werden, gießen Sie noch etwas Gemüsebrühe nach. • Währenddessen die Tomaten mit kochendem Wasser übergießen, kurz darin ziehen lassen und kalt abschrecken. Die Tomaten häuten und würfeln, dabei die Stielansätze und die Kerne entfernen. Die Paprikaschoten vierteln, von den Stielen, den weißen Häuten und den Kernen befreien, unter fließendem Wasser abspülen, trockentupfen und quer zu den Fasern in etwa ½ cm breite Streifen schneiden. • Das Rotbarschfilet und die Scampi ebenfalls kalt abspülen und trockentupfen. • Das Fischfilet in 1 cm große Würfel schneiden. Die Scampi gegebenenfalls aus den Schalen lösen und den Darm, der am Rücken der Scampi wie ein dunkler Faden verläuft, vorsichtig entfernen. • Die Zitrone halbieren. Die eine Hälfte zum Garnieren beiseite legen, die andere auspressen. • Den Fisch und die Scampi mit dem Zitronensaft beträufeln und ziehen lassen, während die Paprikaschoten garen. • Die Paprikaschoten unter den Reis mischen und weitere 10 Minuten garen. Dann die Fischwürfel, die Scampi, die Erbsen und die Tomatenwürfel untermischen und alles noch einmal 5–10 Minuten garen. • Die Butter in einer kleinen Pfanne bei schwacher Hitze schmelzen und heiß werden lassen, aber nicht bräunen. Die Safranfäden zwischen zwei Fingern etwas zerreiben und unter Rühren in der Butter auflösen. Safran muß immer in heißem Wasser oder Fett aufgelöst werden, sonst verteilt er sich nicht gleichmäßig in den Speisen. • Die Petersilie waschen, die Blättchen von den Stielen zupfen, trockentupfen und feinhacken. Wenn Sie Kerbel verwenden, wird dieser verlesen, gewaschen und trockengeschwenkt. Die Blättchen und die zarten Stiele dann ebenfalls fein zerkleinern. • Die Safranbutter mit einer Gabel unter den Reis ziehen. Die Reispfanne mit Salz und einer kräftigen Prise Cayennepfeffer abschmecken und mit der gehackten Petersilie oder dem Kerbel bestreuen. Die Zitronenhälfte in dünne Scheiben oder in Schnitze teilen und auf dem Reis anrichten. • Dazu paßt roher Gemüsesalat (Rezept Seite 21).

<u>Mein Tip:</u> Mit frisch gekochtem Fischfond zubereitet, wird das Aroma der Fischpfanne kräftiger.

Lammragout mit Joghurt

Freunde von Lammgerichten werden begeistert sein

600 g Lammschulter ohne Knochen · 1 Zwiebel · 1 Knoblauchzehe · 1 Bund Petersilie
1 Eßl. Öl · 1 Becher Sanoghurt
schwarzer Pfeffer, frisch gemahlen · 1 rote Paprikaschote
1 Eßl. Crème fraîche
50 g Walnüsse, frisch gehackt
etwa 2330 Joule/555 Kalorien
24 g Eiweiß · 44 g Fett
10 g Kohlenhydrate pro Person

Zubereitungszeit: etwa 1½ Stunden

Das Fleisch trockentupfen, von Fett und Sehnen befreien und in etwa 2 cm große Stücke schneiden. Die Zwiebel und die Knoblauchzehe schälen und feinhacken. Die Petersilie kalt abspülen, die Blättchen von den Stielen zupfen, trockentupfen und ebenfalls feinhacken. Ein Drittel der Petersilie zum Garnieren beiseite legen. • Das Öl in einer Pfanne erhitzen. Das Fleisch portionsweise darin bei mittlerer bis starker Hitze rundherum anbraten. Die angebratenen Stücke jeweils herausnehmen und auf ein Sieb über eine Schüssel geben, in der sich der Fleischsaft sammeln kann. • Wenn das gesamte Fleisch angebraten ist, die Zwiebel und den Knoblauch in das Fett geben und unter Rühren glasig braten. • Das Fleisch und den -saft wieder hinzufügen. Die Petersilie und den Sanoghurt untermischen und den Pfeffer darübermahlen. Den Bratfond unter Rühren lösen. Alles zugedeckt bei schwacher Hitze 1 Stunde schmoren. • Kurz vor Ende der Garzeit die Paprikaschote längs vierteln, den Stiel, die weißen Häutchen und die Kerne entfernen. Die Schotenviertel waschen, trockentupfen und feinhacken. • Die Paprikaschote und die Crème fraîche in das Ragout rühren und nur darin heiß werden lassen. • Das Lammragout mit den Walnüssen und der restlichen Petersilie bestreut sofort servieren. • Dazu schmeckt Naturreis.

Lammtopf mit Quitten

Ungewöhnlich und unglaublich gut

Zutaten für 6 Personen:
750 g Lammschulter ohne Knochen · 1 große Zwiebel
2 Knoblauchzehen · 1–2 Stücke kandierter Ingwer
1 unbehandelte Zitrone
1 Eßl. Öl · ¼ l trockener Weißwein · 300 g Quitten
1 Becher Sahne (200 g) · Salz
2 Teel. Senfpulver · ½ Teel.
Zimt · Cayennepfeffer
etwa 2350 Joule/560 Kalorien
19 g Eiweiß · 41 g Fett
16 g Kohlenhydrate pro Person

Zubereitungszeit: etwa 2 Stunden

Das Fleisch trockentupfen, von Fett und Sehnen befreien und in etwa 3 cm große Stücke schneiden. Die Zwiebel und die Knoblauchzehen schälen und feinhacken. Den Ingwer abtropfen lassen und ebenfalls hacken. • Die Zitrone heiß abwaschen und abtrocknen. Ein etwa 4 cm langes Stück Schale ganz dünn abschneiden und in millimeterdünne Streifen teilen. Die Zitrone auspressen und den Saft beiseite stellen. • Das Öl in einer Pfanne erhitzen, das Fleisch darin portionsweise bei mittlerer bis starker Hitze anbraten, dann die Zwiebel und den Knoblauch im Fett glasig braten. • Das Fleisch und den -saft wieder dazugeben, den Zitronensaft und den Weißwein angießen und den Bratfond damit lösen. • Den Ingwer und die Zitronenschale hinzufügen. Das Fleisch zugedeckt bei schwacher Hitze 1 Stunde schmoren. • Die Quitten vierteln, schälen, waschen, vom Kerngehäuse befreien und in etwa 1 cm dicke Spalten teilen. Die Quitten zum Fleisch geben und alles weitere 30 Minuten zugedeckt schmoren. • Das Fleisch und die Quitten herausnehmen und warm halten. • Die Sahne in die Schmorflüssigkeit gießen und bei starker Hitze auf etwa die Hälfte einkochen. Die Sauce mit Salz und den Gewürzen abschmecken und über das Fleisch geben.

Lammgeschnetzeltes mit Tomaten

Leichte Kost für Feinschmecker

600 g Lammfleisch aus der Keule · 500 g vollreife Tomaten 1 Zwiebel · 3 Knoblauchzehen 1 Bund Basilikum · 4 Eßl. Sonnenblumenöl · Salz schwarzer Pfeffer, frisch gemahlen · 1 Prise Zucker ⅛ l Sahne
etwa 2290 Joule/545 Kalorien 25 g Eiweiß · 43 g Fett 10 g Kohlenhydrate pro Person

Zubereitungszeit: etwa 50 Minuten

Das Lammfleisch von Fett und Sehnen befreien, quer zur Faser in etwa 2 cm dicke Scheiben, dann in Streifen schneiden.
• Die Tomaten mit kochendem Wasser übergießen, kurz darin ziehen lassen, kalt abschrecken und häuten. Die Tomaten feinwürfeln, dabei die Stielansätze und die Kerne entfernen. • Die Zwiebel und die Knoblauchzehen schälen und feinhacken. Das Basilikum waschen, die Blättchen abzupfen, trockentupfen und in Streifen schneiden.
• 1 Eßlöffel Öl in einer Pfanne heiß werden lassen und die erste Fleischportion bei starker Hitze etwa 30 Sekunden darin braten. Geben Sie immer nur so viel Fleisch in die Pfanne, daß die Streifen nebeneinander liegen. Das gebratene Fleisch auf ein Sieb über eine Schüssel geben, damit der Fleischsaft sich darin sammeln kann. So gart das Fleisch nicht nach und bleibt zart. • Einen weiteren Eßlöffel Öl erhitzen und die restlichen Fleischportionen braten. Die Temperatur herunterschalten und zuerst die Zwiebel, dann den Knoblauch bei mittlerer Hitze glasig braten. Die Tomatenwürfel dazugeben, unter Rühren nur heiß werden lassen und mit wenig Salz, Pfeffer und dem Zucker würzen. • Das Fleisch und den -saft wieder hinzufügen und unter ständigem Rühren ebenfalls nur erhitzen. • Die Sahne unterrühren und heiß werden lassen. • Das zerkleinerte Basilikum untermischen und das Gericht sofort servieren.
• Dazu passen Naturreis, Rösti oder einfach nur Brot.

Lammkoteletts in Thymiansauce

Ein kräuterwürziges Schnellgericht

1 Bund frischer Thymian
3 Knoblauchzehen · 1 Zitrone
4 doppelte Lammkoteletts von je etwa 180 g · 2 EBl. Sonnenblumenöl · Salz · weißer Pfeffer, frisch gemahlen
1/8 l Sahne
etwa 2960 Joule/705 Kalorien
23 g Eiweiß · 63 g Fett
3 g Kohlenhydrate pro Person

Zubereitungszeit: etwa 25 Minuten

Die Thymianzweige unter fließendem kaltem Wasser abspülen und trockenschwenken. Die Blättchen von den Stielen streifen. • Die Knoblauchzehen schälen und ganz fein hacken. • Die Zitrone auspressen und den Saft für die Sauce beiseite stellen. • Die Lammkoteletts feucht abwischen, um alle Knochensplitter zu entfernen. Den Fett- und Sehnenrand mit einem scharfen Messer in Abständen von etwa 2 cm einschneiden, damit sich die Koteletts beim Braten nicht wölben. Dabei darauf achten, daß die Fleischfasern nicht verletzt werden. Das Öl in einer Pfanne erhitzen. Die Lammkoteletts darin bei starker Hitze auf jeder Seite kräftig anbraten. Die Temperatur dann zurückschalten und die Koteletts bei mittlerer Hitze pro Seite weitere 2–3 Minuten braten. • Die Koteletts auf vorgewärmte Teller legen, mit Salz und Pfeffer bestreuen und warm halten. • Die Thymianblättchen und den Knoblauch in die Pfanne geben und bei schwacher bis mittlerer Hitze unter Rühren anschwitzen, bis der Knoblauch glasig ist. • Den Zitronensaft in die Pfanne geben und den Bratfond damit lösen. • Die Sahne untermischen und die Sauce bei starker Hitze unter Rühren cremig einkochen lassen. • Die Sauce mit Pfeffer abschmecken und über den Lammkoteletts verteilen. • Dazu passen Weizenkeimbrötchen oder Rösti und Salat.

Lammedaillons mit Rosmarin-Kartoffeln

Kann auch mit Lammkoteletts zubereitet werden

750 g kleine, möglichst neue Kartoffeln · Salz
4 Knoblauchzehen
4 Zweige frischer Rosmarin
4 EBl. kaltgepreßtes Olivenöl
8 Lammedaillons, je 2–3 cm dick (aus dem Lendenkotelettstück)
schwarzer Pfeffer, frisch gemahlen
etwa 2015 Joule/480 Kalorien
26 g Eiweiß · 27 g Fett
28 g Kohlenhydrate pro Person

Zubereitungszeit: etwa 1 Stunde

Die Kartoffeln gründlich unter fließendem Wasser bürsten und ungeschält im Salzwasser weich kochen; das dauert je nach Größe 30–40 Minuten. • Die Knoblauchzehen schälen. Die Rosmarinzweige kalt abspülen, die Nadeln abstreifen und trockentupfen. • Die Kartoffeln abgießen, etwas ausdämpfen lassen und schälen. • 3 Eßlöffel Olivenöl in einer Pfanne erhitzen. 1 Knoblauchzehe darin bei schwacher bis mittlerer Hitze glasig braten, wieder herausnehmen und wegwerfen. Der Knoblauch soll das Öl nur aromatisieren. • Die Kartoffeln und den Rosmarin in das Öl geben und die Kartoffeln bei mittlerer Hitze unter häufigem Wenden rundherum braun braten. Die Kartoffeln herausnehmen und auf einer vorgewärmten Platte warm halten. • Die Lammedaillons trockentupfen. • Das restliche Öl erhitzen und die anderen 3 Knoblauchzehen darin glasig braten, dann herausnehmen und ebenfalls wegwerfen. • Die Temperatur höherschalten. Die Lammedaillons bei mittlerer bis starker Hitze auf beiden Seiten insgesamt 5–6 Minuten braten. Sie sollen innen noch rosa sein. • Die Medaillons auf vorgewärmten Tellern anrichten, mit wenig Salz und Pfeffer bestreuen und zu den Rosmarin-Kartoffeln servieren. • Dazu passen in Butter gedünstete grüne Bohnen mit Tomaten.

Gekräuterte Lammscheiben

Läßt sich gut vorbereiten

4 Lammbeinscheiben, je etwa 1½ cm dick · 4 Zweige frischer Thymian · 1 Zweig frischer Rosmarin · 5 Knoblauchzehen · 5 Eßl. kaltgepreßtes Olivenöl · 750 g Mangold (Stiele mit Blättern) · 1 Schalotte 1 große Zitrone · Salz schwarzer Pfeffer, frisch gemahlen
etwa 1930 Joule/460 Kalorien 25 g Eiweiß · 35 g Fett 6 g Kohlenhydrate pro Person

Zubereitungszeit: etwa 30 Minuten · Marinierzeit: etwa 8 Stunden

Die Lammbeinscheiben mit einem feuchten Tuch auf beiden Seiten gründlich abreiben, um alle Knochensplitter zu entfernen. • Den Thymian und den Rosmarin unter fließendem kaltem Wasser abspülen und sorgfältig trockenschwenken. Die Thymianblättchen und die Rosmarinnadeln von den Stielen streifen, auf ein Brett geben und grobhacken. • 2 Knoblauchzehen schälen und durch die Presse drücken oder so fein hacken, daß sie fast musig sind. Den Knoblauch mit den Kräutern und 2 Eßlöffeln Olivenöl mischen. • Die Lammbeinscheiben auf beiden Seiten mit der Ölmischung bestreichen, übereinanderlegen und mit einer Schüssel oder mit Folie abdecken. Das Fleisch an einem kühlen Ort etwa 8 Stunden oder über Nacht marinieren. • Am nächsten Tag den Mangold vom Wurzelansatz befreien und in die einzelnen Stiele aufteilen, die Blätter jedoch nicht abstreifen. Den Mangold gründlich unter fließendem kaltem Wasser waschen, trockenschwenken und in etwa 1 cm lange Stücke schneiden. • Die Schalotte und die restlichen Knoblauchzehen schälen und feinhacken. Die Zitrone auspressen. • 1 Eßlöffel Öl erhitzen. • Zuerst die Schalotte darin unter ständigem Rühren bei mittlerer bis schwacher Hitze glasig braten. Den Knoblauch hinzufügen und unter weiterem Rühren nur so lange mitbraten, bis er leicht Farbe angenommen hat. Er darf jedoch keinesfalls bräunen, sonst schmeckt er bitter. • Den Mangold dazugeben, das restliche Olivenöl und den Zitronensaft darübergießen und das Gemüse bei schwacher Hitze in etwa 3 Minuten bißfest garen. Den Mangold mit Salz und Pfeffer abschmecken und beiseite stellen. Er soll beim Servieren nur lauwarm sein. • Die Kräuter und den Knoblauch mit einem Tuch von den Lammbeinscheiben abwischen; beides würde beim Braten verbrennen. Die Haut und die darunterliegende Fettschicht an den Rändern der Beinscheiben mit einem wirklich scharfen Messer in gleichmäßigen Abständen einschneiden, damit sich das Fleisch beim Braten nicht wölbt. Achten Sie darauf, daß Sie dabei die Fleischfasern nicht verletzen. • Eine schwere Pfanne ohne Fett erhitzen. • Die Lammbeinscheiben darin zuerst bei starker, dann bei mittlerer Hitze pro Seite etwa 5 Minuten braten. Eine Zugabe von Öl oder Fett ist dabei nicht nötig, denn die Lammbeinscheiben haben durch das Marinieren bereits genügend Öl aufgenommen. Übrigens sollten Sie Fleisch beim Braten immer erst dann wenden, wenn es an der Unterseite eine Kruste gebildet hat, das heißt, wenn es sich leicht vom Pfannenboden lösen läßt. • Die gebratenen Lammbeinscheiben auf vorgewärmten Tellern anrichten und nach Belieben mit Salz und Pfeffer bestreuen. • Den Mangold gesondert dazu servieren. • Als weitere Beilagen schmecken Weizenkeimbrötchen oder in der Schale gekochte Kartoffeln und Rohkostsalat.

<u>Mein Tip:</u> Statt Mangold können Sie auch Löwenzahngemüse verwenden, das im Frühsommer auf den Markt kommt.

Gefüllte Lammschulter

Mit feiner Füllung aus Kräutern und Kernen

Zutaten für 6 Personen:
1 Stück Knollensellerie von etwa 100 g · 1 Petersilienwurzel
1 Möhre · 1 kleine Stange Lauch (Porree) · 1 Bund Petersilie
3 Zweige frischer Thymian
je 50 g Sesamkörner und Sonnenblumenkerne
2 Schalotten · 2 Knoblauchzehen
4 Eßl. kaltgepreßtes Olivenöl
1 kg Lammschulter ohne Knochen · Salz · schwarzer Pfeffer, frisch gemahlen
⅛ l trockener Weißwein
etwa 2480 Joule/590 Kalorien
27 g Eiweiß · 44 g Fett
8 g Kohlenhydrate pro Person

Zubereitungszeit: etwa 1½ Stunden

Den Sellerie, die Petersilienwurzel und die Möhre putzen, schälen und waschen. Den Lauch vom Wurzelansatz befreien. Etwa zwei Drittel der grünen Blätter abtrennen und den Lauch bis zum weißen Teil der Stange kreuzweise einschneiden, damit Sie die Blätter beim Waschen auseinanderbiegen und alle Erdreste gründlich abspülen können. Die Wurzelgemüse und den Lauch in grobe Stücke schneiden. • Die Petersilie unter fließendem kaltem Wasser abspülen, die Blätter von den Stielen zupfen und trockentupfen. Einige Petersilienstiele zum Schmoren beiseite legen. Die Blättchen für die Füllung sehr fein hacken. Die Thymianzweige ebenfalls waschen, trockenschwenken und die Blättchen abstreifen.
• Die Sesamkörner zerstoßen und die Sonnenblumenkerne grobhacken. Die Schalotten und die Knoblauchzehen schälen und so fein zerkleinern, daß sie fast musig sind. • Die Kräuter, den Sesam, die Sonnenblumenkerne, die Schalotten und den Knoblauch mit 2 Eßlöffeln Olivenöl zu einer streichfähigen, glatten Paste verrühren. • Die Lammschulter mit einem Tuch trockenreiben und mit der Fettseite nach unten auf die Arbeitsfläche legen. Das Fett, das an der Innenseite der Keule sitzt, so gut wie möglich abschneiden.
• Salz und reichlich Pfeffer in einem Schälchen mischen. Die Lammschulter auf der Innenseite damit einreiben und gleichmäßig mit der Kräuterpaste bestreichen. Das Fleisch von der Längsseite her aufrollen und mit Küchengarn zum Rollbraten binden; so behält es beim Schmoren seine Form und die Kräuterfüllung kann nicht austreten.
• Den Braten rundherum nur mit Pfeffer bestreuen und den Pfeffer mit dem Handballen in das Fleisch massieren. • Das restliche Öl in einem großen verschließbaren Schmortopf erhitzen. Das Fleisch darin bei starker bis mittlerer Hitze rundherum kräftig anbraten, damit es eine Kruste bildet und beim Schmoren zart bleibt. • Die Wurzelgemüse, den Lauch und die Petersilienstiele dazugeben und kurz mitrösten. • Den Weißwein nur an den Seiten zugießen. Durch die Flüssigkeit löst sich der Bratfond am Boden des Schmortopfs und Sie können ihn mit einem Holzspatel abschaben. Den Topf schließen und die Lammschulter bei schwacher Hitze etwa 1 Stunde schmoren. • Den Braten herausnehmen, fest in Alufolie wickeln und im warmen Backofen (50°) noch etwa 10 Minuten nachziehen lassen. • Inzwischen die Schmorflüssigkeit durch ein Sieb in einen Topf gießen, die Gemüse mit einem Holzlöffel etwas ausdrücken und wegwerfen. Nach Wunsch können Sie die Sauce jetzt mit Küchenpapier etwas entfetten. • Den Braten aus der Folie nehmen, das Küchengarn entfernen und das Fleisch mit einem scharfen Messer quer zu den Fasern in Scheiben schneiden. Die Scheiben auf einer vorgewärmten Platte anrichten und mit der Sauce beschöpfen oder die Sauce gesondert zum Schmorbraten reichen.
• Dazu passen in der Schale gekochte Kartoffeln, Rösti oder auch knusprige Weizenkeimbrötchen und Salat.

Tafelspitz vom Lamm

Bekanntes in neuer Form

Zutaten für 6 Personen:
1 Lammkeule mit Knochen von etwa 2 kg · 2½ l kaltes Wasser
2 Bund Suppengrün · 1 Zwiebel
2 Knoblauchzehen · 3 Bund Petersilie · 2 Zweige frischer Thymian · 3 schwarze Pfefferkörner · 1 Lorbeerblatt · Salz
je 300 g Broccoli, Zucchini und Möhren · 1 EBl. Vollkornmehl
weißer Pfeffer, frisch gemahlen
⅛ l Sahne · 1 Eigelb · 30 g Butter
etwa 3345 Joule/800 Kalorien
55 g Eiweiß · 53 g Fett
10 g Kohlenhydrate pro Person

Zubereitungszeit: etwa 2 Stunden

Die Lammkeule vom Metzger entbeinen und den Knochen in Stücke sägen lassen; Sie brauchen ihn für die Brühe. • Die Knochen in einen Topf legen, der so groß sein sollte, daß Knochen und Fleisch darin Platz haben, ohne zu »schwimmen«, und mit dem Wasser übergießen. • Das Wasser langsam zum Kochen bringen und bei schwacher Hitze 30 Minuten köcheln lassen. • Währenddessen das Fett auf der Innenseite der Lammkeule abschneiden. Die Lammkeule mit Haut- und Fettseite nach außen wie einen Rollbraten zusammenlegen und mit Küchengarn rundbinden. • Das Fleisch in die Knochenbrühe legen und weitere 30 Minuten knapp unter dem Siedepunkt garziehen lassen. Dabei dürfen sich in der Brühe immer nur kleine Bläschen bilden. Achten Sie darauf, daß Sie niemals sprudelnd kocht, sonst wird sie trübe und das Fleisch trocken. Decken Sie auch den Topf nicht ganz zu; am besten klemmen Sie einen Kochlöffel zwischen Topf und Deckel. • Das Suppengrün putzen, waschen und grob zerkleinern. Die Zwiebel und die Knoblauchzehen schälen und halbieren. 1 Bund Petersilie und den Thymian kalt abspülen und mit dem Suppengrün, der Zwiebel, dem Knoblauch, den Pfefferkörnern und dem Lorbeerblatt zum Fleisch geben. • Den Tafelspitz noch einmal 30 Minuten garziehen lassen. • Die Brühe salzen. • Währenddessen die Broccoli putzen, waschen und in Röschen teilen. Die Zucchini waschen, abtrocknen, putzen und in etwa 5 cm lange und 1 cm breite Stifte schneiden. Die Möhren schaben, waschen und ebenfalls in Stifte teilen. Die restliche Petersilie waschen, die Blättchen abzupfen, trockentupfen und fein zerkleinern. • Das Fleisch aus der Brühe nehmen und im warmen Backofen (50°) etwa 20 Minuten nachziehen lassen. • Die Brühe durch ein mit einem Mulltuch ausgelegtes Sieb gießen und alle festen Bestandteile wegwerfen. • Von der Brühe knapp ¼ l für die Sauce abmessen. • Das Vollkornmehl in einem Topf anrösten, bis es zart duftet. • Die abgemessene Brühe nach und nach dazugießen. Dabei ständig mit dem Schneebesen rühren, damit das Mehl nicht zu stark klumpt. Die Brühe einmal aufkochen und dabei mit dem Schneebesen weiterschlagen, bis sich alle Mehlklümpchen aufgelöst haben. Die Sauce bei schwacher Hitze etwa 10 Minuten kochen lassen. • Die restliche Brühe zum Kochen bringen und die Broccoli und die Möhrenstifte 5 Minuten darin garen. Die Zucchinistifte dazugeben und alles weitere 3 Minuten garen, bis die Gemüse bißfest sind. • Die Petersilie in die Sauce mischen und die Sauce mit Salz und Pfeffer abschmecken. • Die Sahne mit dem Eigelb verquirlen und die heiße, nicht mehr kochende Sauce damit binden. Die Butter in Flöckchen teilen und mit dem Schneebesen in die Sauce schlagen. • Das Fleisch in Scheiben schneiden, mit den Gemüsen auf einer tiefen Platte anrichten und mit etwas Brühe beschöpfen. Die Sauce gesondert dazu reichen. • Dazu passen Pellkartoffeln und frisch geriebener Meerrettich.

Lammbrust mexikanisch

Auch für den Holzkohlengrill geeignet

Zutaten für 6 Personen:
2 kg Lammbrust mit Knochen
schwarzer Pfeffer, frisch
gemahlen · 250 g vollreife
Tomaten · 2 Eßl. Sangrita picante
4 Eßl. Honig · 3 Eßl. Olivenöl
1 kräftiger Schuß Rotweinessig
Tabascosauce oder
Cayennepfeffer
1 Eßl. Paprikapulver edelsüß
2 Knoblauchzehen
1 Eßl. eingelegter grüner Pfeffer
aus dem Glas
etwa 3822 Joule/910 Kalorien
24 g Eiweiß · 81 g Fett
10 g Kohlenhydrate pro Person

Zubereitungszeit: etwa
50 Minuten

Die Lammbrust an den Knochen entlang in 6 gleichmäßig große Stücke teilen und mit einem feuchten Tuch abreiben, um alle Knochensplitter zu entfernen. Die Stücke rundherum mit Pfeffer einreiben. • Den Backofengrill vorheizen. • Die Tomaten mit kochendem Wasser übergießen, kurz darin ziehen lassen, kalt abschrecken und häuten. Die Tomaten kleinwürfeln, dabei die Stielansätze und möglichst alle Kerne entfernen. Die Tomaten in einen Topf geben und bei starker Hitze unter ständigem Rühren dick einkochen lassen. Den Topf vom Herd ziehen. Die Sangrita picante, den Honig und das Olivenöl untermischen. Alles mit dem Rotweinessig, Tabascosauce oder Cayennepfeffer und dem Paprikapulver zu einer süß-pikanten und ziemlich scharfen Glasur abschmecken. • Die Knoblauchzehen schälen und durch die Presse drücken. Den grünen Pfeffer mit einer Gabel zerdrücken. Beide Zutaten in die Glasur geben. • Die Lammbruststücke unter den heißen Grill schieben und unter häufigem Wenden 25–30 Minuten grillen; dabei während der letzten 10 Minuten immer wieder mit der Glasur bestreichen, bis die Stücke schön gebräunt sind. Achten Sie darauf, daß das Fleisch nicht zu dunkel wird, denn Honig und Paprikapulver in der Glasur verbrennen leicht. • Dazu schmecken Brot und Salat.

Lammkeule mit Gemüse

Ein Gericht für Freunde der griechischen Küche

Zutaten für 6 Personen:
1 Lammkeule mit Knochen von etwa 2 kg · 5 Knoblauchzehen
6 Zweige frischer oder 1 Eßl. getrockneter Thymian
2 Eßl. Dijon-Senf · 2 Eßl. Olivenöl · schwarzer Pfeffer, frisch gemahlen · 1 kg Kartoffeln · 300 g Schalotten oder kleine Zwiebeln · 2 Möhren
Salz · ¼ l trockener Weißwein
etwa 3800 Joule/905 Kalorien
51 g Eiweiß · 51 g Fett
32 g Kohlenhydrate pro Person

Zubereitungszeit: etwa 2 Stunden · Marinierzeit: 2 Stunden

Die Lammkeule rundherum mit einem feuchten Tuch abwischen, um eventuell vorhandene Knochensplitter zu entfernen. • Die Knoblauchzehen schälen, 2 davon durch die Presse drücken, die restlichen in dünne Stifte schneiden. Bei nicht mehr ganz jungem Knoblauch enthalten die einzelnen Zehen meist schon grüne Triebe. Die sollten Sie grundsätzlich herauslösen, denn sie geben den Speisen den unangenehm penetranten Knoblauchgeschmack. • Die Lammkeule jetzt um den Knochen herum und jeweils zwischen zwei Muskelsträngen mit den Knoblauchstiften spicken: Lösen Sie dazu das Fleisch vorsichtig mit einer Messerspitze vom Knochen und schieben Sie die Stifte zwischen Knochen und Fleisch. Auch die Muskelstränge werden nur voneinander gelöst, um den Knoblauch hineinzustekken. Machen Sie mit dem Messer keine Einschnitte; dadurch werden die zarten Fleischfasern verletzt und der Saft tritt beim Garen aus. • Die Thymianzweige kalt abspülen, sehr gut trockenschwenken und die Blättchen von den Stielen streifen. Wenn Sie getrockneten Thymian verwenden, werden die Blättchen zwischen den Fingern etwas zerrieben. • Den zerdrückten Knoblauch mit dem Thymian, dem Senf, dem Olivenöl und Pfeffer zu einer Paste verrühren. • Die Lammkeule rundherum mit der Paste bestreichen, in Alufolie wickeln und 2 Stunden marinieren. • Danach den Backofen auf 220° vorheizen. • Die Kartoffeln schälen, waschen und würfeln. Die Schalotten oder die Zwiebeln ebenfalls schälen und halbieren oder vierteln. Die Möhren schaben, waschen und in nicht zu dünne Stifte schneiden. Da die Gemüse mit der Lammkeule garen, dürfen sie nicht zu klein geschnitten sein, sonst sind sie später zu weich. • Die Kartoffeln, die Schalotten und die Möhren mischen, auf dem Boden eines Bräters verteilen und mit etwas Salz bestreuen.
• Die Lammkeule auf das Gemüse legen. Den Bräter in den heißen Backofen schieben und das Fleisch 30 Minuten braten. • Den Weißwein an den Seiten des Bräters angießen und die Lammkeule noch einmal etwa 60 Minuten garen, dabei einmal wenden. Die Bratzeit läßt sich nicht exakt angeben: sie richtet sich nach Ihrem Herd und dem gewünschten Gargrad des Fleisches. Nach etwa 1½ Stunden ist die Keule innen noch rosa. Wenn Sie ganz sicher gehen wollen, verwenden Sie ein Fleischthermometer, das Sie – bevor das Fleisch in den Ofen kommt – in die dickste Stelle der Keule stecken. Das Thermometer darf den Knochen nicht berühren, denn dieser leitet die Hitze anders, und das Thermometer zeigt den Gargrad des Fleisches dann nicht richtig an.
• Die Lammkeule in Alufolie wickeln und 15 Minuten ruhen lassen, damit sich der Fleischsaft wieder verteilen kann und beim Tranchieren nicht so stark ausläuft. • Eine Serviette um den Knochen der Lammkeule wikkeln. Die Keule auf ein Holzbrett – möglichst mit Saftrinne – geben, senkrecht stellen und mit einem scharfen Messer parallel zum Knochen in Scheiben schneiden. Die Fleischscheiben mit den Gemüsen auf vorgewärmten Tellern anrichten und sofort servieren.

Lammcurry

Paßt zur indonesischen Reistafel

Lammragout mit Orangen

Ein würziges Gericht für den Winter

500 g Lammschulter ohne
Knochen · 3 Knoblauchzehen
1 Becher Sanoghurt · 3 Tomaten
1 Stück frische Ingwerwurzel,
etwa 2 cm lang · 1 große Zwiebel
1 Teel. Gelbwurz (Kurkuma)
1 Teel. Kreuzkümmel (Kumin
oder Djintan) · ½ Teel. Koriander
1 kräftige Prise Chilipulver
3 Eßl. Öl · 1 Stück Zimtstange
2 Gewürznelken · 2 Kardamomkapseln · Salz · 1 Bund Petersilie
etwa 1635 Joule/390 Kalorien
19 g Eiweiß · 28 g Fett
7 g Kohlenhydrate pro Person

Zubereitungszeit: etwa 2 Stunden · Marinierzeit: 2 Stunden

Die Lammschulter von Sehnen und Fett befreien und in etwa gulaschgroße Würfel schneiden. Die Knoblauchzehen schälen und feinhacken. • Die Fleischwürfel mit dem Knoblauch und dem Sanoghurt mischen und 2 Stunden zugedeckt marinieren. • Die Tomaten häuten und würfeln, dabei die Stielansätze und die Kerne entfernen. Die Ingwerwurzel schälen, in Scheiben und dann in dünne Streifen schneiden. Die Zwiebel schälen und feinhacken. • Die Gelbwurz, den Kreuzkümmel, den Koriander und das Chilipulver in einem Schälchen mischen. • Das Öl in einer Pfanne erhitzen und die Zimtstange, die Gewürznelken und die Kardamomkapseln unter Rühren darin anrösten. Den Ingwer und die Zwiebel dazugeben und mitbraten, bis die Zwiebel glasig ist.
• Das Lammfleisch einschließlich der Joghurtmarinade dazugeben und unter ständigem Wenden etwa 10 Minuten schmoren. • Die Tomaten und die gemischten Gewürze unterrühren, salzen. Das Lammcurry zugedeckt bei schwacher Hitze etwa 1¼ Stunden schmoren. • Die Petersilie waschen, die Blättchen abzupfen, trockentupfen und feinhacken. Das Lammcurry mit der Petersilie bestreut sofort servieren.
• Dazu paßt Naturreis.

Zutaten für 6—8 Personen:
1 kg Lammschulter ohne Knochen
1 kg kleine Zwiebeln · 4 saftige
Orangen, davon 1 unbehandelt
3—4 Eßl. Olivenöl · knapp
1 Eßl. Zucker · Salz · schwarzer
Pfeffer, frisch gemahlen · 1 Stück
Zimtstange · 4 Gewürznelken
¼ l trockener Weißwein
etwa 1900 Joule/450 Kalorien
18 g Eiweiß · 30 g Fett
16 g Kohlenhydrate pro Person
bei 8 Portionen

Zubereitungszeit: etwa 2 Stunden

Die Lammschulter von Sehnen und Häuten befreien, trockentupfen und in etwa gulaschgroße Stücke schneiden. • Die Zwiebeln schälen. Die unbehandelte Orange waschen, abtrocknen und die Hälfte der Schale ganz dünn abschälen. Die Orange dann vollkommen schälen und filieren, dabei alle weißen Häutchen entfernen. Die Filets halbieren. Die restlichen Orangen auspressen und den Saft zum Schmoren beiseite stellen. • Das Olivenöl nach und nach in einem Topf erhitzen und die Lammfleischwürfel portionsweise darin anbraten. Die gebratenen Würfel jeweils herausnehmen und auf ein Sieb über eine Schüssel geben, damit sich der Fleischsaft darin sammeln kann. • Die Zwiebeln ebenfalls portionsweise anbraten. • Die Fleischwürfel und die Zwiebeln schichtweise in einen Schmortopf füllen. Die Orangenstücke darauflegen. Alles mit dem Zucker, Salz und Pfeffer würzen. Die Orangenschale, die Zimtstange und die Nelken hinzufügen. Den Orangensaft und den Wein angießen. • Das Ragout zugedeckt langsam zum Kochen bringen und dann bei schwacher Hitze etwa 1 Stunde schmoren.
• Den Schmortopf öffnen und das Ragout weitere 30 Minuten bei mittlerer Hitze kochen lassen, damit die Sauce dicker wird.

Lammgeschnetzeltes in Estragonöl

Besonders leicht und köstlich

750 g Lammfleisch aus der Keule
4 Knoblauchzehen
3 Zweige frischer Estragon
2 EBl. Olivenöl · 1 EBl. Butter
2 EBl. trockener Weißwein
Salz · schwarzer Pfeffer,
frisch gemahlen
etwa 1700 Joule/405 Kalorien
28 g Eiweiß · 29 g Fett
1 g Kohlenhydrate pro Person

Zubereitungszeit: etwa
30 Minuten

Das Lammfleisch von Sehnen und vom Fett befreien und quer zu den Fleischfasern in möglichst gleich große Streifen schneiden. • Die Knoblauchzehen schälen und feinhacken. Den Estragon unter fließendem kaltem Wasser waschen, die Blättchen von den Stielen zupfen, trockentupfen und grob zerkleinern. • Das Olivenöl in einer Pfanne erhitzen. Das Lammfleisch darin in kleinen Portionen unter ständigem Wenden nur so lange anbraten, bis es sich grau färbt. Geben Sie immer nur so viel Fleisch in die Pfanne, daß die Streifen nebeneinanderliegen und sich nicht berühren. Das Anbraten dauert so zwar länger, aber das Fleisch bleibt wunderbar zart. Das gebratene Fleisch jeweils herausnehmen und auf einer vorgewärmten Platte zugedeckt heiß halten. Wenn das gesamte Fleisch angebraten ist, die Butter in dem Bratfett nur zerlaufen lassen; sie soll dabei nicht bräunen. • Den Knoblauch und die Estragonblättchen dazugeben und bei schwacher bis mittlerer Hitze unter Rühren braten, bis der Knoblauch glasig ist.
• Den Weißwein angießen und den Bratfond damit lösen. • Das Estragonöl über das Lammfleisch gießen. Das Fleisch mit wenig Salz und Pfeffer bestreuen und sofort servieren.
• Dazu passen Vollkornbrötchen und Spinatsalat mit Pinienkernen (Rezept Seite 22).

Lammbällchen mit Sesam

Paßt gut zu einem Party-Buffet

Zutaten für 4–6 Personen:
125 g frischer Spinat
½ Bund Petersilie · 1 Zwiebel
2 Knoblauchzehen · 100 g
griechischer Schafkäse (Feta)
500 g gehacktes Lammfleisch
4 EBl. ungeschälte Sesamkörner
1 Ei · Kräutersalz · schwarzer
Pfeffer, frisch gemahlen
etwa ⅛ l Sonnenblumenöl
etwa 1905 Joule/450 Kalorien
21 g Eiweiß · 32 g Fett
3 g Kohlenhydrate pro Person
bei 6 Portionen

Zubereitungszeit: etwa
40 Minuten

Den Spinat verlesen, von den eventuell harten Stielen befreien und mehrmals gründlich waschen. Den Spinat trockenschwenken und ganz fein zerkleinern. Die Petersilie ebenfalls kalt abspülen, die Blättchen von den Stielen zupfen, trockentupfen und feinhacken. Die Zwiebel und die Knoblauchzehen schälen und so fein hacken, daß sie fast musig sind. Den Schafkäse mit einer Gabel möglichst fein zerdrücken oder im Blitzhacker pürieren. • Das gehackte Lammfleisch mit dem Spinat, der Petersilie, der Zwiebel, dem Knoblauch, dem Schafkäse, den Sesamkörnern und dem Ei zu einem Fleischteig mischen. Den Teig mit Kräutersalz und Pfeffer abschmecken. • Aus dem Teig mit angefeuchteten Händen etwa walnußgroße Bällchen formen.
• Das Öl in einer Pfanne nach und nach erhitzen. Die Sesambällchen darin portionsweise bei mittlerer Hitze rundherum etwa 8 Minuten braten und jeweils warm halten. Die Bällchen sehr heiß, eventuell mit Zitronenachteln und Petersilie garniert, servieren. • Dazu schmeckt Kartoffelsalat und/oder Rohkostsalat mit vielen frischen Kräutern.

Mein Tip: Im Frühling können Sie den Spinat auch durch junge, zarte Brennessel- oder Löwenzahnblättchen ersetzen.

Gefüllte Paprikaschoten

Mit Lammfleisch und Naturreis – deftige Hausmannskost

Zutaten für 6 Personen:
150 g Naturlangkornreis
¾ l Wasser · 1–2 Teel.
gekörnte Gemüsebrühe
1 kg vollreife Tomaten
6 gleichgroße grüne Paprikaschoten · 1 rote Paprikaschote
1 große Zwiebel · 4 Knoblauchzehen · je 1 Bund Petersilie und Basilikum · einige Zweige frische Pimpinelle · 1 Zweig frischer Rosmarin · 2 Eßl. Olivenöl · 500 g gehacktes Lammfleisch · Salz · schwarzer Pfeffer, frisch gemahlen
1 Prise Cayennepfeffer
etwa 1850 Joule/440 Kalorien
21 g Eiweiß · 20 g Fett
37 g Kohlenhydrate pro Person

Zubereitungszeit: etwa 1½ Stunden

Den Reis mit dem Wasser und der Gemüsebrühe zum Kochen bringen. Die Temperatur zurückschalten und den Reis zugedeckt bei schwacher Hitze 30 Minuten vorgaren. • Inzwischen die Tomaten mit kochendem Wasser übergießen, kurz darin ziehen lassen, kalt abschrecken und häuten. Die Tomaten quer halbieren, so daß die Samenkammern freiliegen. Die Kerne mit einem Teelöffel herauslösen. Die Stielansätze der Tomaten entfernen, denn sie sind gesundheitsschädlich. Etwa ein Drittel der Tomaten kleinwürfeln, die restlichen pürieren und für die Sauce beiseite stellen.
• Die Paprikaschoten waschen und abtrocknen. Von den grünen Schoten etwa 1 cm unterhalb des Stielansatzes einen Deckel abschneiden. Die Stielansätze jetzt vorsichtig herausdrehen. Dabei lösen Sie auch schon den größten Teil der Kerne mit heraus. Die weißen Häutchen entfernen und die Schoten kalt abspülen, um auch die restlichen Kerne zu entfernen. Die Schoten innen und außen gut trockentupfen. • Die rote Paprikaschote längs halbieren, den Stielansatz, die weißen Häutchen und die Kerne entfernen. Die Schotenhälften ebenfalls kalt abspülen, trockentupfen und sehr fein würfeln. • Die Zwiebel und die Knoblauchzehen schälen und feinhacken. • Die Petersilie, das Basilikum, die Pimpinelle und den Rosmarin waschen und trockenschwenken. Die Blättchen der Petersilie und des Basilikums abzupfen und zusammen mit der Pimpinelle fein zerkleinern. Die Rosmarinnadeln vom Stiel streifen. • Das Olivenöl erhitzen. • Die Zwiebeln und den Knoblauch darin glasig braten. • Das gehackte Lammfleisch dazugeben und so lange unter ständigem Rühren mitbraten, bis es krümelig wird und sich grau verfärbt. • Das Lammfleisch mit dem vorgegarten Reis, den gewürfelten Tomaten, der roten Paprikaschote und den Kräutern – außer dem Rosmarin – mischen. • Die Masse mit Salz, Pfeffer und 1 kräftigen Prise Cayennepfeffer abschmecken. • Die grünen Paprikaschoten innen salzen und mit der Lammfarce füllen. Die Deckel wieder auf die Schoten setzen. • Die pürierten Tomaten in einen Topf geben, der so groß sein muß, daß die gefüllten Paprikaschoten nebeneinander darin Platz haben. Die Rosmarinnadeln unter die Tomaten mischen. • Die gefüllten Paprikaschoten in den Topf auf die Tomaten setzen und den Topf schließen. • Die Tomaten einmal aufkochen lassen. Die Temperatur zurückschalten und die Paprikaschoten bei schwacher Hitze etwa 40 Minuten schmoren.
• Die Schoten vorsichtig aus der Tomatensauce heben und auf einer vorgewärmten Platte anrichten. Die Sauce abschmecken und bei starker Hitze etwas einkochen lassen. Die Paprikaschoten dann mit der Sauce umgießen und servieren.

Mein Tip: Sahniger wird die Sauce, wenn Sie zum Schluß etwa ½ Becher Crème fraîche daruntermischen und sie dann unter Rühren einkochen lassen.

Hühnerbrüstchen in Wirsing

Feines aus der neuen Küche

Hühnerfrikadellen

Herrlich saftig und kräuterwürzig

4 doppelte Hühnerbrüstchen
8 große Wirsingblätter · Salz
weißer Pfeffer, frisch gemahlen
100 g Parmesan, frisch gerieben
1 Bund Petersilie
1 Becher Crème fraîche (200 g)
etwa 2100 Joule/500 Kalorien
68 g Eiweiß · 24 g Fett
5 g Kohlenhydrate pro Person

Zubereitungszeit: etwa
1¼ Stunden

Die Hühnerbrüstchen häuten, gegebenenfalls entbeinen und gut trockentupfen. • Den Backofen auf 200° vorheizen.
• Die dicken Blattrippen der Wirsingblätter flachschneiden, die Blätter dabei aber nicht durchtrennen. Die Wirsingblätter waschen und in reichlich kochendem Salzwasser 3—4 Minuten blanchieren, bis sie sich aufrollen lassen. Die Blätter mit einem Schaumlöffel herausheben und kurz in eiskaltes Wasser legen, damit sie ihre frische grüne Farbe behalten. • Die Hühnerbrüstchen mit Pfeffer und dem Parmesan bestreuen, in je zwei Wirsingblätter hüllen und mit Küchengarn zu kleinen Päckchen verschnüren. • Die Petersilie waschen, die Blättchen abzupfen, trockentupfen und feinhacken.
• Die Crème fraîche mit der Petersilie mischen und mit Salz und weißem Pfeffer würzen.
• Ein Blatt extrastarke Alufolie abtrennen. Die Wirsingpäckchen auf die Folie legen und diese an den Rändern hochbiegen. Die Crème fraîche über den Wirsingpäckchen verteilen und die Alufolie oben und an den Seiten fest verschließen. • Die Hühnerbrüstchen im Backofen etwa 40 Minuten garen. • Die Folie öffnen, die Wirsingpäckchen vorsichtig aus der Sauce heben und das Küchengarn entfernen. Die Hühnerbrüstchen auf einer vorgewärmten Platte anrichten und mit der Sauce übergossen servieren. • Dazu paßt Vollkornbaguette oder Reis.

1 Roggenbrötchen · 300 g rohes
Hühnerfleisch ohne Knochen
1 Zwiebel · 1 Handvoll
frischer Kerbel oder 1 Bund
Petersilie · 75 g Walnüsse
1 Ei · 1 Teel. unbehandelte
abgeriebene Zitronenschale
Salz · weißer Pfeffer, frisch
gemahlen
2 Eßl. Sonnenblumenöl
etwa 1390 Joule/330 Kalorien
21 g Eiweiß · 22 g Fett
31 g Kohlenhydrate pro Person

Zubereitungszeit: etwa
50 Minuten

Das Roggenbrötchen in lauwarmem Wasser einweichen, dann sehr gut ausdrücken und mit einer Gabel zerpflücken.
• Das Hühnerfleisch gegebenenfalls häuten, von Fett und Sehnen befreien. Das Fleisch sorgfältig trockentupfen und in kleine Würfel schneiden. Die Fleischwürfel auf einem Holzbrett mit einem großen schweren Messer ganz fein hacken. Schieben Sie das Fleisch immer wieder zusammen. • Die Zwiebel schälen und feinwürfeln. Den Kerbel oder die Petersilie waschen und trockenschwenken. Den Kerbel können Sie mit den Stielen feinhacken. Die Petersilienblättchen werden vor dem Hacken abgezupft. • Die Walnüsse feinreiben.
• Das Hühnerfleisch mit der Zwiebel, dem Kerbel oder der Petersilie, den Walnüssen, dem Ei, dem zerkleinerten Roggenbrötchen und der Zitronenschale mischen. Den Fleischteig mit Salz und weißem Pfeffer abschmecken. • Aus dem Teig mit angefeuchteten Händen gleichmäßig große Frikadellen formen.
• Das Öl in einer Pfanne erhitzen. • Die Frikadellen darin zuerst bei starker Hitze auf beiden Seiten anbraten. Die Temperatur dann zurückschalten und die Frikadellen bei mittlerer Hitze in etwa 7 Minuten fertigbraten. • Dazu schmecken Vollkornbaguette und Kartoffelsalat mit Kräutern.

Gefülltes Hähnchen

Durch die Füllung sehr aromatisch

3 Bund Petersilie · 2 Knoblauchzehen · 1 unbehandelte große Zitrone · 1 Eßl. Pinienkerne 100 g Emmentaler, frisch gerieben · 100 g Magerquark 3 Eßl. Sahne · Salz schwarzer Pfeffer, frisch gemahlen · 1 Hähnchen von etwa 1,4 kg · 1 Eßl. Olivenöl 1½ Teel. Ingwerpulver 3 Eßl. trockener Weißwein etwa 2500 Joule/595 Kalorien 65 g Eiweiß · 30 g Fett 6 g Kohlenhydrate pro Person

Zubereitungszeit: etwa 1¾ Stunden

Für die Füllung die Petersilie unter fließendem kaltem Wasser waschen. Die Blättchen von den Stielen zupfen, sorgfältig trockentupfen und feinhacken. Die Knoblauchzehen schälen und ebenfalls feinhacken. Die Zitrone gründlich heiß waschen, abtrocknen und die Schale möglichst fein abreiben. Die Zitrone dann halbieren und auspressen. Den Saft zum Bestreichen des Hähnchens beiseite stellen. • Die Petersilie, den Knoblauch, die Zitronenschale, die Pinienkerne, den Emmentaler, den Quark und die Sahne miteinander mischen und mit Salz und Pfeffer würzen. • Den Backofen auf 200° vorheizen.
• Die Innereien aus der Bauchöffnung des Hähnchens nehmen und für ein anderes Gericht verwenden. Das Hähnchen innen und außen unter fließendem kaltem Wasser gründlich abspülen, dabei auch alle Lungen- und Blutreste entfernen, denn sie schmecken bitter. Das Hähnchen austropfen lassen und innen und außen sehr gut trockenreiben. • Salz und Pfeffer in einem Schälchen mischen. Das Hähnchen damit rundherum und auch in der Bauchöffnung bestreuen und die Würzmischung mit dem Handballen in die Haut massieren. • Die Quarkmischung in das Hähnchen füllen. Sie sollten es jedoch nicht zu fest stopfen, denn die Füllung dehnt sich beim Braten etwas aus, wodurch die Haut platzen könnte. Die Bauchöffnung mit vier Zahnstochern schließen: Dazu die Zahnstocher waagerecht wie Stopfnadeln durch die Haut stecken. Ein Stück Küchengarn kreuzweise wie einen Schnürsenkel um die Zahnstocher legen und verknoten.
• Den Zitronensaft mit dem Olivenöl und dem Ingwerpulver mischen. • Das Hähnchen rundherum mit der Ölmischung bepinseln. Mit der Brust nach oben in einen Bräter legen. An der Seite 2 Eßlöffel kaltes Wasser dazugeben. • Den Bräter in den heißen Backofen schieben und das Hähnchen etwa 1 Stunde braten, dabei einmal wenden. Während der gesamten Bratzeit immer wieder mit dem Saft bestreichen, der sich im Bräter sammelt, damit die Haut schön bräunt und knusprig wird. • Das Hähnchen herausnehmen, auf den Rost legen und wieder in den Ofen schieben. Den Bräter darunterstellen, damit der abtropfende Saft aufgefangen wird.
• Das Hähnchen in weiteren 15 Minuten auf dem Rost bräunen lassen. • Für die Sauce den Bratensaft mit Küchenpapier etwas entfetten. Den Weißwein dazugießen und den Bratfond unter Rühren loskochen. • Das Hähnchen aus dem Ofen nehmen. Das Küchengarn und die Zahnstocher entfernen. Nach Wunsch schon in der Küche oder erst bei Tisch tranchieren. Die Stücke auf einer vorgewärmten Platte anrichten. Die Füllung und die Sauce dazu reichen. • Dazu passen gemischter Salat und Vollkornbaguette oder auch Naturreis.

Mein Tip: Sie können die Quarkmenge für die Füllung auch halbieren und noch 1 großen säuerlichen Apfel untermischen, den Sie zuerst schälen und sehr klein würfeln. Geben Sie zusätzlich noch 1 kräftige Prise getrockneten Majoran dazu.

Salbeihuhn

Auch am Spieß zu braten

Zutaten für 2 Personen:
1 junges Huhn oder Hähnchen von etwa 1 kg · Salz
weißer Pfeffer, frisch gemahlen
1 unbehandelte Zitrone
2 Knoblauchzehen · 2 Zweige frischer Salbei · 1 Eßl. Butter
1 Eßl. Olivenöl
etwa 2710 Joule/645 Kalorien
76 g Eiweiß · 33 g Fett
2 g Kohlenhydrate pro Person

Zubereitungszeit: etwa 1½ Stunden

Die Innereien entfernen. Das Huhn gründlich waschen, alle Lungen- und Blutreste entfernen. Das Huhn sehr gut trockenreiben. Salz und Pfeffer auf einem Teller mischen, das Huhn innen und außen damit bestreuen und in die Haut massieren.
• Den Backofen auf 200° vorheizen. • Die Zitrone heiß waschen und abtrocknen. Die Schale abreiben und beiseite stellen. Die Zitrone halbieren und eine Hälfte auspressen. Die andere Hälfte schälen und das Fruchtfleisch würfeln. Die Knoblauchzehen schälen und feinhacken. Den Salbei waschen, trockenschwenken, die Blättchen abstreifen und mit den Zitronenwürfeln und dem Knoblauch mischen. Das Huhn damit füllen. Die Öffnung des Huhns wie im nebenstehenden Rezept beschrieben verschließen. • Die Butter bei schwacher Hitze zerlassen und mit dem Olivenöl und der Zitronenschale mischen.
• Das Huhn rundherum mit der Hälfte der gewürzten Butter bestreichen und mit der Brust nach oben in einen Bräter legen. Den Bräter in den heißen Backofen auf die zweite Schiene von unten stellen. Das Huhn etwa 1 Stunde braten, dabei einmal wenden und mit der restlichen Butter bestreichen. Das Huhn dann auf den Rost legen, mit dem Zitronensaft beträufeln und weitere 15 Minuten braten. • Dazu paßt gemischter Salat.

Ente mit Beifuß

Durch Beifuß viel bekömmlicher

1 junge küchenfertige Ente von 1,5–2 kg · Salz · schwarzer Pfeffer, frisch gemahlen
5 Zweige Beifuß · ⅛ l heißes Wasser · ⅛ l Malzbier
2 Bund Frühlingszwiebeln
etwa 2960 Joule/705 Kalorien
59 g Eiweiß · 43 g Fett
4 g Kohlenhydrate pro Person

Zubereitungszeit: etwa 2 Stunden

Den Backofen auf 200° vorheizen. • Die Ente zum Braten vorbereiten: alle Härchen und Federreste, die vor allem unter den Flügeln und Keulen sitzen, mit einer Pinzette entfernen. Die Ente unter fließendem kaltem Wasser außen und innen abspülen, dabei auch eventuell vorhandene Lungen- und Blutreste aus der Bauchhöhle entfernen. Die Ente austropfen lassen und mit einem Küchentuch innen und außen trockenreiben. • Salz und Pfeffer auf einem Teller mischen. Die Ente damit innen und außen einreiben. • Den Beifuß kalt abspülen, trockenschwenken und in den Bauch der Ente geben.
• Die Ente mit der Brust nach unten in einen Bräter legen, in den heißen Backofen schieben und 35 Minuten braten. • Die Ente nun umdrehen, so daß sie mit den Keulen nach oben im Bräter liegt. Die Haut seitlich unterhalb der Keulen mit einer Nadel oder einem Zahnstocher mehrmals einstechen, damit die Fettschicht, die unter der Haut liegt, ausbraten und das flüssige Fett abtropfen kann. Achten Sie beim Einstechen darauf, daß Sie die Fleischfasern nicht verletzen: die Ente wird sonst trocken. Das heiße Wasser an den Seiten zugießen. • Die Ente weitere 35 Minuten braten. Während dieser Zeit muß das Fett, das sich in dem Bräter sammelt, etwa alle 10 Minuten abgeschöpft und die Ente selbst mit dem Bratensaft begossen werden. Auf diese Weise brät die Fettschicht fast vollkommen aus, und die Haut der Ente wird knusprig. • Die Wurzelansätze der Frühlingszwiebeln abschneiden. Die Zwiebeln unter fließendem kaltem Wasser sehr gründlich abspülen und trockenschwenken. Nur das welke Zwiebelgrün entfernen. Die Zwiebeln unzerteilt seitlich zu der Ente legen und mit etwas Salz und Pfeffer bestreuen. • Die Ente weitere 30 Minuten braten und alle 10 Minuten mit dem Malzbier bepinseln und mit dem Bratensaft begießen. Vergessen Sie auch nicht, das Fett so gut wie möglich abzuschöpfen. • Die Ente aus dem Bräter nehmen, auf einen Rost legen und wieder in den Ofen schieben. Den Bräter unter die Ente stellen, damit sich der abtropfende Saft darin sammelt. • Die Ente noch einmal 10 Minuten braten und dabei sehr häufig mit dem Malzbier bestreichen, damit die Haut schön braun und knusprig wird. • Die Frühlingszwiebeln aus dem Bräter nehmen, auf einer vorgewärmten Platte anrichten und im Ofen warm halten. Die Sauce nach Wunsch entfetten. Die Ente tranchieren und zu den Frühlingszwiebeln legen. Die Sauce gesondert dazu reichen. • Dazu passen Weizenkeimbrötchen und gemischter Salat. Selbstverständlich können Sie auch Kartoffelklöße zur Ente servieren. Etwas Frisches wie Salat oder Rohkost sollte jedoch in jedem Fall dabei sein.

<u>Mein Tip:</u> Beifußzweige erntet man im August, solange die Blüten noch geschlossen sind und wie kleine Kügelchen aussehen. Die Blätter und die Blütenknospen abzupfen und frisch verwenden oder die Zweige gebündelt zum Trocknen aufhängen. Beifuß macht fettes Fleisch leichter verdaulich; man reibt es vor dem Garen damit ein oder gibt die zerkleinerten Beifußblüten einfach in den Bratfond. Beißfuß sollten Sie grundsätzlich mitgaren, denn erst dann entfaltet er seine volle Würzkraft.

Geschmortes Huhn mit Gemüse

Jedes Gemüse der Saison ist dafür geeignet

1 Stange Lauch (Porree) von etwa 200 g · 1 Fenchelknolle von etwa 250 g · 3 Stangen Sellerie
200 g Möhren · 1 Petersilienwurzel · 1 Bund Petersilie
1 junges Huhn oder Hähnchen von etwa 1,6 kg · Salz
weißer Pfeffer, frisch gemahlen
2 EBl. Butter · ¼ l trockener Weißwein · 1 Lorbeerblatt
etwa 2435 Joule/580 Kalorien
62 g Eiweiß · 25 g Fett
13 g Kohlenhydrate pro Person

Zubereitungszeit: etwa 1¼ Stunden

Den Wurzelansatz und die welken grünen Blätter der Lauchstange abschneiden. Die gestutzten Blätter bis zum weißen Teil der Stange kreuzweise einschneiden. So können Sie die Blätter beim Waschen auseinanderbiegen und alle Schmutzreste, die dazwischen sitzen, abspülen. Den Lauch in etwa 2 cm breite Stücke schneiden. Die Fenchelknolle halbieren und den keilförmigen Strunk mit einem spitzen Messer heraustrennen. Die Fenchelknolle waschen, abtropfen lassen und quer zu den Fasern in etwa 1 cm dicke Scheiben schneiden. Die eventuell harten Fasern der Selleriestangen abziehen, die Stangen waschen und ebenfalls in etwa 1 cm breite Stücke teilen. Die Möhren und die Petersilienwurzel schälen, waschen und in Stifte oder Würfel schneiden. Die Petersilie waschen, trockenschwenken, die Stiele abschneiden und ganz fein zerkleinern. Die Blättchen beiseite legen; das geschmorte Huhn wird später damit bestreut. • Die Innereien aus der Bauchöffnung des Huhns nehmen und für ein anderes Gericht verwenden. Das Huhn innen und außen unter fließendem kaltem Wasser gründlich abspülen, dabei auch alle Lungen- und Blutreste entfernen. Das Huhn jetzt mit der Brust nach oben auf ein Holzbrett legen und mit einem großen schweren Messer in Ober- und Unterschenkel, Flügel und zwei Bruststücke teilen. Aus dem Rücken, der kaum Fleisch enthält, können Sie eine Brühe kochen. Die Geflügelteile rundherum mit Salz und weißem Pfeffer einreiben. • Die Butter in einem großen Topf erhitzen, aber nicht braun werden lassen. Die Ober- und Unterschenkel sowie die Flügel darin bei mittlerer Hitze rundherum in etwa 10 Minuten anbraten. Die Haut soll dabei schön bräunen. Die Bruststücke dazugeben und ebenfalls von allen Seiten 5 Minuten mitbraten. • Die Geflügelstücke herausnehmen, das Gemüse in den Schmortopf geben und unter ständigem Wenden so lange braten, bis es ganz vom Fett überzogen ist. Dabei bildet sich Feuchtigkeit, mit der Sie bereits einen Teil des Bratfonds ablösen können. • Den Wein dazugießen und den Bratfond unter Rühren vollkommen lösen. • Die Geflügelstücke wieder auf das Gemüse legen, das Lorbeerblatt dazugeben und den Schmortopf schließen. Das Huhn mit dem Gemüse bei schwacher Hitze etwa 30 Minuten schmoren. Machen Sie bitte die Garprobe, indem Sie je eine Keule und ein Bruststück mit einer Messerspitze anstechen: Wenn nur noch klarer Saft austritt, ist das Huhn gar. • Die Petersilienblättchen grobhacken. • Das geschmorte Huhn und das Gemüse auf einer vorgewärmten tiefen Platte anrichten, mit der Schmorflüssigkeit übergießen und mit der Petersilie bestreut servieren.
• Dazu passen Reis, Weizenkeimbrötchen oder Vollkornbaguette und Sprossensalat (Rezept Seite 26).

Mein Tip: Für dieses Gericht können Sie anstatt Huhn auch sehr gut Lammbeinscheiben verwenden. Das Fleisch wird ebenfalls auf beiden Seiten etwa 5 Minuten angebraten und dann mit etwas Knoblauch und der Schale und dem Saft von ¼ unbehandelten Zitrone auf dem Gemüse geschmort.

Huhn mit Aprikosen

Köstlich auch mit Backpflaumen

250 g getrocknete Aprikosen
¼ l trockener Weißwein
1 junges Huhn oder Hähnchen von etwa 1,3 kg · Salz
schwarzer Pfeffer, frisch gemahlen · 2 Zwiebeln
2 Knoblauchzehen · 1 Eßl. Öl
1 Zweig frischer Rosmarin
etwa 2600 Joule/620 Kalorien
52 g Eiweiß · 17 g Fett
49 g Kohlenhydrate pro Person

Zubereitungszeit: etwa 2 Stunden · Einweichzeit der Aprikosen: etwa 5 Stunden

Die Aprikosen sehr gut heiß waschen, abtropfen lassen und zugedeckt etwa 5 Stunden in dem Weißwein einweichen. • Das Huhn in 8 Stücke teilen, kalt abspülen und abtrocknen. Die Stücke rundherum mit Salz und Pfeffer einreiben. • Die Zwiebeln und die Knoblauchzehen schälen und feinhacken. • Den Backofen auf 200° vorheizen. • Das Öl in einem verschließbaren Bräter erhitzen. • Die Hühnchenteile portionsweise darin bei starker bis mittlerer Hitze anbraten, bis die Haut gebräunt ist. Die gebratenen Teile auf einen Teller legen. • Wenn alle Teile angebraten sind, das Fett bis auf einen dünnen Film abgießen. Die Zwiebeln und den Knoblauch hinzufügen und unter ständigem Rühren im Bratfett anschwitzen. • Die Aprikosen auf ein Sieb geben, abtropfen lassen und den Weißwein dabei auffangen. Den Wein in den Bräter gießen und den Bratfond damit unter Rühren loskochen. • Die Hühnchenstücke einschließlich dem Fleischsaft, der sich auf dem Teller gesammelt hat, wieder hinzufügen. • Den Rosmarin waschen, die Nadeln abstreifen und diese zu den Geflügelteilen legen. Das Huhn im geschlossenen Bräter etwa 30 Minuten im Ofen schmoren. • Die abgetropften Aprikosen hinzufügen und alles weitere 20—25 Minuten im offenen Bräter schmoren, damit die Geflügelteile schön bräunen können. • Dazu paßt Naturreis.

Exotisches Huhn

Durch die Sauce besonders würzig

1 junges Huhn oder Hähnchen von etwa 1,2 kg · Salz
1 Zwiebel · 5 Knoblauchzehen
2 Tomaten · 3 Eßl. Öl
4 Eßl. Wasser · 5 Eßl. Sojasauce
1 Eßl. Honig · 2 Eßl. Zitronensaft
Cayennepfeffer
etwa 1910 Joule/455 Kalorien
48 g Eiweiß · 20 g Fett
14 g Kohlenhydrate pro Person

Zubereitungszeit: etwa 2 Stunden

Den Backofen auf 180° vorheizen. • Das Huhn in die beiden Ober- und Unterschenkel, die Flügel und die Bruststücke teilen, diese kalt abspülen, trockentupfen und mit Salz einreiben. • Die Zwiebel und die Knoblauchzehen schälen und feinhacken. Die Tomaten mit kochendem Wasser übergießen, kurz darin ziehen lassen, kalt abschrecken, häuten und vierteln. Die Stielansätze und die Kerne entfernen. • Das Öl in einem verschließbaren Schmortopf erhitzen. • Die Geflügelstücke darin portionsweise rundherum bei starker bis mittlerer Hitze anbraten, jeweils wieder herausnehmen und auf einen Teller legen. Wenn alle Geflügelstücke angebraten sind, das Fett bis auf einen dünnen Film abgießen. • Die Zwiebel und den Knoblauch im Bratfett bei mittlerer Hitze anschwitzen. Das Wasser dazugießen und den Bratfond damit lösen. • Die Hühnchenstücke nebeneinander wieder in den Bräter legen. Die Tomaten hinzufügen. Den Bräter schließen und in den heißen Backofen schieben. Das Huhn etwa 45 Minuten garen. • Die Sojasauce, den Honig und den Zitronensaft unter Rühren erwärmen, bis der Honig flüssig ist. Die Mischung mit Cayennepfeffer würzen und über das Huhn gießen. Das Hühnchen weitere 30 Minuten schmoren, dabei häufig wenden und mit der Sauce beschöpfen.
• Dazu paßt Naturreis.

Huhn nach China-Art

Ein Schnellgericht für Feinschmecker

2 doppelte Hühnerbrüstchen
je 2 Eßl. trockener Sherry und Sojasauce
1 Knoblauchzehe · 3 Stangen Sellerie · 200 g Champignons
1–2 Bund Basilikum · 1 Eßl. Öl
3 Eßl. Walnüsse, frisch gehackt
Gomasio zum Würzen
etwa 1010 Joule/240 Kalorien
24 g Eiweiß · 10 g Fett
8 g Kohlenhydrate pro Person

Zubereitungszeit: etwa 30 Minuten

Die Hühnerbrüstchen häuten und entbeinen. Das Fleisch quer zur Faser in dünne Streifen schneiden. • Das Hühnerfleisch mit dem Sherry und der Sojasauce übergießen, etwa 15 Minuten ziehen lassen und dabei einige Male wenden. • Die Knoblauchzehe schälen und feinhacken. Die Selleriestangen gründlich waschen und abtrocknen. Die harten Fasern abziehen und den Sellerie quer in dünne Scheiben schneiden. Die Champignons putzen, gegebenenfalls kurz unter fließendem kaltem Wasser waschen, und blättrig schneiden. Das Basilikum waschen, die Blättchen von den Stielen zupfen, trockentupfen und in Streifen schneiden. • Das Hühnerfleisch aus der Marinade nehmen, abtropfen lassen und trockentupfen. • Das Öl erhitzen und den Knoblauch darin bei mittlerer Hitze glasig braten. Die Fleischstreifen dazugeben und unter ständigem Rühren etwa 2 Minuten braten. Das Fleisch herausnehmen und beiseite stellen.
• Den Sellerie und die Pilze ins Bratfett geben und unter Rühren etwa 2 Minuten braten. Die Sherry-Marinade dazugießen und das Gemüse bei schwacher Hitze weitere 4 Minuten garen. • Das Hühnerfleisch wieder dazugeben und unter ständigem Wenden nur erhitzen. • Das Basilikum und die Walnüsse untermischen. • Das Gericht mit Gomasio bestreuen und sofort servieren. • Dazu schmeckt Naturreis.

Auberginen mit Sojamilch und feurig-scharfen, wundervoll aromatischen Gewürzen der indischen Küche ist nur eines der vielen Gerichte in diesem Kapitel. Lassen Sie sich verführen von den köstlichen Schlemmereien mit Gemüse und Getreide, Hülsenfrüchten und Tofu. Auch Nicht-Vegetarier werden sich begeistern für Grünkernpflänzchen, die so saftig wie Frikadellen schmecken, für die deftigen, kräuterwürzigen Käsespätzle oder grünen Spargel mit der eleganten Sauce Béarnaise. Vollkornnudeln mit geröstetem Sesam, Weizen, geschmort mit frischem Gemüse, und Tofuklößchen in Kapernsauce stimmen dann so richtig auf die anspruchsvollen Genüsse der gesunden Küche ein. Und wer wissen will, wie raffiniert sich Hülsenfrüchte zubereiten lassen, probiert schwarze Bohnen mit sonnengereiften Tomaten und knusprigen Knoblauch-Croûtons oder Linsen in sahniger Schnittlauchsauce. Doch auch so Ungewöhnliches wie Bulgur und überbackenen Buchweizen, Curry aus Cashew-Nüssen und süßsaures Gemüse lernen Sie kennen und gewiß auch schätzen als besondere kulinarische Genüsse.

Vegetarische Hauptgerichte und Beilagen

Kohlrouladen mit Buchweizen

Reich an pflanzlichem Eiweiß

Zutaten für 6 Personen:
4 Eßl. Öl · 100 g Buchweizen
½ l Gemüsebrühe
Salz · 1 Weißkohl von etwa 1 kg
600 g Tomaten · 1 Zwiebel
je 1 Bund Schnittlauch und
Petersilie · 150 g Tofu
1 Eßl. Sojasauce
1 Eßl. getrockneter Oregano
1 Ei · schwarzer Pfeffer,
frisch gemahlen
½–1 Becher Crème fraîche
etwa 1200 Joule/285 Kalorien
10 g Eiweiß · 17 g Fett
24 g Kohlenhydrate pro Person

Zubereitungszeit: etwa
2 Stunden

Vom Öl 1 Eßlöffel erhitzen und den Buchweizen darin unter Rühren anrösten. Etwa ein Drittel der Gemüsebrühe dazugießen, den Buchweizen einmal aufkochen und fest zugedeckt bei schwacher Hitze 15 Minuten köcheln, dann weitere 15 Minuten auf der abgeschalteten Kochplatte zugedeckt quellen lassen.
• Inzwischen reichlich Salzwasser zum Blanchieren des Weißkohls zum Kochen bringen.
• Den Weißkohl putzen, die welken äußeren Blätter entfernen und den Strunk so gut wie möglich herausschneiden.
• Den Weißkohl in das sprudelnd kochende Wasser legen und 5–6 Minuten kochen lassen, bis die äußeren Blätter so weich sind, daß man sie ablösen und leicht aufrollen kann. Den Weißkohl herausnehmen und 12 Blätter ablösen.
• Den Weißkohlkopf wieder in das kochende Wasser geben und weitere 5 Minuten garen.
• Die dicken Rippen der abgelösten Kohlblätter flachschneiden. Die 6 größeren Blätter nebeneinander auf der Arbeitsfläche ausbreiten und die restlichen Kohlblätter darauflegen. Wenn Sie die Umhüllung lieber dünner mögen, können Sie alle 12 Blätter auch einzeln füllen.
• Die Tomaten mit kochendem Wasser übergießen, kurz darin ziehen lassen, abschrecken, häuten und kleinwürfeln. Dabei die Stielansätze und die Kerne entfernen.
• Den Weißkohlkopf aus dem Wasser nehmen, abtropfen lassen, halbieren und den Strunk herausschneiden. Den Kohl zuerst in Streifen schneiden und dann fein zerkleinern.
• Die Zwiebel schälen und feinhacken.
• Den Schnittlauch und die Petersilie waschen und trockenschwenken. Den Schnittlauch feinschneiden. Die Petersilienblättchen abzupfen und die Hälfte davon für die Füllung der Kohlrouladen feinhacken. Die restlichen Blättchen beiseite legen.
• Den Tofu abtropfen lassen, mit einer Gabel fein zerdrücken und mit der Sojasauce mischen.
• Den Buchweizen mit dem zerkleinerten Weißkohl, etwa einem Drittel der gewürfelten Tomaten, der Zwiebel, dem Schnittlauch, der Petersilie, dem zerdrückten Tofu, dem Oregano und dem Ei mischen. Die Masse mit Salz und Pfeffer pikant abschmecken.
• Die Buchweizenfüllung auf den Kohlblättern verteilen, die Blätter an den Seiten einschlagen, wie Rouladen aufrollen und mit Küchengarn umbinden.
• Das restliche Öl erhitzen und die Kohlrouladen darin bei mittlerer Hitze rundherum anbraten.
• Die restliche Gemüsebrühe und die Tomaten dazugeben. Die Kohlrouladen zugedeckt bei schwacher Hitze etwa 30 Minuten schmoren.
• Die Rouladen auf einer vorgewärmten tiefen Platte anrichten und warm halten.
• Die Crème fraîche in die Schmorflüssigkeit rühren und die Sauce bei starker Hitze cremig einkochen lassen.
• Die restlichen Petersilienblättchen feinhacken, die Kohlrouladen damit bestreuen, mit der Sauce umgießen und sofort servieren.
• Dazu passen Pellkartoffeln.

Gefüllte Weinblätter

Zwischengericht oder leichte Hauptmahlzeit

100 g Naturlangkornreis
etwa 0,35 l Gemüsebrühe
20–25 Weinblätter, in Salzlake eingelegt · 3 Bund Dill
30 g Sonnenblumenkerne
weißer Pfeffer, frisch gemahlen
eventuell Salz
1 Becher Crème fraîche (200 g)
¼ l Sahne · ½ Zitrone
etwa 2230 Joule/530 Kalorien
7 g Eiweiß · 45 g Fett
24 g Kohlenhydrate pro Person

Zubereitungszeit: etwa 1 Stunde

Den Reis mit der Gemüsebrühe zum Kochen bringen und zugedeckt bei schwächster Hitze in etwa 40 Minuten ausquellen und weich werden lassen. • Inzwischen die Weinblätter kalt abspülen, um das überschüssige Salz zu entfernen. (In Öl eingelegte Weinblätter eignen sich für dieses Gericht nicht so gut.) Die Weinblätter gut abtropfen lassen. • Den Dill waschen, trockenschwenken und feinhacken. • Den Reis mit der Hälfte des Dills und den Sonnenblumenkernen mischen, mit Pfeffer und eventuell Salz würzen. • Die Weinblätter auf der Arbeitsfläche ausbreiten und jedes mit etwa 1 gehäuften Teelöffel der Reisfüllung belegen. Die Blätter an den Seiten umschlagen und vorsichtig zu kleinen Päckchen aufrollen. Dazu brauchen Sie Fingerspitzengefühl, denn die Blätter reißen leicht. Solche Blätter hacken Sie fein und geben sie in die Sauce. • Die Crème fraîche mit der Sahne bei starker bis mittlerer Hitze unter Rühren auf etwa ein Drittel einkochen lassen. • Die gefüllten Weinblätter darin bei mittlerer bis schwacher Hitze nur heiß werden lassen. • Den restlichen Dill und gegebenenfalls die gehackten Weinblätter in die Sauce geben. • Die Zitrone auspressen und die Sauce mit dem Saft abschmecken. Die Weinblätter anrichten und mit der Sauce umgießen. • Dazu passen Weizenkeimbrötchen und Salat.

Auberginen in Sojamilch

Reich an leichtverdaulichem, pflanzlichem Eiweiß

400 g Auberginen · Salz
300 g vollreife Tomaten
1 grüne Pfefferschote
1 große Zwiebel · 2 Knoblauchzehen · 1 Stück frische Ingwerwurzel · ⅛ l Sonnenblumenöl · 1 Eßl. Zitronensaft
½ Teel. Gelbwurz (Kurkuma)
1 Teel. Senfkörner
100 ml Sojamilch · 1 Prise Zucker
etwa 1510 Joule/360 Kalorien
4 g Eiweiß · 29 g Fett
13 g Kohlenhydrate pro Person

Zubereitungszeit: etwa 45 Minuten

Die Auberginen waschen, abtrocknen, von Stiel- und Blütenansätzen befreien und längs in etwa 1 cm dicke Scheiben schneiden. Diese mit Salz bestreuen und ziehen lassen. • Die Tomaten mit kochendem Wasser übergießen, kurz darin ziehen lassen, kalt abschrecken und häuten. Die Tomaten vom Blütenansatz her in etwa 1½ cm dicke Scheiben schneiden. Dabei die Stielansätze und auch die Kerne so gut wie möglich entfernen. • Die Pfefferschote vom Stiel befreien, halbieren und die weißen Häutchen sowie alle Kerne entfernen. Die Schotenhälften unter fließendes kaltes Wasser halten, um auch die restlichen, brennendscharfen Kerne abzuspülen, dann gut trockentupfen und in millimeterdünne Streifen schneiden. • Die Zwiebel und die Knoblauchzehen schälen und feinhacken. Die Ingwerwurzel putzen und schälen, waschen, abtupfen und in dünne Scheibchen schneiden. • Die Feuchtigkeit, die sich durch das Einsalzen auf den Auberginen gebildet hat, gut abtupfen, damit das Öl beim Braten nicht zu sehr spritzt. • Etwa 2 Eßlöffel Öl in einer Pfanne erhitzen. • Die Auberginenscheiben darin portionsweise bei starker bis mittlerer Hitze auf beiden Seiten braun anbraten. Dabei vom Rand der Pfanne immer wieder etwas Öl nachgießen, damit es sich erhitzt, bevor es mit den Auberginen in Berührung kommt. • Die gebratenen Auberginen jeweils aus der Pfanne nehmen und auf einer dicken Lage Küchenpapier abfetten lassen. • Wenn alle Auberginen angebraten sind, die Pfanne kurz von der Kochplatte ziehen; sie soll jetzt nicht mehr so heiß sein, denn der Knoblauch würde sonst verbrennen und bitter schmecken. Das restliche Öl in die Pfanne geben. Die Pfefferschote, die Zwiebel, den Knoblauch und die Ingwerwurzel darin unter Rühren bei schwacher bis mittlerer Hitze anbraten, bis die Zwiebel und der Knoblauch glasig sind. • Die Auberginen- und die Tomatenscheiben lagenweise in die Pfanne schichten. • Das Gemüse mit dem Zitronensaft beträufeln und mit etwas Salz, der Gelbwurz und den Senfkörnern bestreuen. • Die Sojamilch am Rand der Pfanne angießen und das Gemüse zugedeckt bei schwacher Hitze etwa 10 Minuten garen. Das Gemüse mit dem Zucker abschmecken und sofort anrichten. • Dazu paßt Naturreis oder Fladenbrot (Rezept Seite 19). Sie können die Auberginen als vegetarisches Hauptgericht oder auch als Bestandteil einer Indonesischen Reistafel reichen.

Mein Tip: Sojamilch wird aus gelben Sojabohnen hergestellt. Sie ist ein rein pflanzliches Produkt und reich an wertvollem Eiweiß. Unter der Bezeichnung »Sojadrink« ist sie im Reformhaus oder Naturkostladen erhältlich.

Herzhafte Gemüsegerichte

In der vegetarischen Küche sehr beliebt

Gemüse süßsauer
im Bild links

je 200 g Broccoli, Blumenkohl
grüne Bohnen und Möhren
1 säuerlicher Apfel · 1 Orange
1 große feste Banane · 1 Zwiebel
1 Knoblauchzehe · 2 EBl. Öl
¼ l Gemüsebrühe · 1 Bund
Petersilie · weißer Pfeffer, frisch
gemahlen · 1–2 EBl. Apfelessig
Gomasio zum Bestreuen
etwa 840 Joule/200 Kalorien
6 g Eiweiß · 6 g Fett
26 g Kohlenhydrate pro Person

Zubereitungszeit: etwa 1 Stunde

Alle Gemüse putzen und waschen. Die Broccoli und den Blumenkohl in Röschen teilen, die Bohnen von den Stiel- und Blütenansätzen befreien, die Möhren schälen und in Stifte schneiden. • Den Apfel vierteln, vom Kerngehäuse befreien, schälen und in Schnitze teilen. Die Orange schälen und die weißen Häutchen entfernen. Die Orange ebenfalls in Schnitze teilen. Die Banane schälen und in etwa 1 cm lange Stücke schneiden. Die Zwiebel und die Knoblauchzehe schälen und feinhakken. • Das Öl erhitzen. Die Zwiebel und den Knoblauch darin bei mittlerer Hitze glasig braten. Die Gemüse dazugeben und so lange unter ständigem Wenden anbraten, bis sie ganz vom Öl überzogen sind. Die Gemüsebrühe dazugießen und zum Kochen bringen. • Die Temperatur zurückschalten und das Gemüse zugedeckt bei schwacher Hitze etwa 5 Minuten köcheln lassen. • Das Obst untermischen und alles weitere 5–7 Minuten bei schwacher Hitze garen. • Inzwischen die Petersilie waschen, die Blättchen abzupfen, trockentupfen und grobhacken. Das süßsaure Gemüse mit Pfeffer und dem Apfelessig abschmecken. Einen Teil der Petersilie daruntermischen. Das Gemüse mit der restlichen Petersilie bestreut anrichten. • Das Gomasio gesondert dazu reichen. • Dazu paßt Naturreis.

Gemüse mit Sojasauce und Sesam
im Bild rechts

750 g Gemüse (Möhren, Kohlrabi,
Fenchel, Stangensellerie und
Frühlingszwiebeln gemischt)
1 Stück frische Ingwerwurzel,
etwa 2 cm lang · 1 Knoblauchzehe
200 g gekeimte Mungobohnen
2 EBl. Sonnenblumenöl
0,1 l Gemüsebrühe
1 EBl. trockener Sherry
3 EBl. Sojasauce · Sambal oelek
4 EBl. ungeschälte Sesamkörner
etwa 750 Joule/180 Kalorien
7 g Eiweiß · 8 g Fett
15 g Kohlenhydrate pro Person

Zubereitungszeit: etwa 30 Minuten

Die Gemüse schälen oder putzen und waschen. Die Möhren und die Kohlrabi in Stifte schneiden. Den Fenchel halbieren, vom keilförmigen Strunk befreien und quer zu den Fasern in dünne Scheiben schneiden. Die Sellerieblättchen abzupfen und beiseite legen. Den Stangensellerie und die Frühlingszwiebeln in etwa 1 cm lange Stücke teilen, dabei zwei Drittel des Zwiebelgrüns mitverwenden. • Die Ingwerwurzel und die Knoblauchzehe schälen. Den Ingwer in dünne Scheibchen schneiden, den Knoblauch feinhacken. • Die Mungobohnen auf ein Sieb geben und kalt abspülen. • Das Öl erhitzen. Den Ingwer und den Knoblauch darin bei mittlerer Hitze anbraten, bis der Knoblauch glasig ist. • Die Gemüse dazugeben und unter ständigem Wenden so lange braten, bis sie vom Öl überzogen sind. • Die Gemüsebrühe, den Sherry und die Sojasauce dazugießen und alles einmal aufkochen. Die Temperatur zurückschalten und die Gemüse zugedeckt bei schwacher Hitze 3–4 Minuten garen. Die Gemüse mit Sambal oelek nach Geschmack und den Sesamkörnern mischen, mit den Sellerieblättchen bestreut sofort servieren. • Dazu paßt Vollkornbrot.

Getrocknete Wintergemüse

Richtig zubereitet, schmeckt getrocknetes Gemüse so gut wie frisches

| 100 g getrocknete Gemüse (Möhren und/oder Lauch) |
| 1 Zwiebel oder 2 Schalotten |
| 1 Eßl. Butter · Kräutersalz |
| weißer Pfeffer, frisch gemahlen |
| knapp 1 Becher Sahne (200 g) |
| 1 Bund Petersilie, Dill oder |
| 1 Handvoll Kerbel |
| etwa 945 Joule/225 Kalorien |
| 2 g Eiweiß · 20 g Fett |
| 10 g Kohlenhydrate pro Person |

Zubereitungszeit: etwa 20 Minuten · Einweichzeit: 4 Stunden

Die Gemüse in eine Schüssel geben, mit lauwarmem Wasser bedecken und 4 Stunden einweichen. • Die eingeweichten Gemüse (sie wiegen jetzt etwa 300 g) abgießen und sehr gut abtropfen lassen. Das Einweichwasser können Sie für eine Suppe verwenden. Allerdings schmeckt es – vor allem von Möhren – sehr süß, so daß Sie die Suppe pikant würzen sollten. • Die Zwiebel oder die Schalotten schälen und feinhacken. • Die Butter zerlassen, aber nicht bräunen. Die Zwiebel oder die Schalotten darin unter Rühren glasig braten. • Die Gemüse dazugeben und so lange mitbraten, bis sie vom Fett überzogen sind. Alles mit Kräutersalz und Pfeffer würzen. • Die Sahne angießen, die Gemüse einmal aufkochen und dann bei schwacher Hitze 10—15 Minuten zugedeckt garen. • Inzwischen die Kräuter waschen, trockenschwenken, feinhacken und zum Gemüse geben. Wenn Sie Petersilie verwenden, wird sie einige Minuten vor Ende der Garzeit unter die Gemüse gemischt. Kerbel und Dill streuen Sie erst am Schluß darüber, denn diese verlieren beim Garen einen Teil ihres Aromas. • Paßt zu kurz gebratenem Fleisch. Mit Reis und Salat sind die Gemüse ein vegetarisches Hauptgericht. In diesem Fall sollten Sie jedoch etwas mehr Sahne nehmen.

Gemüsefrikadellen mit Tofu

Reich an pflanzlichem Eiweiß und Ballaststoffen

Gemüseomelette

Als Vorspeise oder Hauptgericht geeignet

1 Sellerieknolle von etwa 350 g
200 g Möhren · 200 g Lauch
(Porree) · 1 Zwiebel
2 Knoblauchzehen · 1 Bund
Petersilie · 100 g Tofu · 2 Eier
5 Eßl. Vollkorn- oder
Schwarzbrot, feingerieben
Salz · weißer Pfeffer, frisch
gemahlen · etwa 6 Eßl. Öl zum
Braten
etwa 1240 Joule/295 Kalorien
8 g Eiweiß · 20 g Fett
16 g Kohlenhydrate pro Person

Zubereitungszeit: etwa
40 Minuten

Den Sellerie und die Möhren schälen und unter fließendem Wasser waschen. Beide Gemüse abtrocknen und auf der Gemüsereibe feinraffeln. Den Lauch putzen, die ganze Stange längs kreuzweise durchschneiden und waschen. Den Lauch quer in dünne Scheibchen teilen und dabei etwa zwei Drittel des Lauchgrüns mitverwenden. Das zerkleinerte Gemüse in ein Küchentuch geben und sehr gut auspressen. Die Zwiebel und die Knoblauchzehen schälen und feinhacken. Die Petersilie waschen, die Blättchen abzupfen, trockentupfen und ebenfalls feinhacken. Den Tofu abtropfen lassen und würfeln oder zerdrücken. • Alle diese Zutaten in eine Schüssel geben und mit den Eiern und dem geriebenen Brot zu einem festen, aber geschmeidigen Teig mischen, der sich gut formen läßt. Den Gemüseteig mit Salz und Pfeffer abschmecken und zugedeckt 10 Minuten ruhen lassen. • Aus dem Teig mit angefeuchteten Händen Frikadellen formen. • Etwa die Hälfte des Öls in einer Pfanne stark erhitzen. Die Gemüsefrikadellen darin bei starker bis mittlerer Hitze etwa 10 Minuten braten und dabei einmal wenden. Zwischendurch vom Rand der Pfanne her Öl dazugießen. Dazu schmeckt gemischter Salat mit Sonnenblumenkernen.

Zutaten für 2–4 Personen:
200 g Zucchini · Salz
1 Knoblauchzehe
2 Zweige frischer Thymian oder
5 frische Salbeiblättchen
250 g Kartoffeln · 4 Eier
1 Eßl. Weizenvollkornmehl
75 g Parmesan, frisch gerieben
weißer Pfeffer, frisch gemahlen
1 Eßl. Öl · 2 Eßl. Butter
etwa 2395 Joule/570 Kalorien
29 g Eiweiß · 37 g Fett
29 g Kohlenhydrate
pro Person bei 2 Portionen

Zubereitungszeit: etwa
60 Minuten

Die Zucchini waschen, abtrocknen, von den Stiel- und Blütenansätzen befreien und auf der Rohkostreibe raspeln. Die Zucchiniraspel in eine Schüssel geben und mit Salz bestreuen, damit die überschüssige Flüssigkeit austritt. Die Zucchini etwa 30 Minuten ziehen lassen. • Die Knoblauchzehe schälen und feinhacken. Die Thymianzweige kalt abspülen, die Blättchen abstreifen und trockentupfen. Wenn Sie Salbei verwenden, werden die Blätter ebenfalls gewaschen, trockengetupft und in feine Streifen geschnitten. • Die Kartoffeln schälen, waschen und reiben. Die geriebenen Kartoffeln und die Zucchiniraspel in ein Küchentuch geben und gut ausdrücken. • Die Eier mit einer Gabel verquirlen. • Die Zucchini, die Kartoffeln, den Knoblauch, die Kräuter, das Mehl und den Käse unter die verquirlten Eier mischen und alles mit Salz und weißem Pfeffer würzen. • Das Öl und die Butter auf zwei schwere Pfannen verteilen und erhitzen. • Die Omelettemasse in die Pfannen geben und zugedeckt bei schwacher bis mittlerer Hitze in etwa 10 Minuten stocken lassen. Die Omelettes auf den Unterseiten bräunen lassen, dann wenden und auf der zweiten Seite noch einmal etwa 5 Minuten backen.

Tomaten, gefüllt mit Weizen

Reich an Ballaststoffen und pflanzlichem Eiweiß

200 g Weizenkörner · 0,35 l Wasser · 8 große, feste Tomaten (etwa 2 kg) · 1 Zwiebel 3 Knoblauchzehen · 1 Bund Petersilie · 2 Zweige frischer Thymian · ½ Eßl. Butter Salz · schwarzer Pfeffer, frisch gemahlen · 200 g Käse (Emmentaler oder Greyerzer) 1 Prise Zucker
150 g Mozzarella
etwa 2560 Joule/610 Kalorien
34 g Eiweiß · 30 g Fett
50 g Kohlenhydrate pro Person

Zubereitungszeit: etwa 1½ Stunden · Quellzeit: 1 Stunde

Die Weizenkörner mit dem Wasser zum Kochen bringen und zugedeckt bei schwacher Hitze 1 Stunde garen. Den Weizen vom Herd nehmen und im geschlossenen Topf 1 weitere Stunde ausquellen lassen. • Inzwischen die Tomaten waschen und abtrocknen. Von jeder Tomate oben einen Deckel abschneiden und die Stielansätze mit einem spitzen Messer heraustrennen. Die Tomaten mit einem Teelöffel aushöhlen. Die Kerne so gut wie möglich entfernen. Das ausgehöhlte Fruchtfleisch sowie die Deckel der Tomaten kleinwürfeln und in ein mit einem Mulltuch ausgekleidetes Sieb geben, damit der Saft ablaufen kann, er macht die Weizenfüllung flüssig. • Die Zwiebel und Knoblauchzehen schälen und feinhacken. • Die Petersilie und den Thymian kalt abspülen. Die Petersilienblättchen abzupfen, sehr gut trockentupfen, fein zerkleinern und für die Füllung beiseite stellen. Die Thymianblättchen ebenfalls von den Stielen streifen und trockentupfen. • Den Backofen auf 220° vorheizen. • Die gequollenen Weizenkörner abtropfen lassen. • Die Butter bei mittlerer Hitze zerlassen. Sie soll leicht aufschäumen, aber nicht braun werden. • Zuerst die Zwiebel, dann den Knoblauch unter Rühren in der Butter glasig braten. Den Thymian dazugeben und kurz mitbraten, denn im heißen Fett entfaltet er sein Aroma am besten. • Die Weizenkörner dazugeben und ebenfalls unter Rühren mitschmoren. • Die Hälfte des gewürfelten Tomatenfleisches hinzufügen und alles bei starker Hitze so lange schmoren, bis die Flüssigkeit vollkommen verdampft ist. Den Topf vom Herd ziehen und den geschmorten Weizen mit Salz und Pfeffer würzen. Die Masse etwas abkühlen lassen. • Inzwischen den Käse feinwürfeln. • Die Käsewürfel und die zerkleinerte Petersilie unter den geschmorten Weizen mischen. • Die ausgehöhlten Tomaten innen leicht salzen und mit der Weizenmischung füllen. • Das restliche Tomatenfleisch ebenfalls mit Salz, Pfeffer und dem Zucker würzen und in eine feuerfeste Form geben, die so groß sein muß, daß die gefüllten Tomaten nebeneinander darin Platz haben. Die gefüllten Tomaten darauf setzen. • Den Mozzarella abtropfen lassen und in dünne Scheiben schneiden. Die Mozzarellascheiben auf den Tomaten verteilen. • Die Form in den heißen Backofen auf die zweite Schiene von unten stellen und die gefüllten Tomaten etwa 15–20 Minuten überbacken. Der Mozzarella soll dann zerlaufen und leicht gebräunt sein. • Dazu passen frischen Roggen- oder Weizenschrotbrötchen.

<u>Mein Tip:</u> Die Vorbereitung von ganzen Weizenkörnern ist ziemlich zeitraubend. Notfalls können Sie den Weizen auch im Schnellkochtopf garen. Wenn Sie oft und gerne geschmorten Weizen essen, sollten Sie immer gleich die doppelte Menge kochen und ausquellen lassen. Gegarter Weizen hält sich – fest verschlossen – im Kühlschrank etwa eine Woche.

Gefüllte Zwiebeln

Mit einer Farce aus Kartoffeln, Käse und Kräutern

300 g mehligkochende Kartoffeln · 1 l Gemüsebrühe, frisch gekocht oder Instant
8–10 möglichst gleich große Zwiebeln · 1 Knoblauchzehe
150 g Hartkäse (Emmentaler, Greyerzer oder mittelalter Gouda) · je ¼ Bund Petersilie, Dill und Schnittlauch · 1 Handvoll Kerbel · 1 Zweig frischer Thymian
einige frische Majoranblättchen
Salz · weißer Pfeffer, frisch gemahlen · Muskatnuß, frisch gerieben · 30 g Butter
etwa 1430 Joule/340 Kalorien
14 g Eiweiß · 18 g Fett
29 g Kohlenhydrate pro Person

Zubereitungszeit: etwa 1½ Stunden

Die Kartoffeln gründlich waschen, in einen Topf geben und mit wenig Wasser in der Schale sehr weich kochen. Das dauert je nach Größe der Kartoffeln 30–40 Minuten. • Die Gemüsebrühe zum Kochen bringen. • Vom Wurzelansatz der Zwiebeln nur soviel abschneiden, daß die Zwiebelhäute noch zusammenhalten. Die Zwiebeln schälen und in die sprudelnd kochende Gemüsebrühe geben, einmal aufkochen lassen, die Temperatur dann zurückschalten und die Zwiebeln bei schwacher Hitze in etwa 12–15 Minuten so weich kochen, daß man sie aushöhlen kann. • Die Zwiebeln mit einem Schaumlöffel aus der Brühe nehmen, abtropfen und abkühlen lassen. • Die Brühe für ein anderes Gericht, beispielsweise für eine Suppe verwenden. • Das obere Viertel jeder Zwiebel vorsichtig glatt abschneiden. Die Zwiebeln dann aushöhlen, indem Sie das Innere mit sanftem Druck herausquetschen. Die letzten zwei oder drei Außenschichten der Zwiebeln dürfen nicht verletzt werden, damit Sie die Zwiebeln noch gut füllen können. Das Zwiebelinnere und die »Deckel« fein zerkleinern. • Die Kartoffeln abgießen, etwas ausdämpfen lassen und schälen. Die Kartoffeln durch die Presse drücken. • Den Backofen auf 220° vorheizen. • Für die Füllung das zerkleinerte Zwiebelfleisch mit dem Kartoffelbrei mischen. • Die Knoblauchzehe schälen und feinhacken. Den Käse reiben. Die Kräuter waschen und trockentupfen. Die Petersilie und den Dill feinhakken. Den Schnittlauch feinschneiden. Den Kerbel verlesen und fein zerkleinern. Die Thymianblättchen nur von den Stielen streifen und den Majoran ebenfalls feinhacken. • Den Knoblauch, den Käse und die Kräuter unter die Zwiebel-Kartoffel-Masse mischen; mit Salz, Pfeffer und Muskatnuß abschmecken. • Eine flache feuerfeste Form, die so groß sein muß, daß die Zwiebeln nebeneinander darin Platz haben, mit etwas Butter ausfetten. • Die Zwiebeln innen mit wenig Salz und mit Pfeffer ausstreuen und in die Form setzen. • Die Füllung in die Zwiebeln geben. • Die restliche Butter in Flöckchen teilen und die Zwiebeln damit belegen. • Die Form in den Backofen auf die zweite Schiene von unten stellen und die Zwiebeln 20 Minuten backen. Die Temperatur auf 180° zurückschalten und die Zwiebeln noch weitere 15 Minuten backen. • Dazu paßt Bohnensalat mit Tomaten-Vinaigrette (Rezept Seite 23) oder ein anderer frischer Salat mit Kräutern.

Mein Tip: Am besten schmecken die spanischen Gemüsezwiebeln, wovon Sie für dieses Gericht aber nur 4 benötigen. Je nach Größe der Zwiebeln bleibt eventuell etwas Füllung übrig. Diesen Rest können Sie entweder auf dem Boden der Form glattstreichen und die Zwiebeln daraufsetzen. Oder Sie formen kleine Frikadellen daraus, die Sie in Öl auf beiden Seiten braten und zu den Zwiebeln reichen.

Zucchinigemüse

Mit Reis ein vegetarisches Hauptgericht

Kohlrabi mit Walnüssen

Eine köstliche Gemüsemahlzeit

| 500 g kleine, junge Zucchini |
| 300 g Kartoffeln · 1 Zwiebel |
| 2 Knoblauchzehen · 3 Eßl. Öl |
| 3 Eßl. Gemüsebrühe (Instant) |
| ½ Zitrone · 2 Möhren |
| 1 Prise Zucker · Salz |
| schwarzer Pfeffer, frisch gemahlen · 1 Eßl. Petersilie, frisch gehackt |
| etwa 755 Joule/180 Kalorien |
| 4 g Eiweiß · 7 g Fett |
| 22 g Kohlenhydrate pro Person |

Zubereitungszeit: etwa 40 Minuten

Die Zucchini sehr gut waschen und abtrocknen. Die Stiel- und Blütenansätze entfernen, und die Zucchini ungeschält zuerst längs in dicke Scheiben, dann in große Würfel schneiden. Die Kartoffeln schälen, waschen, abtrocknen und kleinwürfeln, da sie länger zum Garen brauchen als die Zucchini. Die Zwiebel und die Knoblauchzehen schälen und feinhacken. • 2 Eßlöffel Öl erhitzen. Die Kartoffelwürfel darin bei mittlerer Hitze unter ständigem Wenden etwa 5 Minuten braten. Die Zwiebel und den Knoblauch dazugeben und glasig braten. Die Zucchiniwürfel hinzufügen und mitbraten, bis sie rundherum leicht gebräunt sind. Die Gemüsebrühe dazugießen, die Temperatur zurückschalten und das Gemüse zugedeckt bei schwacher Hitze 5–7 Minuten garen. • Inzwischen die Zitrone auspressen. • Die Möhren schaben, unter fließendem kaltem Wasser abspülen, abtrocknen und auf der Gemüsereibe grobraspeln, sofort mit dem Zitronensaft beträufeln und mit dem Zucker, Salz und Pfeffer würzen. Das restliche Öl untermischen. • Das Zucchinigemüse ebenfalls mit Salz und schwarzem Pfeffer würzen. Die Möhrenraspel untermischen. Das Gemüse mit der Petersilie bestreut sofort servieren. • Dazu schmecken Lammkoteletts oder nur Reis, wenn Sie es lieber vegetarisch mögen.

| 750 g junge zarte Kohlrabi |
| 2 Schalotten · 1 Eßl. Öl |
| Kräutersalz · weißer Pfeffer, frisch gemahlen · Muskatnuß, frisch gerieben · ⅛ l Sahne |
| 50 g frischer Kerbel |
| 4 Eßl. Walnußkerne, grobgehackt |
| etwa 1075 Joule/255 Kalorien |
| 7 g Eiweiß · 19 g Fett |
| 14 g Kohlenhydrate pro Person |

Zubereitungszeit: etwa 30 Minuten

Die Kohlrabi putzen, dabei das zarte Grün abschneiden und beiseite legen; das Gemüse wird später damit bestreut. Die Kohlrabi schälen, von eventuell holzigen Stellen befreien, waschen und halbieren. Die Hälften zuerst in etwa 1 cm dicke Scheiben, dann in Stifte schneiden. Die Schalotten schälen und feinhacken. • Das Öl erhitzen. Die Schalotten darin bei mittlerer Hitze unter Rühren glasig braten. Die Kohlrabistifte dazugeben und unter ständigem Wenden so lange mitbraten, bis sie vollkommen vom Öl überzogen sind. • Das Gemüse mit Kräutersalz, Pfeffer und Muskatnuß würzen. • Die Sahne dazugießen, die Temperatur jetzt zurückschalten und die Kohlrabi zugedeckt bei schwacher Hitze in etwa 5–8 Minuten bißfest garen. • Inzwischen den Kerbel verlesen, gründlich waschen, trockenschwenken und mit dem Wiegemesser nicht zu fein zerkleinern. Das Kohlrabigrün ebenfalls kalt abspülen, trockentupfen und feinhacken. • Den Kerbel unter das gegarte Gemüse mischen. • Die Kohlrabi in eine vorgewärmte Schüssel füllen und mit Kohlrabigrün und den Walnüssen bestreut servieren. • Dazu passen gegrillte Lammkoteletts. Die Kohlrabi mit Walnüssen schmecken jedoch auch als vegetarisches Hauptgericht: Reichen Sie in der Schale gekochte neue Kartoffeln oder Naturreis dazu.

Grüner Spargel mit Saucen

Ein Fest für Augen und Gaumen

3 kg grüner Spargel
2 Schalotten · 4 weiße Pfefferkörner · 1 Bund frischer Estragon
1 Handvoll frischer Kerbel
2 Eßl. trockener Weißwein
3 Eßl. Estragon-Weinessig
200 g Butter · 2 Eigelbe
2 Eßl. heißes Wasser · Salz
Cayennepfeffer · 1 Prise Zucker
1 Becher Crème fraîche (200 g)
2 Becher Sanoghurt (350 g)
2 Eßl. gemischte Kräuter, frisch gehackt (wie Petersilie, Dill, Brennesseln, Pimpinelle, Kresse, Borretsch und Zitronenmelisse)
1 Teel. Kräutersenf
2 Eßl. Zitronensaft · 1 Teel. Sonnenblumenöl · weißer Pfeffer, frisch gemahlen

etwa 3570 Joule/850 Kalorien
24 g Eiweiß · 66 g Fett
36 g Kohlenhydrate pro Person

Zubereitungszeit: etwa 1 Stunde

Die Spargelstangen nur am unteren Ende dünn schälen und dabei eventuell holzige Stellen entfernen. Den Spargel waschen und in ein Küchentuch einschlagen. • Für die Sauce béarnaise die Schalotten schälen und sehr fein hacken. Die Pfefferkörner im Mörser zerstoßen. Den Estragon und den Kerbel kalt abspülen und trockenschwenken. Die Blättchen der Kräuter abzupfen und beiseite legen. Die Stiele der Kräuter grobhacken. • Den Weißwein mit dem Essig, den Schalotten, den zerdrückten Pfefferkörnern und den Kräuterstielen in einen Topf geben und alles zum Kochen bringen. Den Sud bei mittlerer Hitze unter ständigem Rühren einkochen lassen, bis nur noch etwa 1 Eßlöffel Flüssigkeit übrig ist. Den Sud dann durch ein Teesieb gießen. Die Schalotten und die Kräuter dabei ausdrücken und dann wegwerfen. Den Sud warm halten. • Die Butter bei schwacher Hitze schmelzen lassen; sie soll nur flüssig werden, darf aber keinesfalls bräunen. Den weißen Schaum, der sich dabei bildet, abschöpfen. Das klare Butterfett nun vorsichtig in ein anderes Gefäß umgießen, so daß die weißen Milchrückstände am Topfboden zurückbleiben. Das Butterfett ebenfalls warm halten. • Für das Wasserbad einen Topf mit heißem Wasser füllen und auf der Kochplatte heiß halten, aber nicht kochen lassen. Die Eigelbe mit dem heißen Wasser in eine Metallschüssel geben und über das Wasserbad stellen. Alles mit dem Schneebesen zu einer dicken schaumigen Creme aufschlagen. • Die warme Butter unter ständigem Schlagen zuerst teelöffelweise, dann in dünnem Strahl unter die Eigelbcreme mischen. Die Butter darf dabei nur warm, aber nicht heiß sein, sonst gerinnen die Eigelbe. • Den warmen Kräutersud ebenfalls teelöffelweise unter die Creme schlagen. Die Estragon- und die Kerbelblättchen feinhacken und untermischen. Die Sauce béarnaise mit Salz und Cayennepfeffer abschmecken und bis zum Servieren lauwarm halten. Für den Spargel einen Topf, der so groß sein muß, daß die Stangen der Länge nach darin Platz finden, zu drei Viertel mit Wasser füllen. Den Zucker und 1 Prise Salz dazugeben und das Wasser zum Kochen bringen. Den Spargel in das kochende Wasser legen und bei mittlerer Hitze 8–10 Minuten kochen, bis die Stangen gar, aber noch bißfest sind. • Für die Kräutersauce die Crème fraîche mit dem Sanoghurt verrühren. Die gehackten Kräuter, den Senf, den Zitronensaft und das Sonnenblumenöl untermischen. Die Sauce mit Salz abschmecken. • Den Spargel mit einem Schaumlöffel vorsichtig aus dem Wasser heben, abtropfen lassen und anrichten.
• Die Sauce béarnaise und die Kräutersauce dazu reichen.
• Dazu passen in der Schale gekochte neue Kartoffeln.

Blumenkohlcurry mit Kartoffeln

Paßt gut zu einem indonesischen Essen

im Bild rechts

1 Blumenkohl von etwa 800 g
500 g mehlig-festkochende
Kartoffeln · 1 Zwiebel
1 Knoblauchzehe · 1 grüne
Pfefferschote · 1 Stück frische
Ingwerwurzel · 2 Teel. Gelbwurz
(Kurkuma) · 1 Teel. Ingwerpulver · 1½ Teel. Kreuzkümmel
(Kumin oder Djintan) · 1 Teel.
gemahlener Koriander
Chilipulver · 3 Eßl. Sonnenblumenöl · 5 Gewürznelken
4 Kardamomkörner
etwa 0,35 l Sojamilch · Salz
1 Bund Petersilie
etwa 1090 Joule/260 Kalorien
11 g Eiweiß · 9 g Fett
33 g Kohlenhydrate pro Person

Zubereitungszeit: etwa
40 Minuten

Den Blumenkohl putzen, in Röschen teilen, gründlich kalt waschen und sehr gut abtropfen lassen. Die Kartoffeln schälen, waschen und in Würfel schneiden. Die Zwiebel und die Knoblauchzehe schälen und feinhacken. Die Pfefferschote vom Stiel befreien, halbieren und die weißen Häutchen sowie alle Kerne entfernen. Die Schotenhälften kalt waschen, damit auch die restlichen brennendscharfen Kerne abgespült werden, und in feine Streifen schneiden. Die Ingwerwurzel wie eine Kartoffel schälen, waschen, trockentupfen und kleinhacken. ● Die Gelbwurz, das Ingwerpulver, den Kreuzkümmel, den Koriander und Chilipulver nach Geschmack in einem Schälchen mischen.
● Das Sonnenblumenöl erhitzen.
● Die Zwiebel, den Knoblauch, die Pfefferschote, die Ingwerwurzel, die Gewürznelken und die Kardamomkörner darin bei mittlerer Hitze unter ständigem Rühren so lange braten, bis die Zwiebeln und der Knoblauch glasig sind. ● Die Temperatur höherschalten. Den Blumenkohl und die Kartoffeln bei starker Hitze unter Wenden anbraten, bis die Gemüse vom Öl überzogen sind. Die Gemüse mit der Gewürzmischung bestreuen und alles gut mischen. ● Die Sojamilch angießen, die Gemüse salzen, einmal aufkochen und dann zugedeckt bei schwacher Hitze 15–20 Minuten garen. Dabei häufig umrühren, denn die Sojamilch brennt leicht an. Die Petersilie waschen, die Blättchen abzupfen, trockentupfen und feinhacken. Das Blumenkohlcurry mit der Petersilie bestreuen und in einer vorgewärmten Schüssel anrichten. ● Dazu paßt gemischter Salat oder Sprossensalat (Rezept Seite 26).

Mein Tip: Das Curry schmeckt auch köstlich mit Kokosmilch, die Sie ganz einfach selbst zubereiten können; die Anleitung dazu finden Sie im Rezept »Curry von Nüssen«, Seite 125.

Variante: Lauch-Möhren-Curry
im Bild links
750 g Lauch (Porree) putzen, waschen und mit etwa einem Drittel des Grüns in ½ cm dicke Ringe schneiden. 400 g junge Möhren schaben, waschen und in etwa ½ cm dicke Stifte schneiden. 1 Knoblauchzehe schälen und feinhacken. Eine Mischung aus gemahlenen Gewürzen wie beschrieben herstellen. 3 Eßlöffel Sonnenblumenöl erhitzen. Den Knoblauch, 3 Kardamomkörner und 4 Gewürznelken darin anbraten. Die Gemüse dazugeben und mitbraten. Die Gewürze unter die Gemüse mischen, alles mit 0,3 l Soja- oder Kokosmilch aufgießen und zum Kochen bringen. Das Curry mit Salz würzen und zugedeckt bei schwacher Hitze 10–15 Minuten garen. ½ Zitrone auspressen. Das Curry mit dem Zitronensaft abschmecken und mit 1 Eßlöffel Schnittlauchröllchen bestreut anrichten. Dazu paßt Naturreis.

Broccoli und Kartoffeln mit Käsesauce

Genau das Richtige für Gemüsefans

600 g mehlig-festkochende Kartoffeln · Salz
100 g Raclette-Käse
1 kg Broccoli · 1 Becher Sahne (200 g) · 20 g Butter · weißer Pfeffer, frisch gemahlen
Muskatnuß, frisch gerieben
3 Eßl. gemischte Kräuter, tiefgefroren oder frisch gehackt
etwa 2920 Joule/695 Kalorien
20 g Eiweiß · 40 g Fett
47 g Kohlenhydrate pro Person

Zubereitungszeit: etwa 40 Minuten

Die Kartoffeln unter fließendem kaltem Wasser gründlich bürsten und in wenig Salzwasser in der Schale weichkochen. Das dauert je nach Größe der Kartoffeln 30—40 Minuten. • Inzwischen den Käse in kleine Würfel schneiden. • Die Broccoli waschen, die großen Blätter und die holzigen Stielenden abschneiden. Die Haut von den Stielen mit einem kleinen, spitzen Messer nach oben abziehen. Die Röschen abschneiden, denn sie haben eine kürzere Garzeit als die Stiele. • Reichlich Salzwasser zum Kochen bringen. Zuerst die Broccolistiele in dem sprudelnd kochenden Wasser etwa 3 Minuten garen. Die Röschen dazugeben und weitere 3 Minuten kochen, dann mit einem Schaumlöffel herausnehmen, sehr gut abtropfen lassen und in einer vorgewärmten Schüssel warm halten. • Die Kartoffeln abgießen, etwas ausdämpfen lassen und schälen, dann in Scheiben oder Würfel schneiden und zu dem Broccoli geben. • Die Sahne mit der Butter aufkochen. • Den gewürfelten Käse bei mittlerer Hitze unter ständigem Rühren in der Sahne schmelzen lassen. Die Sahne darf nicht zu heiß werden, sonst verbindet sie sich nicht mit dem Käse und der Käse klumpt. Außerdem brennt die Sauce leicht an, wenn sie nicht ständig durchgerührt wird. • Die Sauce mit wenig Salz — der Käse enthält bereits Salz —, Pfeffer und Muskatnuß abschmecken. Die Kräuter in die Sauce mischen. • Die Broccoli-Kartoffeln mit der Käsesauce überziehen und sofort servieren.

Kartoffeln in Kräutersauce

So sind Kartoffeln ein Hochgenuß

| 1 kg mehligkochende Kartoffeln |
| 1 große Zwiebel · 3 Knoblauchzehen · 2 Eßl. Olivenöl |
| ⅛ l Gemüsebrühe |
| 1 Becher Sanoghurt · 30 g Butter |
| 4 Eßl. gemischte Kräuter, frisch gehackt (wie Petersilie, Kerbel, Sauerampfer, Pimpinelle, Schnittlauch) · Gomasio zum Bestreuen |
| etwa 1680 Joule/400 Kalorien |
| 11 g Eiweiß · 14 g Fett |
| 50 g Kohlenhydrate pro Person |

Zubereitungszeit: etwa 45 Minuten

Die Kartoffeln schälen, gründlich waschen und in Würfel von etwa 1 cm Kantenlänge schneiden. Die Kartoffeln trockentupfen, damit das Öl beim Braten nicht so stark spritzt. • Die Zwiebel und die Knoblauchzehen schälen und feinhacken. • Das Olivenöl erhitzen. Die Zwiebel und den Knoblauch darin bei mittlerer Hitze unter Rühren glasig braten. Die Kartoffeln dazugeben und unter ständigem Wenden so lange anbraten, bis sie vollkommen vom Öl überzogen sind. Die Gemüsebrühe dazugießen, alles einmal aufkochen lassen und die Temperatur zurückschalten. Die Kartoffeln zugedeckt bei schwacher Hitze etwa 15 Minuten garen, bis sie weich sind. • Während der letzten 5 Minuten Garzeit die Sauce zubereiten: Den Sanoghurt in eine Schüssel geben und über ein heißes, aber nicht kochendes Wasserbad stellen. Die Butter in Flöckchen teilen, hinzufügen und alles mit dem Schneebesen zu einer schaumigen, dickflüssigen Creme aufschlagen. • Die Kräuter unter die Sauce mischen. • Die Kartoffeln in einer vorgewärmten Schüssel anrichten und mit der Kräutersauce überziehen. • Das Gomasio darüberstreuen und die Kartoffeln sofort servieren. • Dazu schmeckt Möhren-Rohkost mit Nüssen (Rezept Seite 25) oder Sprossensalat (Rezept Seite 26).

Ofenkartoffeln mit Quark

Ein leichtes sommerliches Essen

| Zutaten für 4–6 Personen: |
| 1,5 kg mehligkochende Kartoffeln |
| 4–6 Eßl. Sonnenblumenöl |
| 4 Eßl. Kümmel · 1 große Fleischtomate · 1 Bund Radieschen |
| 1 Bund Frühlingszwiebeln |
| 500 g Magerquark · ½ Becher Crème fraîche (100 g) |
| 2 Eßl. gemischte Kräuter, frisch gehackt oder tiefgefroren |
| Kräutersalz · schwarzer Pfeffer, frisch gemahlen |
| 1 Teel. kaltgepreßtes Olivenöl oder Leinöl |
| etwa 1745 Joule/415 Kalorien |
| 17 g Eiweiß · 18 g Fett |
| 47 g Kohlenhydrate pro Person bei 6 Portionen |

Zubereitungszeit: etwa 50 Minuten

Den Backofen auf 200° vorheizen. • Die Kartoffeln unter kaltem Wasser gründlich sauber bürsten, denn sie werden mit der Schale gebacken. Die Kartoffeln längs halbieren. • Ein Backblech mit dem Sonnenblumenöl bepinseln und mit dem Kümmel bestreuen. • Die Kartoffeln mit den Schnittflächen nach unten auf das Blech legen. Die Kartoffeln im Ofen auf der zweiten Schiene von unten 30–40 Minuten backen, bis sie weich sind. • Währenddessen die Fleischtomate waschen, abtrocknen und kleinwürfeln, dabei den Stielansatz und die Kerne entfernen. Die Radieschen gründlich putzen, waschen, abtrocknen und ebenfalls würfeln. Die Frühlingszwiebeln putzen, waschen, trockenschwenken und mit etwa einem Drittel ihres Grüns in feine Ringe schneiden. • Den Magerquark mit der Crème fraîche glattrühren. Die Tomaten- und die Radieschenwürfel, die Zwiebelringe und die Kräuter untermischen, mit Kräutersalz, Pfeffer und dem Öl abschmecken. • Die Ofenkartoffeln nach Wunsch noch salzen und mit dem Quark anrichten. • Dazu schmeckt gemischter Salat in Kräuter-Knoblauch-Vinaigrette.

Kartoffelnudeln mit Salbeibutter

Nur mit frischem Salbei wirklich gut

1 kg mehlig-festkochende Kartoffeln · 6 EBl. Weizenmehl Type 1050 · 4 EBl. Speisestärke
Salz · Muskatnuß, frisch gerieben · weißer Pfeffer, frisch gemahlen · 1 Handvoll frische Salbeiblätter · 100 g Butter
etwa 1930 Joule/460 Kalorien
7 g Eiweiß · 21 g Fett
59 g Kohlenhydrate pro Person

Zubereitungszeit: etwa 1 Stunde
Trockenzeit der Nudeln: etwa 3 Stunden

Die Kartoffeln gründlich unter fließendem kaltem Wasser abbürsten und in der Schale weichkochen. Die gekochten Kartoffeln ausdämpfen lassen, schälen und etwas abkühlen lassen, dann zweimal durch die Presse drücken, bis die Masse streichfähig ist. • Das Mehl, die Speisestärke, Salz, Muskatnuß und Pfeffer dazugeben und alles zu einem geschmeidigen Teig verkneten. • Die Arbeitsfläche mit Mehl bestäuben. Aus dem Kartoffelteig daumendicke Rollen formen. Von den Rollen etwa 1 cm breite Stücke abschneiden und diese zu Nudeln formen.
• Die Kartoffelnudeln in reichlich kochendes Salzwasser geben und bei mittlerer Hitze so lange leise köcheln lassen, bis sie an die Oberfläche steigen. Die Nudeln mit einem Schaumlöffel herausnehmen, kalt abschrecken und sehr gut abtropfen lassen. Die Kartoffelnudeln etwa 3 Stunden trocknen lassen. • Die Salbeiblättchen kalt abspülen, trockentupfen und in schmale Streifen schneiden. • Die Butter in einer großen Pfanne zerlassen. Den Salbei darin bei schwacher bis mittlerer Hitze anbraten; im heißen Fett kann er sein Aroma richtig entfalten. Die Kartoffelnudeln hinzufügen und unter ständigem Wenden rundherum goldbraun braten. • Dazu schmeckt gemischter Salat.

Kartoffel-Tortilla

Ein Gericht aus der spanischen Küche

Zutaten für 2 Personen:
250 g mehlig-festkochende Kartoffeln · 1 große Zwiebel
4 EBl. Öl · Salz · schwarzer Pfeffer, frisch gemahlen
4 Eier · ½ Bund Schnittlauch
etwa 1975 Joule/470 Kalorien
18 g Eiweiß · 30 g Fett
27 g Kohlenhydrate pro Person

Zubereitungszeit: etwa 40 Minuten

Die Kartoffeln schälen, waschen, abtrocknen und in etwa 2 mm dünne Scheiben hobeln. Die Scheiben noch einmal mit Küchenpapier sehr gut trockentupfen. Die Zwiebel schälen, halbieren und in dünne Ringe schneiden. • Das Öl in einer schweren Pfanne erhitzen. Die Zwiebel darin bei mittlerer Hitze unter ständigem Wenden glasig braten. • Die Temperatur zurückschalten, die Kartoffeln in die Pfanne geben und so verteilen, daß die Scheiben möglichst nebeneinander liegen, mit Salz und Pfeffer bestreuen und bei schwacher Hitze unter häufigem Wenden etwa 10 Minuten braten, bis sie weich und gebräunt sind.
• Inzwischen die Eier so lange verquirlen, bis sie etwas schaumig sind. • Die Eier über die Kartoffeln gießen und die Pfanne nach allen Seiten schwenken, damit sich die Masse verteilen kann. Die Eier bei schwacher Hitze in etwa 10 Minuten stocken lassen. • Die Tortilla an der Unterseite mit einem Pfannenmesser vorsichtig lösen, auf einen Teller gleiten lassen und gewendet wieder in die Pfanne geben. Die Tortilla auf der zweiten Seite weitere 5 Minuten braten. • Den Schnittlauch kalt abspülen, trockentupfen und feinschneiden. • Die Tortilla halbieren, jede Hälfte auf einem vorgewärmten Teller anrichten und mit dem Schnittlauch bestreut sofort servieren. • Dazu paßt Tomatensalat mit Frühlingszwiebeln und frisch gehackten Kräutern.

Pellkartoffeln mit Pilzsauce

Auch Nicht-Vegetarier werden begeistert sein

1 Päckchen getrocknete Steinpilze oder Morcheln (etwa 20 g)
¼ l lauwarmes Wasser
750 g kleine neue Kartoffeln · Salz
1 gestrichener Eßl. Weizenvollkornmehl · 75 g Hartkäse (Emmentaler, mittelalter Gouda oder Greyerzer) · ½ Bund Petersilie · ⅛ l Sahne
1 Eßl. Butter · weißer Pfeffer, frisch gemahlen · Muskatnuß, frisch gerieben · 1—2 Eßl. Zitronensaft · Salz oder Gomasio
etwa 1620 Joule/385 Kalorien
11 g Eiweiß · 19 g Fett
35 g Kohlenhydrate pro Person

Zubereitungszeit: etwa 40 Minuten · Einweichzeit der Pilze: 2 Stunden

Die Pilze mit dem Wasser übergießen und zugedeckt einweichen. • Die eingeweichten Pilze auf ein Sieb geben und gründlich kalt abspülen, um alle Sand- oder Erdreste zu entfernen. Vor allem in den wabenartigen Hutkammern von Morcheln sammelt sich Sand. Dennoch sollten Sie getrocknete Pilze niemals vor dem Einweichen waschen, denn dadurch büßen sie einen Teil ihres Aromas ein. • Das Einweichwasser der Pilze, das Sie für die Sauce brauchen, durch eine Kaffeefiltertüte gießen; darin werden die Schmutzreste aufgefangen. • Die Kartoffeln unter fließendem Wasser gründlich bürsten und in der Schale mit wenig Salzwasser weichkochen. Das dauert je nach Größe der Kartoffeln 20—30 Minuten. • Währenddessen das Mehl in einem Topf ohne Fett bei starker bis mittlerer Hitze unter Rühren so lange anrösten, bis es einen zarten Duft ausströmt. • Das Einweichwasser der Pilze langsam dazugießen und dabei kräftig mit dem Schneebesen rühren, damit das Mehl nicht zu sehr klumpt. Alles aufkochen und dabei weiter mit dem Schneebesen schlagen, bis sich eine glatte, sämige Sauce bildet. Die Temperatur zurückschalten und die Sauce bei schwacher Hitze zugedeckt 5 Minuten köcheln lassen. Immer wieder umrühren, denn das Mehl brennt leicht an. • Während die Sauce kocht, den Käse reiben. Die Petersilie waschen, die Blättchen von den Stielen zupfen, trockentupfen und feinhacken. • Die gut abgetropften Pilze, die Sahne und den Käse in die Sauce mischen. Dabei ständig umrühren, damit sich der Käse in der Sauce löst und nichts anbrennt. • Die Butter mit dem Schneebesen unterschlagen. Zum Schluß die Petersilie einrühren und die Pilzsauce mit Pfeffer, Muskatnuß, dem Zitronensaft und Salz abschmecken. (Wenn Sie statt Salz mit Gomasio würzen, wird dieses erst zum Schluß über die Kartoffeln gestreut.) Die Pilzsauce bis zum Servieren warm halten. • Die Kartoffeln abgießen, etwas ausdämpfen lassen, schälen und anrichten. Die Pilzsauce über den Kartoffeln verteilen. • Dazu paßt Wildkräutersalat oder gemischter Salat.

Mein Tip: Wenn Sie eine Sauce auf der Basis von Vollkornmehl zubereiten, sollten Sie das Mehl nicht in Fett anrösten, denn dadurch wird die Sauce schwer verdaulich. Schlagen Sie die Butter erst zum Schluß mit dem Schneebesen unter. Beim Zugießen der Flüssigkeit klumpt das Mehl zuerst ein wenig. Die Klümpchen lösen sich jedoch, wenn Sie die Sauce kräftig mit dem Schneebesen durchrühren, während sie aufkocht.

Kartoffelgnocchi in Kräutersauce

Sahnig-leicht und frühlingsfrisch

500 g mehligkochende Kartoffeln · Salz
150 g Weizenvollkornmehl
50 g Weizenvollkorngrieß
1 Ei · 1 Eigelb
weißer Pfeffer, frisch gemahlen
Muskatnuß, frisch gerieben
½ Becher Crème fraîche (100 g)
½ Becher Sahne (100 g)
40 g Parmesan, frisch gerieben
4 Eßl. gemischte Kräuter, frisch gehackt (wie Petersilie, Kerbel, etwas Thymian) · Cayennepfeffer
etwa 1600 Joule/380 Kalorien
15 g Eiweiß · 15 g Fett
53 g Kohlenhydrate pro Person

Zubereitungszeit: etwa 1 Stunde

Die Kartoffeln gründlich unter fließendem kaltem Wasser bürsten und mit wenig Salzwasser in der Schale weichkochen. Das dauert je nach Größe der Kartoffeln 30–40 Minuten. Die Kartoffeln schälen und heiß durch die Kartoffelpresse drücken. Die Masse mit dem Mehl, dem Grieß, dem Ei, dem Eigelb, Salz, je 1 kräftigen Prise Pfeffer und Muskat zu einem nicht zu festen, formbaren Teig verkneten. Wenn der Teig zu weich ist, mischen Sie noch Grieß darunter. Ist er zu fest, verkneten Sie ihn mit 1 weiteren Eigelb. • Für die Sauce die Crème fraîche und die Sahne bei starker Hitze unter Rühren um etwa ein Drittel einkochen lassen. Den geriebenen Käse dazugeben und bei schwacher Hitze unter Rühren auflösen. Die Temperatur darf keinesfalls zu hoch sein, sonst gerinnt die Sauce. • Die Kräuter in die Käsesauce mischen und alles mit Muskatnuß und 1 kräftigen Prise Cayennepfeffer abschmekken. Die Sauce zugedeckt warm halten. • Für die Gnocchi aus dem Kartoffelteig mit zwei in Wasser getauchten Teelöffeln Klößchen abstechen und in reichlich sprudelnd kochendem Salzwasser so lange garen, bis sie an die Oberfläche steigen. Die Gnocchi mit einem Schaumlöffel herausnehmen, abtropfen lassen, sofort mit der Kräutersauce mischen und anrichten.

Vollkornspaghetti mit Käse-Sahnesauce

Kerniges für Nudelfans

im Bild unten

Salz · 400 g Vollkornspaghetti
¼ l Sahne · 100 g Pecorino,
frisch gerieben · weißer
Pfeffer, frisch gemahlen
Muskatnuß, frisch gerieben
5 Blättchen frischer Salbei
etwa 2450 Joule/655 Kalorien
23 g Eiweiß · 34 g Fett
66 g Kohlenhydrate pro Person

Zubereitungszeit: etwa
30 Minuten

Etwa 4 Liter Salzwasser zum Kochen bringen, dieses etwa ½ Minute sprudelnd kochen lassen, dann die Spaghetti auf einmal hineingeben und umrühren, damit sie nicht zusammenkleben. Die Spaghetti »al dente« garen. Dabei muß das Wasser immer sprudelnd kochen. Die Nudeln häufig umrühren. • Inzwischen für die Sauce die Sahne in einen Topf geben, zum Kochen bringen und bei mittlerer Hitze unter ständigem Rühren auf etwa die Hälfte einkochen lassen. • Die Temperatur zurückschalten, den Pecorino in die Sahne geben und darin bei schwacher Hitze auflösen. Bei zu hoher Temperatur klumpt der Käse und verbindet sich nicht mit der Sahne. Außerdem muß die Mischung ständig durchgerührt werden, denn die Käsesahne brennt leicht an. Die Sauce mit Salz, Pfeffer und Muskat abschmecken. • Die Salbeiblättchen waschen, trockentupfen und in Streifen schneiden. Den Salbei in die Sahne mischen.
• Die Nudeln abgießen, sehr gut abtropfen lassen und sofort mit der Sahnesauce mischen. Auf vorgewärmten Tellern anrichten und servieren. • Dazu paßt gemischter Salat in Kräuter-Vinaigrette.

Variante: Soja-Makkaroni
mit Knoblauch-Öl
im Bild rechts
400 g Soja-Makkaroni in reichlich sprudelnd kochendem Salzwasser »al dente« garen. Inzwischen 1 Bund Petersilie waschen, die Blättchen von den Stielen zupfen, trockentupfen und sehr fein hacken. 4 Knoblauchzehen schälen und in dünne Scheiben schneiden. ⅛ l Olivenöl erhitzen und den Knoblauch darin bei schwacher bis mittlerer Hitze unter Rühren glasig braten. 1 getrocknete rote Chilischote zwischen den Fingern zerreiben und mit der Petersilie in das Knoblauch-Öl geben. Die gegarten Nudeln abgießen, abtropfen lassen und sofort mit dem Knoblauch-Öl mischen.

Variante: Weizenkeimnudeln
mit roher Tomatensauce
im Bild links
400 g Weizenkeim-Hörnchennudeln in reichlich sprudelnd kochendem Salzwasser »al dente« garen. Inzwischen 750 g Tomaten mit kochendem Wasser übergießen, kurz darin ziehen lassen und kalt abschrecken. Die Tomaten häuten und sehr klein würfeln; dabei die Stielansätze und die Kerne entfernen. 1 Knoblauchzehe schälen und ganz fein hacken. 1 Bund Basilikum waschen, die Blättchen von den Stielen zupfen, trockentupfen und in feine Streifen schneiden. 1 Zweig Thymian ebenfalls waschen und die Blättchen abstreifen. Die Tomatenwürfel mit den Kräutern, dem Knoblauch, Salz, frisch gemahlenem schwarzem Pfeffer, 2 Eßlöffeln kaltgepreßtem Olivenöl und 1 Prise Zucker mischen. Die Nudeln abgießen, abtropfen lassen und sehr heiß mit der Tomatensauce mischen.

Ravioli mit Kräutern und Ricotta

Mit selbstgemachtem Nudelteig

Zutaten für 4—6 Personen:
400 g Weizenmehl Type 1050
Salz · 4 Eier · 1 Eßl. Öl
1—3 Eigelbe · etwa 500 g frische Kräuter und Wildkräuter gemischt (wie Petersilie, Basilikum, Brennesseln, Löwenzahn, Vogelmiere, Knoblauchhederich und Dost) · 1 Zwiebel
1 Knoblauchzehe · 1 Eßl. Butter
500 g Ricotta · weißer Pfeffer, frisch gemahlen · Cayennepfeffer
Muskatnuß, frisch gerieben
6 Zweige frischer Thymian
100 g Butter
etwa 2775 Joule/660 Kalorien
27 g Eiweiß · 34 g Fett
58 g Kohlenhydrate pro Person bei 6 Portionen

Zubereitungszeit: etwa 1 Stunde
Ruhezeit des Teiges: etwa 1 Stunde

Für den Teig das Mehl mit Salz, den Eiern, dem Öl und zunächst nur 1 Eigelb verkneten. Der Teig soll fest, dabei doch geschmeidig und keinesfalls bröckelig sein. Bei Bedarf kneten Sie noch die restlichen Eigelbe darunter oder ein paar Tropfen kaltes Wasser. Die Anzahl der Eigelbe beziehungsweise die Wassermenge, die für die nötige Geschmeidigkeit sorgen, läßt sich bei Teigen aus Weizenvollkornmehlen nie exakt angeben; beides hängt von der Quellfähigkeit des Mehles und dem Kleieanteil ab. Kneten Sie Nudelteige aus hochausgemahlenen Weizenmehlen deshalb möglichst immer mit der Hand, damit Sie die Konsistenz des Teiges ständig prüfen können. • Den Teig in Folie wickeln und mindestens 1 Stunde ruhen lassen, damit das Mehl quellen kann. • Für die Füllung die Kräuter verlesen, waschen, trockenschwenken und grob zerkleinern. Die Zwiebel und die Knoblauchzehe schälen und feinhacken. • Die Butter in einer Pfanne erhitzen, aber nicht bräunen. • Die Zwiebel und den Knoblauch darin bei mittlerer Hitze unter Rühren glasig braten. Die Kräuter dazugeben und unter Wenden so lange mitschmoren, bis sie Feuchtigkeit abgeben. Die Pfanne vom Herd ziehen und die Kräuter etwas abkühlen lassen, dann zusammen mit dem Ricotta durch den Fleischwolf drehen. Die Kräuter-Käse-Masse mit Salz, Pfeffer, 1 kräftigen Prise Cayennepfeffer und Muskatnuß würzen. • Den Nudelteig in Portionen teilen und auf einer bemehlten Arbeitsfläche zu sehr dünnen Platten ausrollen. Wenn Sie eine Nudelmaschine mit Handkurbel besitzen, rollen Sie den Teig damit auf Stufe 5 aus. Jeweils eine Teigplatte im Abstand von etwa 5 cm mit je etwa 1 Teelöffel Füllung belegen. Den Teig zwischen den Häufchen mit Wasser bestreichen, damit die Teigschichten zusammenhalten. Die zweite Teigplatte darüberlegen und die Teigschichten zwischen der Füllung mit den Fingern gut andrücken. Die Ravioli dann mit einem Teigrädchen ausschneiden. • In einem großen Topf reichlich Wasser mit Salz zum Kochen bringen. • Sobald das Wasser etwa 2 Minuten sprudelnd kocht, die Ravioli hineingeben und in 3—6 Minuten »al dente« kochen. Die exakte Kochzeit läßt sich nicht angeben; sie richtet sich nach der Beschaffenheit des Teiges und der eventuellen Trockenzeit der Ravioli. Sehr feuchte Teige garen am schnellsten, bereits angetrocknete dagegen brauchen mehr Zeit. • Während die Ravioli kochen, die Thymianzweige waschen, trockenschwenken und die Blättchen von den Stielen streifen. • Die Butter erhitzen und dabei leicht bräunen. Die Thymianblättchen in die Butter geben und unter Rühren etwas anschwitzen. Thymian entfaltet in heißem Fett sein Aroma am besten. • Die Ravioli mit einem Schaumlöffel aus dem Wasser nehmen, gut abtropfen lassen, sofort mit der Thymian-Butter mischen, damit sie nicht zusammenkleben, und anrichten.

Vollkornnudeln mit Sesam

Vollwertig und besonders köstlich

150 g Weizenmehl Type 1050
Salz · 1 Ei · 1–3 Eigelbe
1 Eßl. Sonnenblumen- oder
Weizenkeimöl · 2 Knoblauch-
zehen · ½ Bund Petersilie
4 Eßl. Olivenöl · 4 Eßl.
Sesamkörner
etwa 1555 Joule/370 Kalorien
11 g Eiweiß · 20 g Fett
28 g Kohlenhydrate pro Person

Zubereitungszeit: etwa 1 Stunde
Trockenzeit des Teiges: etwa 1 Stunde

Für den Nudelteig das Mehl mit Salz, dem Ei, 1 Eigelb und dem Sonnenblumen- oder Weizenkeimöl verkneten. Wenn der Teig zu fest ist, kneten Sie nacheinander die restlichen Eigelbe darunter und prüfen zwischendurch immer wieder die Konsistenz. Ist er dagegen zu weich, geben Sie noch Mehl dazu. • Den Teig in Folie wickeln und 30 Minuten ruhen lassen, damit das Mehl quellen kann. • Den Teig dann auf einer bemehlten Arbeitsfläche oder in der Nudelmaschine dünn ausrollen und in breite Nudeln teilen. Die Nudeln auf Küchentüchern ausbreiten und etwa 1 Stunde antrocknen lassen. • Die Knoblauchzehen schälen und feinhacken. Die Petersilie waschen, die Blättchen abzupfen, trockentupfen und ebenfalls fein zerkleinern. • Das Öl in einer Pfanne heiß werden lassen. • Die Sesamkörner darin bei mittlerer Hitze unter ständigem Rühren goldbraun rösten. Den Knoblauch und die Petersilie untermischen und den Knoblauch nur glasig braten. Die Pfanne vom Herd nehmen, damit der Knoblauch nicht braun und bitter wird. • Die Nudeln in reichlich sprudelnd kochendem Salzwasser unter häufigem Umrühren in 2–4 Minuten »al dente« garen, dann abgießen, sehr gut abtropfen lassen und sofort mit den Sesamkörnern mischen.

Grüne Käsespätzle

Mit gemischtem Salat ein deftiges Hauptgericht

Zutaten für 6 Personen:
100 g junge Löwenzahn- und
Brennesselblättchen gemischt
3 Bund Petersilie · 500 g Weizen-
mehl Type 1050 · Salz · 5 Eier
1–3 Eigelbe · 400 g Zwiebeln
300 g Emmentaler · 75 g Butter
etwa 3020 Joule/720 Kalorien
33 g Eiweiß · 35 g Fett
65 g Kohlenhydrate pro Person

Zubereitungszeit: etwa 1 Stunde

Den Löwenzahn, die Brennesseln und die Petersilie waschen und trockenschwenken. Alle Kräuter ganz fein zerkleinern. • Das Mehl mit den Kräutern, Salz, den Eiern und zunächst nur 1 Eigelb zu einem Teig verrühren, der so zähflüssig sein sollte, daß Konturen, die Sie mit dem Kochlöffel ziehen, nur langsam wieder verfließen. Wenn der Teig zu fest ist, geben Sie noch Eigelbe dazu, wenn er zu flüssig ist, mischen Sie etwas Mehl darunter. Den Teig 30 Minuten zugedeckt ruhen lassen. • Inzwischen die Zwiebeln schälen und in dünne Ringe schneiden. • Den Emmentaler reiben. • Reichlich Salzwasser zum Kochen bringen. • Die Butter zerlassen und die Zwiebelringe darin bei schwacher bis mittlerer Hitze unter häufigem Umrühren weich und goldbraun braten. • Den Spätzleteig portionsweise vom Brett schaben oder durch den Spätzlehobel in das sprudelnd kochende Salzwasser drücken. Die Spätzle aus dem Wasser nehmen, sobald sie an die Oberfläche steigen, abtropfen lassen und in eine vorgewärmte Schüssel geben. Eine Schicht geriebenen Käse darüber geben und die Spätzle warm halten. • Die nächste Portion garen und mit Käse in die Schüssel füllen. So fortfahren, bis Teig und Käse verbraucht sind. • Die Spätzle mit den Zwiebelringen belegt servieren.

Vollkorneierkuchen mit Gemüse

Am besten mit frisch gekeimten Sprossen

1 Bund Petersilie
250 g Weizenvollkornmehl
Salz · ¼ l Milch
¼ l Mineralwasser · 2 Eier
250 g Stangensellerie
1 Schalotte · 250 g gekeimte
Mungobohnen · etwa 6 Eßl. Öl
zum Braten · 2 Eßl. Butter
1 Becher Crème fraîche (200 g)
2 Eßl. Zitronensaft
1 Eßl. trockener Sherry
weißer Pfeffer, frisch gemahlen
1 Handvoll frischer Kerbel
etwa 2880 Joule/685 Kalorien
18 g Eiweiß · 44 g Fett
49 g Kohlenhydrate pro Person

Zubereitungszeit: etwa 40 Minuten

Die Petersilie waschen, trockenschwenken und feinhakken. • Das Mehl mit 1 Prise Salz, der Milch und dem Mineralwasser verrühren. Die Eier und die Petersilie untermischen. Den Teig zugedeckt ruhen lassen. Währenddessen den Sellerie putzen, waschen und in etwa 1 cm breite Stücke schneiden. Die Blättchen abzupfen und zum Bestreuen des Gemüses beiseite legen. Die Schalotte schälen und feinhacken. Die Mungobohnen waschen und abtropfen lassen. • Für die Eierkuchen 1 Eßlöffel Öl in einer schweren Pfanne erhitzen. Etwa 1 Schöpfkelle Teig in die Pfanne geben und einen Eierkuchen backen, diesen warm halten. Erneut Öl heiß werden lassen und die nächste Portion Teig einfüllen. So fortfahren, bis der Teig verbraucht ist. • Für das Gemüse die Butter in einer Pfanne zerlassen, aber nicht bräunen. • Die Schalotte darin bei mittlerer Hitze unter ständigem Rühren anbraten. Den Sellerie und die Mungobohnen zugeben und braten, bis sich die Keime zartgrün färben. • Die Crème fraîche, den Zitronensaft und den Sherry unterrühren. Das Gemüse mit Salz und Pfeffer würzen und zugedeckt bei schwacher Hitze etwa 4 Minuten garen. • Inzwischen den Kerbel verlesen, waschen, trockenschwenken und feinhacken, mit den Sellerieblättchen auf das Gemüse streuen. Die Eierkuchen mit dem Gemüse füllen und sofort servieren.

Pilze mit Schwarzbrotklößchen

Wie Semmelknödel, aber kräftiger im Geschmack

150 g altbackenes Roggenbrot
⅛ l heiße Milch · 100–125 g altbackenes Vollkornbrot
2 Zwiebeln · 1 Knoblauchzehe
2 Bund Petersilie · 500 g braune Egerlinge oder Champignons · ½ Zitrone · Salz · 2 Eier
weißer Pfeffer, frisch gemahlen
2 Zweige frischer Thymian
2 Eßl. Butter · ¼ l Sahne
etwa 2560 Joule/610 Kalorien
17 g Eiweiß · 32 g Fett
64 g Kohlenhydrate pro Person

Zubereitungszeit: etwa 1 Stunde

Das Roggenbrot so gut wie möglich zerkleinern. Das geht am besten, wenn Sie es in einen festen Plastikbeutel geben und kräftig mit dem Nudelholz bearbeiten. Das Brot in eine Schüssel geben, mit der Milch übergießen und etwa 15 Minuten stehen lassen, bis es sich ganz vollgesogen hat. Die Milch muß unbedingt heiß sein, damit sich das Brot rasch mit der Flüssigkeit verbindet. • Währenddessen das Vollkornbrot feinreiben. Die Zwiebeln und die Knoblauchzehe schälen und sehr fein würfeln. Die Petersilie waschen, die Blättchen von den Stielen zupfen, trockentupfen und ebenfalls feinhacken. Die Stielenden der Pilze mit den anhaftenden Erdresten abschneiden. Die Huthäute mit einem kleinen Messer abziehen, denn sie enthalten die meisten Schadstoffe. Die Pilze nur wenn nötig kurz kalt waschen, jedoch keinesfalls im Wasser liegen lassen. Die Pilze trockentupfen und blättrig schneiden. Die Zitrone auspressen und die Pilze sofort mit dem Saft beträufeln, damit sie sich nicht zu stark verfärben.
• Etwa 4 Liter Wasser mit Salz zum Kochen bringen. • Das eingeweichte Brot in den Blitzhakker geben und vollkommen zerkleinern. Das Brot mit der Hälfte der Zwiebeln, dem Knoblauch, der Hälfte der Petersilie und den Eiern mischen. Soviel geriebenes Vollkornbrot unterkneten, daß ein formbarer Teig entsteht, der nicht kleben darf. Den Teig mit Salz und Pfeffer würzen.
• Aus dem Teig mit angefeuchteten Händen vier große oder acht kleine Klöße formen und in das sprudelnd kochende Salzwasser legen. Manchmal setzen Klöße sich zuerst am Topfboden an. Dann lösen Sie die Klöße vorsichtig mit einem Holzlöffel ab. Die Klöße einmal aufkochen lassen, dann die Temperatur zurückschalten und die Klöße bei schwacher Hitze im offenen Topf je nach Größe 10–20 Minuten sanft kochen lassen. Gegebenenfalls sollten Sie den Topf kurz vom Herd ziehen, bis das Wasser nicht mehr sprudelt. • Inzwischen den Thymian kalt abspülen, trockenschwenken und die Blättchen von den Stielen streifen. • Die Butter erhitzen, aber nicht bräunen. • Die restliche Zwiebel darin bei mittlerer Hitze glasig braten. Die Thymianblättchen und die vorbereiteten Pilze zugeben und bei starker Hitze unter ständigem Wenden mitschmoren, bis die Flüssigkeit, die die Pilze abgeben, wieder vollkommen verdampft ist. Die Sahne nach und nach dazugießen und jeweils bei starker Hitze einkochen lassen, damit das Pilzgemüse schön sämig wird. Die Pilze mit Salz und Pfeffer abschmecken. • Die Brotklöße mit einem Schaumlöffel aus dem Wasser nehmen, sehr gut abtropfen lassen und auf vier vorgewärmten Tellern anrichten.
• Die Klöße mit zwei Gabeln teilen, das Pilzgemüse darüber verteilen und mit der restlichen Petersilie bestreuen. • Dazu schmeckt Tomatensalat mit Schnittlauch oder roher Gemüsesalat (Rezept Seite 21).

Grünkernpflänzchen

Schmecken fast wie Frikadellen

1 Zwiebel · 3 Eßl. Öl
200 g Grünkern, mittelfein geschrotet · ⅜ l kaltes Wasser
2 Eier · 1–2 Eßl. Petersilie, frisch gehackt · Salz
etwa 1280 Joule/305 Kalorien
10 g Eiweiß · 13 g Fett
36 g Kohlenhydrate pro Person

Zubereitungszeit: etwa 1½ Stunden

Die Zwiebel schälen und feinhacken. • 1 Eßlöffel Öl erhitzen. • Die Zwiebel darin unter Rühren glasig braten. Den Grünkernschrot dazugeben und mitrösten, bis er vollkommen vom Fett überzogen ist. Das Wasser angießen und den Grünkern zugedeckt bei schwacher Hitze 10 Minuten leise köcheln lassen. • Den Grünkernschrot auf der abgeschalteten Kochplatte noch einmal 50 Minuten zugedeckt ausquellen und dann im offenen Topf lauwarm abkühlen lassen. • Die Eier mit einer Gabel verquirlen und mit der Petersilie unter den Grünkernschrot mischen, alles mit Salz abschmecken. • Aus dem Teig mit angefeuchteten Händen 8 gleichgroße Pflänzchen formen. • Das restliche Öl erhitzen. • Die Grünkernpflänzchen darin bei mittlerer Hitze in etwa 10 Minuten goldbraun braten, dabei einmal wenden. • Dazu paßt gemischter Salat.

Mein Tip: Wenn Sie keinen Grünkern bekommen, kochen Sie 300 g grob geschroteten Weizen in etwa 0,8 l Wasser. Dabei häufig umrühren, denn der Weizen brennt leicht an. Den Weizen dann ebenfalls ausquellen und abkühlen lassen. 1 gehackte Zwiebel und 2 Eier unter den Weizen mischen, die Masse mit Salz und frisch gemahlenem weißem Pfeffer abschmecken, zu Pflänzchen formen und wie die Grünkernpflänzchen im heißen Öl braten.

Buchweizenklößchen in Gorgonzolasahne

Der Buchweizen gibt das feine Nußaroma

150 g Buchweizen, grob geschrotet · 0,3 l Wasser
150 g Weizenmehl Type 1050
50 g Weizenvollkorngrieß
2 Eier · 2 Eßl. saure Sahne
3 Eßl. Petersilie, frisch gehackt
3 Eßl. Schnittlauchröllchen
Salz · weißer Pfeffer, frisch gemahlen · Muskatnuß, frisch gerieben · 30 g Butter
150 g Gorgonzola · ¼ l Sahne
etwa 3275 Joule/780 Kalorien
24 g Eiweiß · 50 g Fett
60 g Kohlenhydrate pro Person

Zubereitungszeit: etwa 1 Stunde
Quellzeit des Buchweizens: 1 Stunde

Den Buchweizen mit dem Wasser bedecken, einmal aufkochen und zugedeckt bei schwacher Hitze 20 Minuten köcheln, dann vom Herd ziehen und zugedeckt 1 Stunde quellen lassen. • Den Buchweizen mit dem Mehl, dem Grieß, den Eiern, der sauren Sahne und den Kräutern zu einem nicht zu festen, jedoch formbaren, Teig mischen. Mit Salz, Pfeffer und Muskatnuß würzen. • Den Backofen auf 220° vorheizen. • Von dem Teig mit zwei nassen Teelöffeln Klößchen abstechen und in reichlich sprudelnd kochendem Salzwasser garen, bis sie an die Oberfläche steigen, dann herausnehmen, abtropfen lassen und in eine mit etwas Butter ausgestrichene feuerfeste Form legen. • Den Gorgonzola zerdrücken, mit der Sahne in eine Pfanne geben und bei schwacher Hitze unter Rühren so lange erwärmen, bis sich der Käse aufgelöst und mit der Sahne verbunden hat. Mit Pfeffer und Muskatnuß abschmecken und über den Klößchen verteilen. Die restliche Butter in Flöckchen teilen und die Klößchen damit belegen. • Die Form in den Backofen auf die zweite Schiene von unten stellen und die Klößchen 12–15 Minuten gratinieren, bis die Käsesahne gebräunt ist.

Geschmorter Weizen

Ungewöhnlich und einfach köstlich

im Bild hinten

200 g Weizenkörner · etwa 0,45 l Wasser · 400 g Auberginen · Salz · 400 g vollreife Tomaten · 1 Zwiebel · 2 Knoblauchzehen · 5–6 EBl. Olivenöl · 1/8 l trockener Rotwein · 1 Teel. gekörnte Gemüsebrühe · 1 EBl. frische Thymianblättchen oder 1 Teel. getrockneter Oregano · schwarzer Pfeffer, frisch gemahlen · 100 g Bergkäse oder Emmentaler · 1 Bund Basilikum

etwa 2120 Joule/505 Kalorien
15 g Eiweiß · 25 g Fett
40 g Kohlenhydrate pro Person

Zubereitungszeit: etwa 1¾ Stunden · Quellzeit des Weizens: 1 Stunde

Die Weizenkörner mit dem Wasser zum Kochen bringen und zugedeckt bei schwacher Hitze 1 Stunde leise köcheln lassen. Den Topf dann vom Herd ziehen und den Weizen im offenen Topf 1 weitere Stunde ausquellen lassen. • Die Auberginen waschen, abtrocknen, vom Stielansatz befreien und in etwa 1 cm große Würfel schneiden. Die Würfel mit Salz bestreuen und etwa 10 Minuten ziehen lassen.
• Inzwischen die Tomaten häuten und würfeln. Dabei die Stielansätze und die Kerne entfernen. Die Zwiebel und die Knoblauchzehen schälen und feinwürfeln.
• Die Auberginen trockentupfen.
• Das Olivenöl nach und nach in einer Pfanne erhitzen. Die Auberginenwürfel darin rundherum anbraten. Die Zwiebel und den Knoblauch dazugeben und unter Rühren glasig braten. • Die Weizenkörner mit dem Wasser, das sie noch nicht aufgesogen haben, dazugeben. Die Weizenkörner unter Rühren mitschmoren, dabei den Bratensatz lösen.
• Den Rotwein dazugießen und alles einmal aufkochen. • Die Temperatur zurückschalten, den Weizen mit der gekörnten Gemüsebrühe, den Thymianblättchen oder dem Oregano und Pfeffer würzen. Den Topf schließen und den Weizen bei schwacher Hitze 10 Minuten schmoren. • Die Tomaten unter den Weizen mischen und alles weitere 10 Minuten zugedeckt garen. • Währenddessen den Käse grobreiben. Das Basilikum waschen, die Blättchen von den Stielen zupfen, trockentupfen und grob zerkleinern.
• Den geschmorten Weizen mit Salz abschmecken und schichtweise mit dem geriebenen Käse in eine vorgewärmte Schüssel füllen. Den Weizen mit dem Basilikum bestreuen und sofort servieren.

Variante:
Buchweizen, überbacken
im Bild vorne
1 Zwiebel und 1 Knoblauchzehe schälen und feinhacken. 1 Eßlöffel Butter erhitzen und die Zwiebel und den Knoblauch darin unter ständigem Rühren glasig braten. 200 g geröstete Buchweizenkörner dazugeben und anbraten. 1 l Gemüsebrühe dazugießen, den Buchweizen einmal aufkochen und dann bei schwacher Hitze 5 Minuten köcheln. Den Topf vom Herd ziehen und den Buchweizen zugedeckt weitere 15 Minuten zu einem dicken Brei ausquellen lassen. 500 g junge zarte Zucchini waschen, von den Stiel- und Blütenansätzen befreien und in Stifte schneiden. 300 g Tomaten häuten, von Stielansätzen und Kernen befreien und würfeln. Die Zucchini, die Tomaten und 2 Eßlöffel getrockneten Oregano in 2 Eßlöffeln Olivenöl braten, bis die Flüssigkeit, die sich bildet, wieder verdampft ist. Den Buchweizenbrei mit Salz, frisch gemahlenem schwarzem Pfeffer und dem Saft von 1 Zitrone würzen. Das Gemüse und etwa 100 g frisch geriebenen mittelalten Gouda unter den Buchweizen mischen, in eine feuerfeste Form füllen, glattstreichen und mit weiteren 150 g geriebenem Gouda bestreuen. Die Form in den heißen Backofen schieben und den Buchweizen bei 200° etwa 30 Minuten backen.

Feine Reisgerichte

Aus der italienischen und orientalischen Küche

Risotto mit Erbsen und Safran
im Bild hinten

1 Zwiebel · 1 Knoblauchzehe
2 Eßl. Olivenöl · 400 g Natur-
rundkornreis · 1–1¼ l Gemüsebrühe · Kräutersalz
weißer Pfeffer, frisch gemahlen
300 g gepalte Erbsen, frisch oder
tiefgefroren · ⅛ l Sahne
1 Eßl. Butter · 1 Briefchen
Safranfäden · 100 g Parmesan,
frisch gerieben
etwa 2960 Joule/705 Kalorien
22 g Eiweiß · 27 g Fett
87 g Kohlenhydrate pro Person

Zubereitungszeit: etwa
1¼ Stunden

Die Zwiebel und die Knoblauchzehe schälen und feinhacken. • Das Olivenöl erhitzen. • Die Zwiebel und den Knoblauch bei mittlerer Hitze darin glasig braten. Den ungewaschenen Reis dazugeben und so lange mitrösten, bis alle Körner vom Öl überzogen sind. Für Risotto wird Reis nie gewaschen, damit die Stärke nicht abgespült wird, die den Risotto sämig macht. • Die Hälfte der Gemüsebrühe dazugießen und den Reis mit Kräutersalz und Pfeffer würzen. Den Reis bei starker Hitze einmal aufkochen lassen, dann bei schwacher Hitze etwa 50 Minuten garen. Dabei die restliche Brühe immer dann nachgießen, wenn der Reis die Flüssigkeit aufgesogen hat. Während des Garens häufig mit einer Gabel durchrühren, damit der Risotto schön sämig wird. • Die Erbsen untermischen, die Sahne hinzufügen und alles weitere 5 Minuten garen. • Inzwischen die Butter zerlassen, aber nicht bräunen. Die Safranfäden zwischen zwei Fingern zerreiben und in der Butter auflösen. Die Safranbutter und den Parmesan mit einer Gabel unter den fertigen Risotto ziehen. In einer vorgewärmten Schüssel anrichten und sofort servieren.

Gemüsepilaw
im Bild vorne

50 g Kichererbsen · 1 Zwiebel
2 Knoblauchzehen · 350 g Naturlangkornreis · 5 Eßl. Öl
1 l Gemüsebrühe · 1 Aubergine
1 Zucchino · 1 große Möhre
Kräutersalz · schwarzer Pfeffer,
frisch gemahlen · 2 Eßl. Petersilie, frisch gehackt
etwa 2270 Joule/540 Kalorien
12 g Eiweiß · 15 g Fett
83 g Kohlenhydrate pro Person

Zubereitungszeit: etwa
1½ Stunden · Einweichzeit: über Nacht

Die Kichererbsen über Nacht in kaltem Wasser einweichen. Die Erbsen dann abgießen und sehr gut abtropfen lassen. • Die Zwiebel und die Knoblauchzehen schälen und feinhacken. • Den Reis unter fließendem kaltem Wasser waschen, abtropfen lassen und unter Rühren in 1 Eßlöffel Öl glasig braten. • Die Kichererbsen, die Zwiebel und den Knoblauch untermischen und alles unter weiterem Rühren kurz anrösten. • Die Gemüsebrühe dazugießen. Den Reis zum Kochen bringen und dann bei schwächster Hitze zugedeckt in etwa 50 Minuten garen. • Inzwischen die Aubergine und den Zucchino waschen, von den Stielansätzen befreien und würfeln. Die Möhre schaben, waschen und in Stifte schneiden. • Das restliche Öl erhitzen. Zuerst die Auberginenwürfel und dann die anderen Gemüse bei starker bis mittlerer Hitze rundherum darin anbraten. • Die Gemüse mit Kräutersalz und Pfeffer würzen und vorsichtig unter den Reis mischen. Den Topf schließen und alles noch einmal 5 Minuten garen. • Den Gemüsepilaw mit der Petersilie bestreut servieren.

Buchweizenschmarren mit Schwarzwurzelgemüse

Ein deftiges Wintergericht

im Bild vorne

250 g Buchweizenmehl
¼ l Dickmilch · ¼ l Mineralwasser
3 Eßl. Sonnenblumenöl
Salz · 500 g Schwarzwurzeln
1–2 Eßl. Essig
1 Eßl. Zitronensaft · 1 Eßl. Butter
3 Eßl. Crème fraîche · schwarzer
Pfeffer, frisch gemahlen
2 Eßl. Petersilie, frisch gehackt
etwa 2040 Joule/485 Kalorien
11 g Eiweiß · 17 g Fett
69 g Kohlenhydrate pro Person

Zubereitungszeit: etwa
30 Minuten · Quellzeit des
Teiges: etwa 45 Minuten

Das Buchweizenmehl mit der Dickmilch, dem Mineralwasser, 2 Eßlöffeln Öl und wenig Salz zu einem glatten Teig verrühren und 45 Minuten quellen lassen. • Für das Schwarzwurzelgemüse eine Schüssel mit kaltem Wasser füllen und den Essig dazugeben. Die Schwarzwurzeln gründlich schälen und waschen. Die Wurzeln in etwa 2 cm lange Stücke schneiden und sofort in das Essigwasser legen, damit sie sich nicht verfärben. • Etwa ½ Liter Wasser mit dem Zitronensaft und wenig Salz zum Kochen bringen. Die Schwarzwurzeln in das sprudelnd kochende Wasser geben und bei mittlerer Hitze in etwa 15 Minuten bißfest garen, dann abgießen und abtropfen lassen. Das Kochwasser dabei auffangen und für ein anderes Gericht, beispielsweise eine Suppe verwenden. • 1 Eßlöffel Öl in einer schweren Pfanne erhitzen. Den Buchweizenteig einfüllen und bei mittlerer Hitze auf der Unterseite so lange backen, bis er an den Rändern fest wird. Den Pfannkuchen wenden und auf der zweiten Seite ebenfalls backen, dann mit zwei Gabeln in Stücke teilen und den Schmarren unter häufigem Wenden weitere 2 Minuten backen, dann aus der Pfanne nehmen und warm halten. • Die Butter erhitzen, aber nicht bräunen. • Die Schwarzwurzeln darin bei mittlerer Hitze unter Rühren anbraten, bis sie vom Fett überzogen sind. Die Crème fraîche unterrühren. Das Schwarzwurzelgemüse mit Salz und Pfeffer abschmecken. Die gehackte Petersilie daruntermischen und das Gemüse zum Buchweizenschmarren reichen.

Variante: Vollkornschmarren mit Lauchgemüse
im Bild hinten

250 g Weizenvollkornmehl mit Salz, je ¼ l Milch und kohlensäurearmem Mineralwasser glattrühren. 2 Eier unter den Teig mischen und diesen 30 Minuten ruhen lassen, damit das Mehl quellen kann. Inzwischen 500 g Lauch (Porree) von den Wurzelansätzen und den welken Blättern befreien. Die Lauchstangen der Länge nach bis zu ihrem weißen Teil kreuzweise einschneiden. Die Blätter auseinanderbiegen, den Lauch gründlich waschen und trockenschwenken. Den Lauch mit etwa zwei Drittel der zarten grünen Blätter in 1 cm lange Stücke schneiden. 2 Knoblauchzehen schälen und feinhacken. 2 Handvoll Kerbel verlesen, waschen und trockentupfen. 2 Eßlöffel Öl in einer Pfanne erhitzen, den Teig einfüllen und den Schmarren wie oben beschrieben backen und warm halten. 1 weiteren Eßlöffel Öl erhitzen. Den Lauch darin unter ständigem Wenden anbraten. Den Knoblauch dazugeben und kurz mitbraten. Knapp ⅛ l Gemüsebrühe dazugießen, das Lauchgemüse einmal aufkochen und dann zugedeckt bei schwacher Hitze in 8–10 Minuten bißfest garen. Inzwischen den Kerbel feinhacken. Das Lauchgemüse mit dem Kerbel und 2 Eßlöffeln Sahne mischen und mit Salz und frisch gemahlenem weißem Pfeffer abschmecken. Das Gemüse zu dem Schmarren servieren.

Polentaschnitten mit Tomatensauce

Rustikal und dennoch leicht

Zutaten für 4–5 Personen:
250 g Maisgrieß (Polenta)
1,2 l Wasser
Salz · 300 g Mangold
700 g vollreife Tomaten
250 g braune Egerlinge
1 Zwiebel · 1 Knoblauchzehe
1 Bund Basilikum oder Petersilie
3 Eßl. Olivenöl · schwarzer Pfeffer, frisch gemahlen · 1 Prise Zucker
etwa 1280 Joule/305 Kalorien
9 g Eiweiß · 7 g Fett
50 g Kohlenhydrate pro Person bei 5 Portionen

Zubereitungszeit: etwa 30 Minuten · Quellzeit der Polenta: etwa 45 Minuten

Den Maisgrieß mit dem Wasser und Salz einmal aufkochen und bei schwächster Hitze im offenen Topf etwa 45 Minuten ausquellen lassen, bis sich der Brei vom Topfrand löst. • Inzwischen die Mangoldblätter von den Stielen streifen (die Stiele für ein anderes Gericht verwenden), waschen, trockentupfen und grobhacken. Nach 30 Minuten Quellzeit unter den Maisgrieß mischen. • Die Polenta auf ein Backblech streichen und etwa 20 Minuten trocknen lassen, bis sie schnittfest ist, dann in etwa 2 x 5 cm große Stücke schneiden. • Die Tomaten waschen, halbieren, von den Stielansätzen befreien und pürieren. Die Egerlinge putzen und die Huthäute abziehen. Die Pilze gegebenenfalls kurz waschen und blättrig schneiden. Die Zwiebel und die Knoblauchzehe schälen und feinhacken. Das Basilikum oder die Petersilie waschen, die Blätter abzupfen, trockentupfen und ebenfalls feinhacken. • 2 Eßlöffel Öl erhitzen. Die Polentaschnitten darin rundherum goldbraun braten, herausnehmen und warm halten. • Das restliche Öl erhitzen. • Die Zwiebel und den Knoblauch darin unter Rühren glasig braten. Die Pilze dazugeben und ebenfalls unter Rühren anbraten. Das Tomatenpüree hinzufügen, alles mit Salz, Pfeffer und dem Zucker abschmecken und zugedeckt nur erhitzen. Das Basilikum oder die Petersilie untermischen. Die Sauce zu den Polentaschnitten servieren.

Kichererbsen mit Wirsing

Ein vollwertiges Hauptgericht

1 kleiner Wirsingkohl von etwa 750 g · 2 Schalotten
1 Stück frische Ingwerwurzel, etwa 2 cm lang · 300 g gekeimte Kichererbsen · 30 g Butter
¼ l Sahne · Salz
weißer Pfeffer, frisch gemahlen
etwa 1785 Joule/425 Kalorien
12 g Eiweiß · 30 g Fett
27 g Kohlenhydrate pro Person

Zubereitungszeit: etwa 40 Minuten

Den Wirsingkohl von den äußeren welken Blättern befreien. Zwei weitere Blätter ablösen und beiseite legen. Den Wirsing vierteln und den Strunk herausschneiden. Die Kohlviertel unter fließendem kaltem Wasser gründlich abspülen und abtrocknen. Den Kohl grobschneiden.
• Die Schalotten schälen und feinhacken. Die Ingwerwurzel ebenfalls schälen und in dünne Scheibchen schneiden. Die Kichererbsen auf ein Sieb geben, gut abspülen und abtropfen lassen. • Die Butter erhitzen. • Die Schalotten und die Ingwerwurzel darin bei mittlerer Hitze unter Rühren so lange braten, bis die Schalotten glasig sind. Den Wirsing und die Kichererbsen dazugeben und kurz mitbraten. • Die Sahne dazugießen und einmal aufkochen. Die Temperatur zurückschalten und die Kichererbsen mit Wirsing zugedeckt bei schwacher Hitze etwa 10 Minuten köcheln. Dabei immer wieder umrühren, damit die Erbsen und der Kohl gleichmäßig garen. • Inzwischen die beiden Kohlblätter von den dicken Rippen befreien, abspülen, trockentupfen und feinhacken. • Die Kichererbsen mit Salz und Pfeffer abschmecken, in eine vorgewärmte Schüssel füllen und mit dem gehackten Wirsing bestreut anrichten.
• Dazu schmecken gebutterte, mit Gomasio bestreute Vollkornbrötchen oder Naturreis.

Maistopf mit Tomaten

Angelehnt an die südamerikanische Küche

500 g vollreife Tomaten
1 Zwiebel · 2 Knoblauchzehen
2 Dosen Maiskörner von je etwa 340 g · 1 Eßl. Sonnenblumenöl · ⅛ l Sahne
1 Teel. Gelbwurz (Kurkuma)
1 Teel. Kreuzkümmel (Kumin oder Djintan)
½ Teel. Koriander · Chilipulver
Salz · 1 Bund Petersilie
etwa 1495 Joule/355 Kalorien
8 g Eiweiß · 16 g Fett
44 g Kohlenhydrate pro Person

Zubereitungszeit: etwa 40 Minuten

Die Tomaten mit kochendem Wasser übergießen, kurz darin ziehen lassen, abschrecken und häuten. Die Tomaten würfeln, dabei die Stielansätze und möglichst auch alle Kerne entfernen. Die Zwiebel und die Knoblauchzehen schälen und feinhacken. Den Mais auf ein Sieb geben und unter kaltem Wasser gründlich abspülen, um den Zucker zu entfernen, der dem Dosenmais zugesetzt wird.
• Das Öl erhitzen. • Die Zwiebel und den Knoblauch darin bei schwacher bis mittlerer Hitze unter ständigem Rühren glasig braten. Die Tomaten und den Mais untermischen. Die Sahne dazugießen. Die Gelbwurz, den Kreuzkümmel, den Koriander und Chilipulver nach Geschmack unterrühren. • Den Maistopf mit Salz würzen und einmal aufkochen lassen. Die Temperatur zurückschalten und den Maistopf zugedeckt bei schwacher Hitze etwa 5 Minuten garen. • Inzwischen die Petersilie waschen, die Blättchen von den Stielen zupfen, trockentupfen und mittelfein hacken. • Den Maistopf mit der Petersilie bestreut anrichten. • Dazu passen Vollkornnudeln oder Naturreis und vorweg ein Rohkostsalat.

Bulgur mit Gemüse

Eine köstliche Alternative zu Reisgerichten

im Bild rechts

250 g Bulgur · 1 Zwiebel
2 Knoblauchzehen · 2 Eßl. Öl
etwa 0,55 l Gemüsebrühe
250 g vollreife Tomaten
250 g Broccoli · Salz · schwarzer
Pfeffer, frisch gemahlen
1 Bund Petersilie
etwa 1280 Joule/305 Kalorien
10 g Eiweiß · 6 g Fett
51 g Kohlenhydrate pro Person

Zubereitungszeit: etwa 40 Minuten

Das Bulgur auf ein feinmaschiges Sieb geben und unter fließendem kaltem Wasser gründlich abspülen und abtropfen lassen. • Die Zwiebel und die Knoblauchzehen schälen und feinhacken. • Das Öl erhitzen. • Die Zwiebel und den Knoblauch darin unter Rühren glasig braten. Das Bulgur zugeben und bei schwacher bis mittlerer Hitze etwa 5 Minuten unter ständigem Umrühren anschwitzen. • Die Hälfte der Gemüsebrühe dazugeben, das Bulgur zum Kochen bringen und dann zugedeckt bei schwacher Hitze 20 Minuten köcheln lassen. Dabei die restliche Gemüsebrühe nach und nach dazugießen und das Bulgur immer wieder umrühren. Währenddessen die Tomaten mit kochendem Wasser übergießen, kurz darin ziehen lassen, kalt abschrecken und häuten. Die Tomaten in Achtel teilen, dabei die Stielansätze und die Kerne entfernen. Die Broccoli waschen, die großen Blätter und die holzigen Stielenden abschneiden. Die Haut von den Stielen nach oben abziehen. Die Röschen abschneiden, denn sie haben eine kürzere Garzeit. • Reichlich Wasser mit Salz zum Kochen bringen. Zuerst die Broccolistiele in dem sprudelnd kochenden Wasser etwa 3 Minuten garen. Die Röschen dazugeben und weitere 3 Minuten kochen. Die Broccoli eiskalt abschrecken, damit sie ihre grüne Farbe behalten, und abtropfen lassen. • Die Tomatenachtel auf das Bulgur legen und zugedeckt noch einmal 5 Minuten garen. • Die Broccoli zum Bulgur geben, alles vorsichtig mischen und mit Salz und Pfeffer würzen. Die Temperatur höherschalten und die Broccoli bei mittlerer Hitze heiß werden lassen. Dabei immer wieder vorsichtig umrühren, denn das Bulgur brennt leicht an. • Die Petersilie waschen, die Blättchen abzupfen, gut trockentupfen und feinhacken. Das Bulgur mit der Petersilie bestreut anrichten.

Mein Tip: Bulgur wird vor allem im Nahen und Mittleren Osten viel gegessen. Man stellt es aus Weizen her, der zuerst eingeweicht, dann einige Stunden in wenig Wasser gekocht und anschließend getrocknet wird. Erst nach dieser Vorbehandlung wird der Weizen ähnlich wie Grieß grob vermahlen. Sie erhalten Bulgur in Naturkostläden.

Variante: Bulgur als Beilage
im Bild links
300 g Bulgur unter fließendem kaltem Wasser waschen und mit 1 l Wasser und etwas Salz einmal aufkochen, 5 Minuten sprudelnd kochen lassen und dann abgießen. 1 Eßlöffel Butter in den Topf geben und zerlassen, aber nicht bräunen. Den Topfboden mit etwa 2 mm dicken Schwarzbrotscheibchen auslegen. Das Bulgur pyramidenförmig in den Topf schichten und weitere 20 g Butter in Flöckchen an den Rändern verteilen. Den Topfdeckel mit einem Küchentuch umwickelt auf den Topf legen und beschweren. Das Bulgur bei schwächster Hitze etwa 1 Stunde garen, bis es ganz trocken ist. Zum Anrichten den Topfboden in kaltes Wasser tauchen, damit sich die Brotscheibchen lösen lassen. Das Bulgur in eine tiefe Platte füllen und mit den nunmehr gerösteten Brotscheibchen belegen.

Gebratener Reis

Ein Gericht aus der chinesischen Küche

250 g Naturlangkornreis
½ l Wasser · 1 Zwiebel
2 Knoblauchzehen
100 g braune Egerlinge
1 Eßl. Zitronensaft
500 g Broccoli
2 Eßl. Öl · 1 Eßl. Sojasauce
2 Eßl. trockener Sherry · Salz
weißer Pfeffer, frisch gemahlen
2 Eier
etwa 1615 Joule/385 Kalorien
14 g Eiweiß · 9 g Fett
55 g Kohlenhydrate pro Person

Zubereitungszeit: etwa 1½ Stunden

Den Reis mit dem Wasser zum Kochen bringen und einmal aufkochen lassen. Die Temperatur zurückschalten und den Reis zugedeckt bei schwächster Hitze in etwa 40 Minuten körnig ausquellen und dann abkühlen lassen. • Die Zwiebel und die Knoblauchzehen schälen und feinhakken. Die Egerlinge putzen, die Huthäute abziehen, die Pilze gegebenenfalls kurz waschen und blättrig schneiden. Sofort mit dem Zitronensaft beträufeln. Die Broccoli putzen, waschen und in Stiele und Röschen teilen. • Die Hälfte des Öls in einer Pfanne erhitzen. • Die Zwiebel und den Knoblauch darin unter Rühren glasig braten. Die Broccolistiele dazugeben und etwa 3 Minuten unter ständigem Wenden mitbraten. Die Pilze und die Broccoliröschen zufügen und ebenfalls unter Rühren braten, bis die Gemüse bißfest sind und die Flüssigkeit, die sich gebildet hat, wieder verdampft ist. • Die Gemüse herausnehmen und warm halten. • Das restliche Öl erhitzen. Den Reis darin braten, bis er leicht gebräunt ist. Die Gemüse untermischen. Alles mit der Sojasauce, dem Sherry, Salz und Pfeffer abschmecken. • Die Eier mit einer Gabel verquirlen, über den Reis gießen und einige Male durchrühren, bis das Ei nur gestockt ist. Den Reis in einer vorgewärmten Schüssel servieren. • Dazu schmeckt Sprossensalat (Rezept Seite 26).

Panierte Tofuschnitzel mit Grünkern-Pilzen

Vollwertkost, die Sie Fleisch bestimmt nicht vermissen läßt

300 g Tofu · 4 EBl. Sojasauce
100 g Grünkern (ganze Körner)
200 ml Gemüsebrühe
1 Scheibe altbackenes Roggen- oder Vollkornbrot (etwa 40 g)
2 Bund Petersilie · 1 Zwiebel
400 g frische Pilze (braune Egerlinge, Austernpilze oder Mischpilze) · 2 EBl. Vollkornweizenmehl · Muskatnuß, frisch gerieben · 1 Ei · 5 EBl. Sonnenblumenöl · Salz · weißer Pfeffer, frisch gemahlen
etwa 1600 Joule/380 Kalorien
16 g Eiweiß · 17 g Fett
37 g Kohlenhydrate pro Person

Zubereitungszeit: etwa 40 Minuten · Marinierzeit des Tofus: 2 Stunden · Quellzeit des Grünkerns: 1 Stunde

Den Tofu abtropfen lassen und in knapp 1 cm dicke Scheiben schneiden. Die Tofuscheiben nebeneinander auf eine tiefe Platte legen, mit der Sojasauce beträufeln und 2 Stunden marinieren, dabei immer wieder wenden, damit der Tofu die Sauce gut aufnimmt. • Den Grünkern mit der Gemüsebrühe zum Kochen bringen. Die Temperatur zurückschalten und den Grünkern zugedeckt bei schwacher Hitze 25 Minuten leise köcheln lassen. Den Topf dann vom Herd nehmen und den Grünkern im offenen Topf noch 1 Stunde ausquellen lassen. • Das Roggen- oder Vollkornbrot sehr fein reiben. Die Petersilie waschen, die Blättchen von den Stielen zupfen, sehr gut trockentupfen und feinhacken. Die Zwiebel schälen und kleinwürfeln. • Die Stielenden der Egerlinge mit den anhaftenden Erdresten abschneiden. Wenn Sie Austernpilze verwenden, werden die zähen Stiele vollkommen entfernt. Von Mischpilzen kratzen Sie die Erdreste und die Tannennadeln nur mit einem spitzen Messer ab. Die Huthäute von allen Pilzen abziehen, denn sie enthalten die meisten Schadstoffe (das gilt besonders für Waldpilze; Zuchtpilze sind nicht so stark belastet). Die Pilze gegebenenfalls kurz kalt waschen und blättrig schneiden. • Die Tofuscheiben aus der Sojasauce nehmen und auf eine dicke Lage Küchenpapier legen: Wenn die Scheiben zu feucht sind, haftet die Panade nicht daran. • Zum Panieren das Vollkornmehl auf einen flachen Teller geben und mit der Muskatnuß mischen. Das Ei auf einem zweiten Teller mit einer Gabel verquirlen und das geriebene Brot auf einem dritten Teller bereitstellen. • Die Tofuscheiben zuerst im Vollkornmehl, dann im Ei und zum Schluß im geriebenen Brot wenden. • 4 Eßlöffel Öl in einer Pfanne heiß werden lassen. Die Tofuscheiben darin bei mittlerer Hitze in etwa 5 Minuten auf beiden Seiten goldbraun braten. Die Tofuschnitzel im Backofen warm halten. • Das restliche Öl ebenfalls erhitzen. Die Zwiebel darin glasig braten. Die Pilze und den Grünkern dazugeben und bei starker Hitze unter ständigem Rühren nur heiß werden lassen. Die Temperatur muß wirklich hoch sein, damit die Pilze nur wenig, am besten gar keine Flüssigkeit abgeben. • Die gehackte Petersilie untermischen und die Grünkernpilze mit Salz und Pfeffer würzen. • Den panierten Tofu und die Grünkernpilze getrennt anrichten. • Dazu paßt gemischter Salat mit Sonnenblumen- oder Kürbiskernen in Knoblauch-Kräuter-Vinaigrette.

<u>Mein Tip:</u> Wenn Sie keinen Grünkern bekommen, verwenden Sie Weizenkörner, die Sie 1 Stunde kochen und 1 weitere Stunde ausquellen lassen.

Tofuklößchen in Kapernsauce

Köstlich wie Königsberger Klopse

Gebratener Tofu mit Gemüse

Ein vollwertiges Hauptgericht

1 Zwiebel · 1 Bund Petersilie
300 g Tofu · 2 EBl. Sojasauce
1 Ei · 3 EBl. Walnüsse, fein
gerieben · 2 EBl. Vollkornbrot, fein gerieben · 1–2 EBl.
Parmesan, frisch gerieben
weißer Pfeffer, frisch gemahlen
2 EBl. Weizenvollkornmehl
knapp 0,45 l kalte Gemüsebrühe
1 EBl. Butter · 4 EBl. Sahne
1 EBl. Kapern · 2 EBl. Kerbel,
frisch gehackt · Salz
1 Teel. Zitronensaft
etwa 925 Joule/220 Kalorien
10 g Eiweiß · 15 g Fett
10 g Kohlenhydrate pro Person

Zubereitungszeit: etwa
30 Minuten

Die Zwiebel schälen und hakken. Die Petersilie waschen, die Blättchen abzupfen, trockentupfen und fein zerkleinern. Den Tofu mit einer Gabel zerdrücken. • Den Tofu mit der Zwiebel, der Petersilie, der Sojasauce, dem Ei, den Nüssen, dem Vollkornbrot und dem Parmesan zu einem Teig mischen, mit der Hand durchkneten, bis er die richtige Bindung hat und mit weißem Pfeffer abschmecken. Aus dem Teig etwa walnußgroße Bällchen formen. • Das Mehl in einen Topf geben und bei starker Hitze unter ständigem Rühren anrösten, bis es zart duftet. • Die Gemüsebrühe nach und nach dazugießen und dabei kräftig mit dem Schneebesen rühren. Das Mehl unter weiterem Rühren in der Brühe aufkochen, bis eine glatte, sämige Sauce entstanden ist. • Die Tofuklößchen einlegen und 10 Minuten leise kochen lassen, dann mit einem Schaumlöffel aus der Sauce nehmen und in einer vorgewärmten Schüssel warm halten. • Die Butter in die Sauce schlagen. Die Sahne, die Kapern und den Kerbel einrühren, die Sauce mit Salz und dem Zitronensaft abschmecken und über die Tofuklößchen gießen.
• Dazu schmeckt Naturreis.

300 g Tofu · 4 EBl. Sojasauce
1 EBl. trockener Sherry
je 250 g Lauch (Porree),
Knollensellerie und gekeimte
Kichererbsen · 1 Knoblauchzehe
1½ EBl. Weizenvollkornmehl
3 EBl. Öl · ⅛ l Gemüsebrühe
weißer Pfeffer, frisch gemahlen
2 EBl. Petersilie, frisch gehackt
Gomasio zum Bestreuen
etwa 820 Joule/195 Kalorien
13 g Eiweiß · 5 g Fett
24 g Kohlenhydrate pro Person

Zubereitungszeit: etwa
30 Minuten · Marinierzeit: etwa
30 Minuten

Den Tofu abtropfen lassen und in 1 cm große Würfel schneiden. Die Sojasauce und den Sherry über die Tofuwürfel geben und diese mindestens 30 Minuten marinieren; dabei immer wieder wenden. • Den Lauch putzen, waschen, trokkenschwenken und in etwa 1 cm lange Stücke schneiden. Den Sellerie schälen, waschen und zuerst in Scheiben, dann in etwa ½ cm breite Stifte schneiden. Die Kichererbsen waschen und abtropfen lassen. Die Knoblauchzehe schälen und feinhakken. • Die Tofuwürfel aus der Marinade nehmen, abtropfen lassen und in dem Mehl wenden. • 2 Eßlöffel Öl erhitzen. Die Tofuwürfel darin bei starker bis mittlerer Hitze unter häufigem Wenden von allen Seiten braun und knusprig braten. • Das restliche Öl ebenfalls erhitzen. Den Lauch, den Sellerie, die Kichererbsen und den Knoblauch darin bei mittlerer bis starker Hitze so lange unter Rühren braten, bis die Gemüse vom Öl überzogen sind. • Die Gemüsebrühe und die Tofumarinade dazugießen, einmal aufkochen und zugedeckt bei schwacher Hitze 5–7 Minuten köcheln lassen. Mit Pfeffer abschmecken. Die Tofuwürfel auf dem Gemüse anrichten, mit der Petersilie und Gomasio bestreuen.

Schwarze Bohnen mit Mais

Reich an pflanzlichem Eiweiß

Curry von Nüssen

Feurige Würze aus der indischen Küche

---

300 g schwarze Bohnen
1 Bund Suppengrün · 1 Bund Petersilie · 1 Bund Bohnenkraut
1 Lorbeerblatt · 4 weiße Pfefferkörner · 2 Schalotten · 2 Dosen Maiskörner von je etwa 340 g
2 Eßl. Öl · Salz · weißer Pfeffer, frisch gemahlen
1 Becher Crème fraîche (200 g)
Chilipulver
etwa 2800 Joule/665 Kalorien
23 g Eiweiß · 26 g Fett
84 g Kohlenhydrate pro Person

Zubereitungszeit: etwa 2 Stunden · Einweichzeit: 12 Stunden

Die Bohnen auf ein Sieb geben, kalt abspülen, mit kaltem Wasser bedecken und 12 Stunden einweichen. • Am nächsten Tag das Suppengrün putzen und waschen. Die Petersilie und das Bohnenkraut waschen und trockenschwenken. Die Petersilienblättchen abzupfen und beiseite legen. • Die Bohnen mit dem Einweichwasser, den Petersilienstielen, dem Bohnenkraut, dem Suppengrün, dem Lorbeerblatt und den Pfefferkörnern einmal aufkochen, dann zugedeckt bei schwacher Hitze etwa 1½ Stunden kochen lassen, bis die Bohnen weich sind. • Die Bohnen abgießen, das Suppengrün, die Kräuter, das Lorbeerblatt und die Pfefferkörner wegwerfen. • Die Schalotten schälen und feinhacken. Die Maiskörner kalt abspülen. • Das Öl erhitzen. • Die Schalotten darin glasig braten. Die Bohnen und die Maiskörner dazugeben und mit Salz und weißem Pfeffer würzen. Die Crème fraîche unterrühren, das Gericht einmal aufkochen und zugedeckt bei schwacher Hitze 5 Minuten garen. Das Bohnengemüse mit 1 Prise Chilipulver abschmecken. • Die Petersilie grobhacken und über das fertige Gericht streuen. • Dazu paßt Bulgur als Beilage (Rezept Seite 121).

---

300 g Cashew-Nüsse
250 g frische Kokosnuß
0,35 l warmes Wasser
1 Zwiebel · 1 Knoblauchzehe
1 rote Pfefferschote
1 Teel. Gelbwurz (Kurkuma)
½ Teel. Ingwerpulver
½ Teel. Kreuzkümmel (Kumin oder Djintan)
1 Prise Zimtpulver · Salz
3 Eßl. Sonnenblumenöl
etwa 3170 Joule/755 Kalorien
16 g Eiweiß · 63 g Fett
30 g Kohlenhydrate pro Person

Zubereitungszeit: etwa 30 Minuten · Einweichzeit: 4 Stunden

Die Cashew-Nüsse in einer Schüssel mit Wasser bedecken und 4 Stunden einweichen. • Die Kokosnuß in Stücke brechen und mit dem Wasser im Mixer pürieren. Das Kokospüree durch ein mit einem Küchentuch ausgelegtes Sieb gießen, dabei mit einem Löffel gut ausdrücken und dann wegwerfen. Die ausgepreßte Kokosmilch für das Curry beiseite stellen. • Die Zwiebel und die Knoblauchzehe schälen und feinhacken. Den Stielansatz der Pfefferschote abschneiden, die Schote halbieren und alle weißen Häutchen sowie die Kerne entfernen. Die Schotenhälften kalt abspülen, trockentupfen und in feine Streifen schneiden. • Die Gelbwurz, das Ingwerpulver, den Kreuzkümmel, den Zimt und Salz in einem Schälchen mischen. • Die Nüsse abgießen. • Das Öl erhitzen. Die Zwiebel und den Knoblauch darin glasig braten. Die Nüsse und die Pfefferschote dazugeben und mitbraten, bis alle Flüssigkeit verdampft ist. • Die Gewürze über die Nüsse geben und die Kokosmilch angießen. Alles mischen, das Curry zum Kochen bringen und bei schwacher Hitze 5 Minuten zugedeckt garen.
• Dazu paßt Naturreis.

Köstliche Hülsenfruchtgerichte

Hauptmahlzeit oder feine Gemüsebeilage

Schwarze Bohnen mit Tomaten
im Bild links

300 g schwarze Bohnen
3 Knoblauchzehen · 1 Zweig frischer Rosmarin · 1 Lorbeerblatt · 1 getrocknete Chilischote
½ l ungesalzene Gemüsebrühe
¼ l trockener Rotwein
500 g Tomaten · 2 Weizenkeimbrötchen · 1 Bund Basilikum
5 Eßl. Olivenöl · Salz
1 Prise Zucker · schwarzer Pfeffer, frisch gemahlen
etwa 2040 Joule/485 Kalorien
20 g Eiweiß · 13 g Fett
59 g Kohlenhydrate pro Person

Zubereitungszeit: etwa 2 Stunden · Einweichzeit: 12 Stunden

Die Bohnen kalt abspülen, mit kaltem Wasser bedecken und 12 Stunden einweichen. • Am nächsten Tag 1 Knoblauchzehe schälen. Den Rosmarin abspülen. Die Chilischote zwischen den Fingern zerreiben. • Die gut abgetropften Bohnen mit der Knoblauchzehe, dem Rosmarin, der Chilischote, der Gemüsebrühe und dem Rotwein zum Kochen bringen und dann zugedeckt 1½ Stunden kochen. • Inzwischen die Tomaten häuten und grobwürfeln, dabei die Stielansätze und die Kerne entfernen. • Die Weizenkeimbrötchen ebenfalls würfeln. Das Basilikum waschen, trockenschwenken und grob zerkleinern. Die restlichen Knoblauchzehen schälen und feinhakken. • 1 Eßlöffel Öl erhitzen. Die Tomaten dazugeben und unter Rühren so lange schmoren, bis sie weich sind. • Das restliche Öl in einer Pfanne erhitzen und die Brötchenwürfel darin rundherum goldbraun braten. Den gehackten Knoblauch zugeben und kurz mitrösten. Die Bohnen mit den Tomaten und dem Basilikum mischen, mit Salz, Pfeffer und dem Zucker abschmecken. Die gerösteten Brötchenwürfel über die Bohnen streuen.

Linsen russische Art
im Bild rechts

1 Bund Suppengrün · 1 Schalotte
1 Knoblauchzehe · 400 g rote Linsen · 1 Eßl. Butter
etwa 1 l Wasser · 2 Gewürznelken
1 Lorbeerblatt · 3 weiße Pfefferkörner · 2 Bund Schnittlauch
1 Becher saure Sahne (250 g)
Salz · weißer Pfeffer, frisch gemahlen
etwa 1830 Joule/435 Kalorien
26 g Eiweiß · 10 g Fett
62 g Kohlenhydrate pro Person

Zubereitungszeit: etwa 1 Stunde

Das Suppengrün putzen, waschen und kleinwürfeln. Die Schalotte und die Knoblauchzehe schälen und feinhacken. • Die Linsen kalt abspülen. • Die Butter in einem Topf erhitzen. • Das Suppengrün, die Schalotte und den Knoblauch darin unter Rühren so lange braten, bis die Schalotte und der Knoblauch glasig sind. Die Linsen dazugeben und kurz mitbraten. • Das Wasser angießen. Die Gewürznelken, das Lorbeerblatt und die Pfefferkörner dazugeben. • Die Linsen einmal aufkochen und dann zugedeckt bei schwacher Hitze 10—15 Minuten kochen, bis sie weich sind, aber noch Biß haben. Wenn sie zu trocken werden, noch etwas Wasser nachgießen. • Den Schnittlauch kalt abspülen, trockentupfen und feinschneiden. • Die saure Sahne unter die Linsen mischen und alles noch einmal erhitzen, aber nicht mehr kochen lassen. Die Linsen mit Salz und weißem Pfeffer abschmecken. Etwa zwei Drittel des Schnittlauchs unter die Linsen mischen, den restlichen darüberstreuen. • Dazu passen Vollkornnudeln oder Naturreis und Salat.

Bohnen-Variationen

Würzig durch Kräuter

Weiße Bohnen provenzalisch
im Bild rechts

---
300 g weiße Bohnen
1 Zweig frischer Rosmarin
2 Zweige frischer Thymian
1 Lorbeerblatt · 400 g vollreife Tomaten · 1 Zwiebel
3 Knoblauchzehen
6 Eßl. Olivenöl · Salz · schwarzer Pfeffer, frisch gemahlen
1–2 Eßl. Himbeeressig
3 Eßl. Petersilie, frisch gehackt
2 Eßl. Kapern
etwa 1850 Joule/440 Kalorien
18 g Eiweiß · 17 g Fett
50 g Kohlenhydrate pro Person

Zubereitungszeit: etwa 2 Stunden · Einweichzeit: 12 Stunden

Die Bohnen waschen, in einem Topf mit kaltem Wasser bedeckt 12 Stunden einweichen. • Am nächsten Tag den Rosmarin und den Thymian waschen und trockenschwenken. • Die Bohnen im Einweichwasser mit den Kräuterzweigen und dem Lorbeerblatt zum Kochen bringen. Die Temperatur zurückschalten und die Bohnen bei schwacher Hitze zugedeckt 1¾ Stunden garen. • Die Tomaten mit kochendem Wasser übergießen, kurz darin ziehen lassen, kalt abschrecken und häuten. Die Tomaten würfeln, dabei die Stielansätze und die Kerne entfernen. Die Zwiebel und die Knoblauchzehen schälen und feinhacken. • 2 Eßlöffel Olivenöl in einem Topf erhitzen. • Die Zwiebel und den Knoblauch darin glasig braten. Die Tomatenwürfel und die Bohnen mit der Garflüssigkeit dazugeben. Das Lorbeerblatt und die Kräuterzweige entfernen. Das Bohnengemüse zugedeckt bei schwacher Hitze weitere 15 Minuten garen, bis die Bohnen weich sind. • Die Bohnen mit Salz, Pfeffer und dem Himbeeressig abschmecken und mit dem restlichen Olivenöl, der Petersilie und den Kapern mischen. • Die Bohnen in eine vorgewärmte Schüssel füllen und servieren.
• Dazu passen Lammkoteletts oder Vollkornbrot mit Butter.

Rotes Bohnengemüse mit Äpfeln
im Bild links

---
400 g rote Bohnen
400 g säuerliche Äpfel
250 g Zwiebeln · 2 Knoblauchzehen · 2 Eßl. Öl · ¼ l Apfelwein
1 Teel. getrockneter Majoran
Salz · schwarzer Pfeffer, frisch gemahlen · Cayennepfeffer
etwa 2040 Joule/485 Kalorien
23 g Eiweiß · 7 g Fett
74 g Kohlenhydrate pro Person

Zubereitungszeit: etwa 2 Stunden · Einweichzeit: 12 Stunden

Die Bohnen auf ein Sieb geben und kalt abspülen, mit Wasser bedeckt 12 Stunden einweichen. • Am nächsten Tag die Bohnen mit dem Einweichwasser zum Kochen bringen und zugedeckt 1½ Stunden leise kochen lassen. • Die Äpfel vierteln, vom Kerngehäuse befreien, schälen und grobwürfeln. Die Zwiebeln schälen und in Ringe schneiden. Die Knoblauchzehen schälen und hacken. • Das Öl in einem Topf erhitzen. • Die Äpfel, die Zwiebeln und den Knoblauch unter ständigem Rühren darin glasig braten. • Die Bohnen abgießen, zu den Äpfeln geben und einige Minuten unter Rühren mitschmoren. • Den Apfelwein dazugießen und den Majoran untermischen. • Das Bohnengemüse erneut zum Kochen bringen und dann zugedeckt bei schwacher Hitze etwa 30 Minuten köcheln lassen, bis die Äpfel musig sind. • Die Bohnen mit Salz, schwarzem Pfeffer und 1 Prise Cayennepfeffer abschmecken und in einer vorgewärmten Schüssel anrichten. • Dieses Gemüse paßt gut zu Lamm- oder Geflügelgerichten. Wenn Sie es lieber vegetarisch mögen, servieren Sie Naturreis dazu.

Süße Hauptgerichte und Desserts

Der üppige Strudel aus gesundem, hochausgemahlenem Mehl mit einer köstlichen Füllung aus Quark und Kirschen wird gewiß nicht nur Kinder begeistern. Wer sich so richtig sattessen möchte mit süßen Leckereien, kommt auch in der Vollwertküche auf seine Kosten: Sie bietet Ihnen so feine Mehlspeisen wie Savarin mit eingelegten Trockenfrüchten und Sahne oder gekochten Pudding, dem Nüsse und Sprossen einen besonderen Pfiff geben. Apfelpfannkuchen, Quarkklößchen mit Zimt und in Butter gerösteten Vollkornbröseln oder Hirse-Reis-Küchlein, die mit fruchtigem Kompott angerichtet werden, wecken vielleicht in vielen von Ihnen angenehme Kindheitserinnerungen.

Oder Sie entscheiden sich für die anspruchsvollen Desserts, die auch verwöhnte Gaumen zufriedenstellen: cremiges Honigeis auf Orangensalat, parfümiert mit Orangenlikör, Pfirsiche überkrustet mit Nußbaiser oder frische Zwetschgen mit aromatischer Vanillecreme.
Am Schluß des Kapitels finden Sie eine Auswahl von süßen Milchmix-Getränken mit Obst oder Nüssen, die eine wunderbar leichte Erfrischung für zwischendurch sind. Die pikanten Drinks können den vitaminreichen Auftakt zum Schlemmermenü bilden. Lassen Sie sich von diesen Vorschlägen zu eigenen Kreationen anregen.

Vollkorn-Savarin mit Kompott

Schmeckt auch zum Kaffee

Zutaten für 6 Personen:
300 g Weizenmehl Type 1050
30 g Hefe · knapp ⅛ l lauwarme Milch · 90 g Butter · 3 Eßl. Honig
½ unbehandelte Zitrone · 2 Eier
1 Eigelb · 1 Teel. Vanillezucker
Salz · 250 g Dörrpflaumen, ungeschwefelt
2 Schnapsgläser (4 cl) Zwetschgenwasser
¼ l trockener Weißwein
2 Eßl. bittere Orangenkonfitüre
½ Zimtstange · Butter und Mehl für die Form · 250 g säuerliche Äpfel · 2 Teel. Zimtpulver
¼ l Sahne

etwa 2940 Joule/700 Kalorien
12 g Eiweiß · 32 g Fett
79 g Kohlenhydrate pro Person

Zubereitungszeit: etwa 2 Stunden

Für den Savarin das Weizenmehl in eine Schüssel geben. In die Mitte eine Mulde drücken und die Hefe hineinbröckeln. Die Hefe mit 2 Eßlöffeln Milch und etwas Mehl vom Rand zum Vorteig verrühren. Den Vorteig zugedeckt an einem warmen Ort 15 Minuten gehen lassen. • Inzwischen die restliche Milch mit der Butter und 1 Eßlöffel Honig in einen Topf geben. Alles bei schwacher Hitze erwärmen, bis die Butter und der Honig flüssig sind. • Die Zitrone heiß waschen, abtrocknen und die Schale abreiben. Die Zitrone auspressen und den Saft für das Apfelkompott beiseite stellen. • Die Butter-Honig-Mischung, die abgeriebene Zitronenschale, die Eier, das Eigelb, den Vanillezucker und Salz zum Vorteig geben und alles mit den Knethaken des Handrührgerätes zu einem Teig mischen. Den Teig dann mit einem Holzlöffel so lange schlagen, bis er Blasen wirft und sich vom Schüsselrand löst. • Den Teig zudecken und noch einmal 30 Minuten an einem warmen Ort gehen lassen. • Die Dörrpflaumen unter fließendem heißem Wasser abspülen und abtropfen lassen. Die Pflaumen mit dem Zwetschgenwasser übergießen. • Den Wein – 2 Eßlöffel davon für das Apfelkompott zurückbehalten – mit der Orangenkonfitüre, 1 weiteren Eßlöffel Honig und der Zimtstange bei schwacher Hitze heiß werden lassen, bis der Honig flüssig ist. Die Mischung über die Pflaumen gießen und diese zugedeckt ziehen lassen, bis der Savarin gebacken ist. • Eine Savarinform oder eine Napfkuchenform mit Butter ausstreichen und mit etwas Mehl ausstreuen. Den Teig einfüllen und zugedeckt erneut gehen lassen, bis sich sein Volumen etwa verdoppelt hat. Das dauert ungefähr 30 Minuten. • Den Backofen auf 200° vorheizen. • Den Savarin in den heißen Backofen auf die zweite Schiene von unten stellen und 30–35 Minuten backen. • Inzwischen das Apfelkompott zubereiten: Die Äpfel achteln, vom Kerngehäuse befreien und schälen. Die Achtel noch einmal auseinanderschneiden. • Die Äpfel mit dem Zitronensaft und dem restlichen Wein einmal aufkochen, dann zugedeckt bei schwacher Hitze so lange dünsten, bis sie halbweich sind. • Die Äpfel mit dem restlichen Honig und dem Zimtpulver mischen. • Die Dörrpflaumen abgießen, die Flüssigkeit dabei auffangen und die Zimtstange wegwerfen. Die Pflaumen und das Apfelkompott vorsichtig mischen. • Den Savarin auf eine Platte stürzen und mit einem Holzstäbchen von allen Seiten sehr oft einstechen. Die Flüssigkeit der Pflaumen teelöffelweise über den Savarin geben, so daß er rundherum damit getränkt ist. Den Savarin dann lauwarm abkühlen lassen. • Die Sahne steif schlagen und unter das Pflaumen-Apfel-Kompott ziehen. Die Mischung in die Mitte des Savarins füllen und diesen servieren.

<u>Mein Tip:</u> Der Savarin schmeckt auch köstlich mit frischem Obst.

Pudding mit Nüssen und Sprossen

Zutaten für 6 Personen:
100 g gemischtes Trockenobst
40 g ungesalzene Pistazien
2 Eßl. Orangenlikör · Butter und
feingeriebenes Vollkornbrot für
die Puddingform · 1 Eßl. gekeimte
Kichererbsen · ½ unbehandelte
Orange · 100 g weiche Butter
1 Eßl. Honig · je 1 Messerspitze
Nelken, Kardamom und
Muskatnuß, alles gemahlen ·
½ Teel. Zimtpulver · Salz ·
2 Eßl. Vanillezucker · 6 Eier ·
1 Eßl. gekeimte Weizenkörner ·
30 g Speisestärke
etwa 3090 Joule/735 Kalorien
4 g Eiweiß · 20 g Fett · 130 g
Kohlenhydrate pro Person

Zubereitungszeit: etwa
1¾ Stunden

Das Trockenobst und die Pistazien feinhacken, mit dem Orangenlikör mischen und zugedeckt 30 Minuten ziehen lassen. • Eine verschließbare Puddingform mit Butter einfetten und mit Brot ausstreuen. • Die Kichererbsen zerdrücken. Die Orange heiß waschen und die Schale fein abreiben. • Die Butter mit dem Honig schaumig rühren. Alle Gewürze, die abgeriebene Orangenschale, 1 Prise Salz und den Vanillezucker untermischen. • Die Eier trennen. • Die Eigelbe nach und nach unter die Buttermasse rühren. • Die Trockenfrüchte, die Pistazien, die Kichererbsen und die gekeimten Weizenkörner untermischen. • In einem Topf soviel Wasser zum Kochen bringen, daß die Puddingform zu etwa zwei Drittel darin steht. • Die Eiweiße sehr steif schlagen und auf die Puddingmasse gleiten lassen. • Die Speisestärke darüberstäuben und alles vorsichtig unterheben. Die Masse in die Puddingform füllen und diese schließen. • Die Form in das Wasserbad stellen und den Pudding etwa 70 Minuten garen. Mit einem Holzspießchen die Garprobe machen: Er ist gar, wenn keine Teigreste haften bleiben. • Die Form wieder schließen, den Pudding aus dem Wasserbad nehmen und 10 Minuten ruhen lassen. Dazu paßt Vanillesauce, aromatisiert mit feingeschnittener, unbehandelter Orangenschale.

Quarkstrudel mit Kirschen

Köstlich auch mit Heidelbeeren, vollreifen Zwetschgen oder Weintrauben

Zutaten für 4–6 Personen:
250 g Weizenmehl Type 1050
Salz · ⅛ l lauwarmes Wasser
5 Eßl. Öl · 1 Eigelb · 1 kg Sauerkirschen oder 600 g eingekochte Sauerkirschen · 3 Scheiben altbackenes Vollkornbrot
1 unbehandelte Orange
500 g Magerquark · ½ Becher Crème fraîche (100 g)
2 Eier · 3 Eßl. Ahornsirup
2 Eßl. Vanillezucker
Mehl zum Ausrollen
75 g Butter zum Bestreichen
etwa 2670 Joule/635 Kalorien
22 g Eiweiß · 29 g Fett
70 g Kohlenhydrate pro Person bei 6 Portionen

Zubereitungszeit: etwa 1¾ Stunden

Strudelteig muß immer einige Zeit an einem warmen Ort ruhen, bevor er geschmeidig genug zum Ausziehen wird. Am besten bringen Sie zuerst in einem Topf Wasser zum Kochen und gießen es wieder ab. Den Topf lassen Sie zugedeckt auf der abgeschalteten Platte stehen. Er soll warm, aber nicht mehr heiß sein. • Für den Teig das Mehl mit Salz, dem Wasser, dem Öl und dem Eigelb verkneten. Der Teig muß weich und glatt sein, darf aber nicht kleben. Bei Bedarf geben Sie noch einige Tropfen lauwarmes Wasser beziehungsweise etwas Mehl dazu. Den Teig in Pergamentpapier wickeln und in dem angewärmten Topf etwa 30 Minuten ruhen lassen. • Für die Füllung die Sauerkirschen waschen und abtropfen lassen. Die Stiele abzupfen und die Kirschen entsteinen. Wenn Sie eingekochte Sauerkirschen verwenden, müssen diese ebenfalls sehr gut abtropfen. • Das Vollkornbrot in der Mandelmühle reiben. • Die Orange unter heißem Wasser waschen und abtrocknen. Etwa die Hälfte der Schale abreiben. Die Orange dann auspressen. • Den Magerquark mit der Orangenschale und dem -saft, der Crème fraîche, den Eiern, dem Ahornsirup und dem Vanillezucker verrühren. Die vorbereiteten Sauerkirschen untermischen.
• Den Backofen auf 220° vorheizen. • Butter in eine Form geben, die so groß sein muß, daß zwei Strudel nebeneinander darin Platz haben, und in den Ofen schieben, damit sie schmilzt.
• Den Strudelteig in 2 Stücke teilen. Das eine Stück zuerst auf einer bemehlten Arbeitsfläche ausrollen, dann auf ein mit Mehl bestreutes Küchentuch legen und mit den Händen so dünn wie möglich ausziehen. Das geht am besten, wenn Sie den ausgerollten Teig wie ein Tuch über Ihre beiden, leicht gewölbten Handrücken legen und ihn durch vorsichtige Bewegungen Ihrer Hände von der Mitte her ausziehen. Dann breiten Sie den Teig wieder auf dem Küchentuch aus und ziehen ihn mit den Fingerspitzen beider Hände vom Rand her aus. • Den ausgezogenen Teig mit etwas zerlassener Butter bepinseln. Zuerst die Hälfte der Vollkornbrotbrösel darüberstreuen, dann die Hälfte der Füllung auf dem Teig verteilen. Achten Sie bitte darauf, daß am Rand jeweils 1–2 cm frei bleiben, damit die Füllung beim Aufrollen nicht austritt. • Die Teigplatte nun an den Schmalseiten etwas einschlagen. Das Küchentuch am unteren Rand leicht anheben und den Strudel auf diese Weise von Ihrem Körper weg aufrollen. • Die Rolle mit dem Tuch anheben und vorsichtig in die Form gleiten lassen. • Das zweite Teigstück ebenso ausziehen, füllen, aufrollen und in die Form geben. • Beide Strudel üppig mit zerlassener Butter bestreichen. Die restliche Butter in einen kleinen Topf geben und flüssig halten: Der Strudel wird während des Backens häufig damit bestrichen, so daß er schön bräunt. • Die Form auf die zweite Schiene von unten in den Backofen schieben und den Strudel etwa 25 Minuten backen.

Hirse-Reis-Küchlein

Mit Kompott ein süßes Hauptgericht

Apfelpfannkuchen

Schmeckt auch Kindern besonders gut

Zutaten für 4–6 Personen:
je 200 g Hirse und Naturreis
(Langkorn oder Rundkorn)
1 Päckchen frische Hefe (42 g)
knapp ⅜ l lauwarme Milch
3 Eier · 100 g weiche Butter
2 Eßl. Ahornsirup · 1 Eßl. Vanillezucker · Salz · abgeriebene
Schale von ½ unbehandelten
Orange · 6–7 Eßl. Öl zum Backen
etwa 2520 Joule/600 Kalorien
13 g Eiweiß · 33 g Fett
60 g Kohlenhydrate pro Person
bei 6 Portionen

Zubereitungszeit: etwa
30 Minuten · Vorbereitungszeit
für den Teig: 1 Stunde

Alle Zutaten Zimmertemperatur annehmen lassen. • Die
Hirse und den Naturreis nacheinander in der Getreidemühle
mehlfein mahlen. • Beides in
einer Schüssel mischen. Die
zerbröckelte Hefe, die Milch, die
Eier, die Butter, den Ahornsirup,
den Vanillezucker, Salz und die
Orangenschale dazugeben und
alles zu einem glatten Teig verrühren. • Den Teig zugedeckt
60 Minuten gehen lassen. • Etwa
3 Eßlöffel Öl in einer Pfanne erhitzen. • Kleine Küchlein von jeweils etwa 2 Eßlöffeln Teig in die
Pfanne setzen und bei mittlerer
bis schwacher Hitze auf der Unterseite backen, bis sie braun
sind und sich vom Pfannenboden lösen. Die Küchlein wenden
und auf der zweiten Seite ebenfalls langsam backen. Das Öl darf
nicht zu heiß sein, sonst brechen
die Küchlein beim Wenden. Die
richtige Temperatur erkennen
Sie daran, daß die Küchlein beim
Backen noch etwas aufgehen.
• Die gebackenen Küchlein
warm stellen. Erneut Öl und Teig
in die Pfanne geben und so fortfahren, bis alle Küchlein gebacken sind. • Dazu paßt Brom-
beer-, Sauerkirsch- oder
Zwetschgenkompott.

Zutaten für 4–6 Personen:
250 g Weizenvollkornmehl · Salz
3 Eier · ½ l Buttermilch
½ Zitrone · 500 g säuerliche
Äpfel (Glockenapfel, Boskop
oder Gravensteiner)
4 Eßl. Zucker · 2 Eßl. Haselnüsse, fein gerieben
2 Teel. Zimtpulver · etwa 6 Eßl.
Butterschmalz zum Backen
etwa 1680 Joule/400 Kalorien
9 g Eiweiß · 15 g Fett
50 g Kohlenhydrate pro Person
bei 6 Portionen

Zubereitungszeit: etwa
30 Minuten · Ruhezeit des
Teiges: 30 Minuten

Das Weizenvollkornmehl mit
Salz, den Eiern und der Buttermilch zu einem Eierkuchenteig verrühren und zugedeckt
30 Minuten ruhen lassen. • Inzwischen die Zitrone auspressen. Die Äpfel vierteln, vom
Kerngehäuse befreien, schälen
und in dünne Spalten schneiden.
Die Spalten mit dem Zitronensaft
beträufeln. • Den Zucker mit den
Haselnüssen und dem Zimtpulver mischen. • Den Teig nach
der Ruhezeit noch einmal durchrühren. Ist er zu dickflüssig, noch
etwas Mineralwasser dazugeben. • 1 Eßlöffel Butterschmalz
in einer Pfanne erhitzen.
• 1 knapp gefüllte Schöpfkelle
Teig in die Pfanne geben und
diese dabei nach allen Seiten
schwenken, damit der Teig den
Pfannenboden vollkommen bedeckt. • Den Eierkuchen mit Ap-
felspalten belegen und mit der
Zucker-Nuß-Mischung bestreu-
en. Den Eierkuchen bei mittlerer
Hitze so lange backen, bis er
sich leicht vom Pfannenboden
löst. • Die Temperatur zurückschalten, den Eierkuchen vorsichtig wenden und fertigbacken.
Die Hitze darf jetzt nicht zu stark
sein, sonst verbrennt der Zuk-
ker. • Den gebackenen Pfannkuchen warm halten, die Hitze wieder erhöhen und die restlichen
Kuchen ebenso backen.

Quarkklößchen

Ein besonders leichtes Hauptgericht

Pfirsiche mit Nußbaiser

Schmeckt am besten mit weißen Pfirsichen

500 g trockener Quark (Schichtkäse) · 120 g Vollkornweizengrieß · 25 g Weizenmehl Type 1050 · 1 Ei · 1 Teel. Zucker Salz · abgeriebene Schale von ¼ unbehandelten Zitrone
50 g Butter · 1 Eßl. altbackenes Vollkornbrot, fein gerieben
1 Eßl. Zucker und 1 Teel. Zimtpulver, gemischt
etwa 1595 Joule/380 Kalorien
25 g Eiweiß · 13 g Fett
36 g Kohlenhydrate pro Person

Zubereitungszeit: etwa 30 Minuten · Ruhezeit des Teiges: 30 Minuten

Sie brauchen für die Klößchen einen trockenen, gut abgetropften Quark, den es von einigen Herstellern noch zu kaufen gibt. Oder Sie bereiten ihn selbst zu nach dem Rezept auf Seite 29. • Den Quark mit dem Grieß, dem Mehl, dem Ei, dem Zucker, Salz und der abgeriebenen Zitronenschale zu einem Teig verrühren. Den Quarkteig 30 Minuten zugedeckt ruhen lassen.
• Reichlich Wasser mit Salz zum Kochen bringen. Von dem Teig mit zwei Eßlöffeln einen Probekloß abstechen und in das sprudelnd kochende Wasser geben. Wenn der Probekloß nicht abkocht, hat der Teig die richtige Konsistenz und Sie können auch die restlichen Klößchen abstechen und in das Wasser geben. Kocht der Kloß ab, so war der Teig zu weich: Mischen Sie noch etwas Grieß darunter. Die Temperatur zurückschalten und die Klößchen bei schwacher Hitze 10–15 Minuten sanft kochen lassen. • Die Butter erhitzen und das geriebene Vollkornbrot darin etwas anrösten. • Die Klößchen herausnehmen, abtropfen lassen, auf einer vorgewärmten Platte anrichten und mit dem Zimt-Zucker bestreuen und mit der Butter übergießen.

4 vollreife, möglichst weiße Pfirsiche · 2 Eßl. Zitronensaft
2 Eßl. Cassis (Likör aus schwarzen Johannisbeeren)
3 Eiweiß · 1 Prise Salz
75 g Haselnüsse, fein gerieben
3 Eßl. Ahornsirup
etwa 945 Joule/225 Kalorien
6 g Eiweiß · 12 g Fett
24 g Kohlenhydrate pro Person

Zubereitungszeit: etwa 20 Minuten

Den Backofen auf 220° vorheizen. • Die Pfirsiche mit kochendem Wasser übergießen, kurz darin ziehen lassen, abschrecken und häuten. Die Pfirsiche halbieren, vom Stein befreien und in Schnitze teilen.
• Eine flache, feuerfeste Form mit den Pfirsichschnitzen auslegen und diese mit dem Zitronensaft und dem Cassis beträufeln.
• Das Eiweiß mit Salz sehr steif schlagen. Die Haselnüsse und den Ahornsirup mit dem Schneebesen oder einem Holzspatel vorsichtig unter den Eischnee ziehen. Dabei sollten Sie die Zutaten wirklich nur behutsam miteinander mischen und keinesfalls kräftig rühren, sonst verliert der Baiser seine Luftigkeit. • Die Baisermasse auf die Pfirsiche geben und glattstreichen. • Die Form in den heißen Backofen schieben und die Pfirsiche etwa 10 Minuten überbacken, bis der Nußbaiser leicht gebräunt ist. Die Pfirsiche aus dem Ofen nehmen und heiß servieren, sonst wird der Haselnuß-Baiser zäh.

Zwetschgen mit Vanillecreme

Schmeckt im Sommer auch mit Erdbeeren

250 g Zwetschgen
½ unbehandelte Orange
2 Eßl. Zucker · ½ Vanilleschote
¼ l Milch · Salz · 1 Eigelb · 2 Teel.
Speisestärke · 2 Scheiben
altbackenes Vollkornbrot (etwa 80 g) · 2 Eßl. weißer Rum
⅛ l Sahne · 2 Eßl. Walnüsse, grobgehackt
etwa 1510 Joule/360 Kalorien
7 g Eiweiß · 18 g Fett
40 g Kohlenhydrate pro Person

Zubereitungszeit: etwa 20 Minuten · Kühlzeit der Creme: etwa 2 Stunden

Die Zwetschgen waschen, trockenreiben, halbieren und entsteinen. Die Orange heiß waschen und abtrocknen. 1 Stück Schale von etwa 3 cm ganz dünn abschneiden. Die Orange auspressen. • Die Zwetschgen mit dem Orangensaft und 1 Eßlöffel Zucker zugedeckt in etwa 2 Minuten halbweich dünsten. • Die Vanilleschote der Länge nach aufschlitzen. Das Mark herauskratzen und in die Milch geben und diese mit Salz und der Orangenschale aufkochen. • Inzwischen das Eigelb mit dem restlichen Zucker sehr schaumig schlagen. Die Speisestärke untermischen. • Die heiße Milch unter ständigem Schlagen langsam dazugießen und dann erneut aufkochen, damit die Creme dicklich wird. • Die Creme abkühlen lassen und dabei hin und wieder umrühren, damit sich keine Haut bildet.
• Das Vollkornbrot grobreiben und mit dem Rum befeuchten.
• Die Sahne steif schlagen und unter die abgekühlte Vanillecreme ziehen. • Auf vier Glasschälchen schichtweise zuerst die Zwetschgen mit der Flüssigkeit, dann die Brotbrösel und schließlich die Vanillecreme verteilen und mit den Walnüssen bestreut servieren.

Honigeis mit Orangensalat

Ein edles Dessert für Festtage

Zutaten für 6 Personen:
100 g Honig · 2 Eier
1 Prise Ingwerpulver
abgeriebene Schale von ½ unbehandelten Orange
1 Becher Sahne (200 g)
1 kg Orangen · 2 Schnapsgläser Orangenlikör (4 cl)
3 Eßl. ungesalzene Pistazien
etwa 1385 Joule/330 Kalorien
6 g Eiweiß · 17 g Fett
37 g Kohlenhydrate pro Person

Zubereitungszeit: etwa 30 Minuten · Kühlzeit: etwa 4 Stunden

Für das Wasserbad eine Schüssel mit heißem Wasser füllen und auf die warme Kochplatte stellen. • Den Honig in eine Metall- oder Porzellanschüssel geben und über dem Wasserbad flüssig werden lassen.
• Die Eier, das Ingwerpulver und die Orangenschale hinzufügen und mit dem Schneebesen zu einer dickflüssigen, schaumigen Creme aufschlagen. • Das Wasserbad weggießen. Die Schüssel mit kaltem Wasser und einigen Eisstückchen füllen. Die Creme in diesem Eiswasser unter ständigem Rühren erkalten lassen; so trennen sich die einzelnen Bestandteile nicht wieder voneinander. • Die Sahne steif schlagen und vorsichtig unter die Honigcreme ziehen. • Die Schüssel zugedeckt in den Gefrierschrank stellen und die Honigcreme in etwa 4 Stunden fest werden lassen. Dabei die Creme immer wieder mit dem Schneebesen kräftig durchrühren, damit sich keine Kristalle bilden und das Eis geschmeidig wird. • Die Orangen schälen, von allen weißen Häutchen befreien und vom Blütenansatz her in dünne Scheiben schneiden. Die Kerne entfernen und den Saft auffangen. Die Orangenscheiben auf Tellern anrichten. Den Orangensaft mit dem -likör mischen und die Orangen damit beträufeln. Die Pistazien grobhacken und über die Orangen streuen. Das Honigeis dazugeben.

Heidelbeerkuchen

Schmeckt auch kalt zum Kaffee

250 g Heidelbeeren (Blaubeeren)
¼ l Milch · 3 Eier · 1 Prise Salz
1 Teel. Zucker · 20 g Hefe
175 g Weizenmehl Type 1050
50 g Butterschmalz · ⅛ l Sahne
2 Eßl. Honig
etwa 2270 Joule/540 Kalorien
13 g Eiweiß · 30 g Fett
50 g Kohlenhydrate pro Person

Zubereitungszeit: etwa
40 Minuten

Die Heidelbeeren verlesen, gegebenenfalls kurz unter fließendem kaltem Wasser abspülen und sehr gut abtropfen lassen. • Den Backofen auf 180° vorheizen. • Die Milch mit den Eiern, dem Salz und dem Zucker verrühren. Die Hefe zwischen den Fingern zerbröckeln und dazugeben. Alles mit einem Schneebesen durchschlagen und dabei nach und nach das Mehl untermischen. Den Teig so lange schlagen, bis er vollkommen glatt ist. • Das Butterschmalz in eine flache, feuerfeste Form geben und im heißen Backofen zerlassen. • Den Teig in die Form gießen und mit den Heidelbeeren bestreuen. • Die Form in den heißen Backofen auf die zweite Schiene von unten stellen und den Heidelbeerkuchen 10 Minuten backen. • Die Sahne mit dem Honig verquirlen und über den Heidelbeerkuchen gießen. • Den Kuchen weitere 10 Minuten backen, bis er oben schön goldgelb ist.

Mein Tip: Der Kuchen schmeckt auch köstlich mit frischen Sauerkirschen. Im Winter können Sie ihn ebenso gut mit tiefgefrorenen Beeren zubereiten.

Erdbeeren mit Datteln

Köstlich auch mit vollreifen Zwetschgen

Zutaten für 6 Personen:
400 g Erdbeeren · 100 g frische Datteln · 100 g Walnüsse
1 Eßl. Zitronensaft · ¼ l Sahne
½ Eßl. Ahornsirup · 2 Eßl. Rum
etwa 1390 Joule/330 Kalorien
4 g Eiweiß · 24 g Fett
20 g Kohlenhydrate pro Person

Zubereitungszeit: etwa
30 Minuten

Die Erdbeeren vorsichtig waschen, trockentupfen, entkelchen, in Scheiben schneiden und auf sechs Tellern hübsch anrichten. • Die Datteln entsteinen und nach Wunsch halbieren oder vierteln. Die Walnußkerne auf ein Holzbrett geben und mit der Klinge eines breiten schweren Messers grobhacken. • Die Datteln und die Walnüsse mit dem Zitronensaft in einer Schüssel mischen und bei Zimmertemperatur 15 Minuten zugedeckt durchziehen lassen. • Die Sahne steifschlagen. Den Ahornsirup und den Rum mit einer Gabel unterziehen. • Die Dattel-Walnuß-Mischung auf den Erdbeeren verteilen. Die Rumsahne gesondert zu den Erdbeeren servieren.

Mein Tip: Die Erdbeeren schmecken statt mit Sahne auch mit einer Weinschaumcreme ausgezeichnet: 2 Eigelbe mit ½ Eßlöffel Ahornsirup und ⅛ l trockenem Weißwein in eine Schüssel geben. Die Schüssel über ein warmes Wasserbad stellen und die Eier mit dem Schneebesen oder den Rührbesen des elektrischen Handrührgerätes zu einer dicken, schaumigen Creme aufschlagen. Die vorbereiteten Erdbeeren auf Dessertschälchen verteilen, mit der Weinschaumcreme überziehen und sofort anrichten.

Hollerküchlein

Aus Großmutters Kochbuch

12 Holunderblütendolden
150 g Weizenmehl Type 1050
1 Prise Salz · ⅛ l Milch
2 Eier · 500 g Butterschmalz
3 Eßl. Honig · 1 Teel. Zimt
etwa 1790 Joule/425 Kalorien
6 g Eiweiß · 27 g Fett
39 g Kohlenhydrate pro Person

Zubereitungszeit: etwa 45 Minuten

Holunderblüten können Sie in den Monaten Mai und Juni selbst sammeln. Suchen Sie sich bitte keinesfalls Holunderbüsche aus, die in der Nähe von Straßen wachsen; dort ist die Schadstoffbelastung zu hoch.
• Die Blüten gründlich waschen, um eventuell vorhandene Insekten abzuspülen. Die Dolden dann sehr gut trockenschwenken und auf Küchenpapier ganz abtropfen lassen. • Für den Teig das Mehl mit dem Salz und der Milch glattrühren. • Die Eier trennen. Die Eigelbe unter den Teig mischen, der jetzt ziemlich dünnflüssig sein sollte. • Den Teig 15 Minuten stehen lassen, damit das Mehl quellen kann. Wenn er dann zu dickflüssig ist, rühren Sie noch etwas Mineralwasser darunter. • Die Eiweiße sehr steif schlagen und vorsichtig unter den Eierkuchenteig ziehen. • Etwa ein Drittel des Butterschmalzes in einem kleinen Topf, in den eine ganze Dolde paßt, erhitzen. • Eine Holunderdolde am Stiel fassen, in den Teig tauchen und im Butterschmalz bei mittlerer bis starker Hitze hellbraun backen. • Das gebackene Küchlein im Ofen bei etwa 50° warm halten. • Erneut Butterschmalz erhitzen und die restlichen Küchlein ebenfalls backen. • Den Honig bei schwacher Hitze erwärmen, bis er dünnflüssig ist, und den Zimt unterrühren. • Die Hollerküchlein auf vier Tellern anrichten, mit dem Honig beträufeln und sofort servieren. • Dazu schmeckt noch Honigeis (Rezept Seite 135).

Milchmixgetränke

Schmecken zum Frühstück oder zwischendurch

Das Bild zeigt im Uhrzeigersinn, links beginnend:

Pfirsichmilch

Zutaten für 1 Person:
1 kleiner vollreifer Pfirsich
1 Eßl. Preiselbeerkompott
je ⅛ l Milch und Dickmilch
etwa 925 Joule/220 Kalorien
9 g Eiweiß · 9 g Fett
26 g Kohlenhydrate

Zubereitungszeit: etwa
10 Minuten

Den Pfirsich mit kochendem Wasser übergießen, kurz darin ziehen lassen, kalt abschrecken und häuten. Den Pfirsich halbieren, entsteinen, in Schnitze teilen und diese mit dem Preiselbeerkompott, der Milch und der Dickmilch im Mixer pürieren.

Pistazienmilch

Zutaten für 1 Person:
30 g geschälte ungesalzene Pistazien · 1 kleines Stück kandierter Ingwer · ¼ l Milch
je ½ Eßl. Sanddornsirup und flüssiger Honig
etwa 1640 Joule/390 Kalorien
14 g Eiweiß · 25 g Fett
28 g Kohlenhydrate

Zubereitungszeit: etwa
3 Minuten

Die Pistazien und den Ingwer mit der Milch im Mixer pürieren. Den Sanddornsirup und den Honig unterschlagen. Die Pistazienmilch gekühlt servieren.

Mandelmilch

Zutaten für 1 Person:
30 g geschälte Mandeln · 1 Eßl. weißer Rum · 1 Teel. Honig
¼ l Milch
etwa 1615 Joule/385 Kalorien
14 g Eiweiß · 23 g Fett
22 g Kohlenhydrate

Zubereitungszeit: etwa
10 Minuten

Die Mandeln in einer Pfanne ohne Fettzugabe unter ständigem Rühren goldgelb rösten, dann mit dem Rum, dem Honig und der Milch in den Mixer geben und alles auf der höchsten Schaltstufe durchschlagen, bis die Mandeln ganz fein zerkleinert sind.

Apfelmilch

Zutaten für 1 Person:
1 kleiner säuerlicher Apfel
½ Zitrone · ½ Eßl. Ahornsirup
1 Paket Sojadrink (0,18 l)
1 Prise Zimtpulver
etwa 570 Joule/135 Kalorien
6 g Eiweiß · 3 g Fett
19 g Kohlenhydrate

Zubereitungszeit: etwa
5 Minuten

Den Apfel vierteln, vom Kerngehäuse befreien, schälen und in Schnitze teilen. Die Zitrone auspressen. Die Apfelschnitze zusammen mit dem Saft, dem Ahornsirup und dem Sojadrink im Mixer auf der höchsten Schaltstufe durchmixen, bis der Apfel püriert ist. Die Apfelmilch mit dem Zimtpulver würzen und gut gekühlt – eventuell mit einem Blättchen Zitronenmelisse – servieren.

Bananenmilch

Zutaten für 1 Person:
1 kleine reife Banane · ½ Orange
1 Eßl. Honig · ¼ l Buttermilch
etwa 1115 Joule/265 Kalorien
6 g Eiweiß · 2 g Fett
47 g Kohlenhydrate

Zubereitungszeit: etwa
5 Minuten

Die Banane schälen. Die Orange auspressen. Beides mit dem Honig und der Buttermilch in den Mixer geben und kräftig durchschlagen. Die Bananenmilch nach Wunsch mit fein gehackter Orangenschale bestreuen.

Pikante Drinks

Vitaminreiche Aperitifs

Das Bild zeigt von links nach rechts:

Sauerkrautsaft mit Apfel

Zutaten für 1 Person:
1 kleiner Apfel · ¼ l Sauerkrautsaft · einige Blättchen Majoran, frisch gehackt · Salz
1 Prise Zucker · weißer Pfeffer, frisch gemahlen
etwa 505 Joule/120 Kalorien
5 g Eiweiß · 0 g Fett
25 g Kohlenhydrate

Zubereitungszeit: etwa 10 Minuten

Den Apfel vierteln, vom Kerngehäuse befreien und schälen. Die Apfelviertel mit dem Sauerkrautsaft im Mixer pürieren. Den Majoran untermischen und den Drink mit Salz, dem Zucker und Pfeffer würzen.

Tomatensaft

Zutaten für 1 Person:
250 g vollreife Tomaten
Salz · weißer Pfeffer, frisch gemahlen · Tabascosauce
½ Teel. Öl
etwa 220 Joule/52 Kalorien
2 g Eiweiß · 0 g Fett
10 g Kohlenhydrate

Zubereitungszeit: etwa 15 Minuten

Die Tomaten mit kochendem Wasser übergießen, kurz darin ziehen lassen, kalt abschrecken und häuten. Die Tomaten quer halbieren, von den Stielansätzen und den Kernen befreien und im Mixer pürieren. Das Tomatenpüree mit Salz, weißem Pfeffer und Tabascosauce pikant bis scharf abschmecken. Das Öl untermischen. Sollte der Drink zu dickflüssig sein, geben Sie etwas kohlensäurearmes Mineralwasser dazu. Den Tomatensaft gut gekühlt servieren und eventuell mit frischem Basilikum oder Kresseblättchen garnieren.

Orangen-Möhren-Saft

Zutaten für 1 Person:
250 g junge Möhren · 2 saftige Orangen · 1 Eßl. Zitronensaft
½ Teel. Öl
1 Teel. Petersilie, frisch gehackt
etwa 1175 Joule/280 Kalorien
5 g Eiweiß · 3 g Fett
48 g Kohlenhydrate

Zubereitungszeit: etwa 15 Minuten

Die Möhren putzen, schaben, waschen und durch den elektrischen Entsafter geben. Die Orangen auspressen. Den Orangen-, den Möhren- und den Zitronensaft mischen. Das Öl und die Petersilie unterrühren.

Mein Tip: Tomaten und Möhren enthalten das fettlösliche Vitamin A beziehungsweise dessen Vorstufe. Damit das Vitamin vom Körper aufgenommen werden kann, müssen Sie diese Gemüsesäfte immer mit etwas Öl oder ölhaltigen Lebensmitteln wie Nüssen mischen.

Kräuterdrink

Zutaten für 1 Person:
1 Becher Sanoghurt
⅛ l kohlensäurearmes Mineralwasser · 3 Eßl. gemischte Kräuter, frisch gehackt (wie Petersilie, Dill, Garten- oder Brunnenkresse, Borretsch und Zitronenmelisse)
1 Teel. Zitronensaft · Salz
weißer Pfeffer, frisch gemahlen
etwa 380 Joule/90 Kalorien
7 g Eiweiß · 3 g Fett
10 g Kohlenhydrate

Zubereitungszeit: etwa 5 Minuten

Den Sanoghurt mit dem Mineralwasser verrühren und mit dem Schneebesen kräftig durchschlagen. Die Kräuter und den Zitronensaft untermischen. Den Drink mit Salz und weißem Pfeffer abschmecken und nach Wunsch mit einem frischen Kräuterzweig garnieren.

Frisch und knackig, schön anzuschauen und köstlich im Geschmack – das sind die Ansprüche, die wir an unsere Lebensmittel stellen. Aber es geht noch um ein wenig mehr, wenn wir nicht nur das Kulinarische im Auge haben, sondern auch auf unser tägliches Wohlbefinden achten wollen. Wir müssen wissen, was wir essen und wie wir es optimal zubereiten können. Die nötigen Informationen dazu finden Sie auf den folgenden Seiten: Sie lesen, welche Geräte das A und O der modernen, ernährungsbewußten Küche ausmachen – seien es nun Töpfe zum nährstoffschonenden Garen oder Geschirr zum Aufbewahren von Lebensmitteln, Getreidemühlen oder Keimgefäße für frische Sprossen, Spezialgeräte zum Dämpfen und Dörren. Das Bio-Lexikon stellt dann Begriffe zusammen, die Sie vielleicht schon oft gehört haben, über die Sie aber noch mehr wissen wollen. Sie erfahren Grundlegendes über den alternativen Landbau, über Fleisch, Fisch und Geflügel; es sagt Ihnen, was Sie bei Produkten, die Sie täglich kaufen, beachten sollten, und wie Sie sich vor Schadstoffen so gut wie möglich schützen können.
Essen mit Spaß und Vernunft lautet die Devise dieses Buches. Dazu brauchen Sie nicht allein Rezepte und Fotos, die zum Kochen und Genießen anregen, sondern gerade auch die Informationen, die hier so übersichtlich zusammengestellt sind.

Zum Nachschlagen

Menüvorschläge aus der Bio-Küche

Die Regeln für die Zusammenstellung eines Menüs haben sich ebenso gelockert wie die Vorschriften, welcher Wein zu welchen Speisen paßt. Richten Sie sich nach Ihren persönlichen Vorlieben und achten Sie auch darauf, daß Sie Leute, auf deren Speiseplan bisher hauptsächlich Fleisch stand, nicht nur mit kerniger Naturkost bewirten. Stimmen Sie außerdem die Gerichte so aufeinander ab, daß wesentliche Zutaten nicht mehrmals auftauchen: nach der Gemüsebrühe mit Schollenstreifen sollten Sie keinen Fischgang reichen und Artischocken mit Tofusauce nicht dann servieren, wenn es als Hauptgang Tofuklößchen in Kapernsauce gibt. Kombinieren Sie jedes Menü so, daß sich leichte Gerichte mit gehaltvolleren abwechseln: Kalte Tomatensuppe mit Kräutern schmeckt als Auftakt vor Gefüllten Zwiebeln oder Buchweizenklößchen in Gorgonzolasahne. Zu Geschmortem Weizen paßt als Nachspeise Joghurt oder Quark mit Früchten.
Selbstverständlich können Sie ein ganzes Menü nach einem bestimmten Gesichtspunkt zusammenstellen: zum Beispiel Gemüsegerichte, Kräutergerichte, Curries. Vorschläge dazu finden Sie in diesem Kapitel. In der ernährungsbewußten modernen Küche werden die meisten Speisen à la minute, das heißt unmittelbar vor dem Essen, zubereitet und sollten, wenn überhaupt, immer nur kurz warm gehalten werden. Allerdings brauchen viele Gerichte eine längere Garzeit, und Sie können währenddessen die Vorspeise fertigstellen oder mit dem Dessert beginnen. Planen Sie jedes Menü also sehr exakt (die genauen Angaben für Zubereitungszeit und vorbereitende Arbeiten helfen Ihnen dabei), und wählen Sie die Speisenfolge so, daß Sie nicht nach jedem Gang erneut für eine halbe Stunde in die Küche verschwinden müssen. Das stört die Harmonie und bringt Sie selbst in unnötigen Streß.

Ein Menü zum Einstimmen auf die Bio-Küche:

Rettichsalat mit Käsedressing (Rezept Seite 21)
Gekräuterte Lammscheiben (Rezept Seite 77)
Quarkklößchen (Rezept Seite 134)

Den Rettichsalat bereiten Sie frisch zu. Die Lammscheiben brauchen nach dem Marinieren nur wenige Minuten Bratzeit. Das Mangoldgemüse wird lauwarm serviert, kann also schon vorher fertiggestellt werden. Während Sie den Hauptgang essen, ruht der Quarkteig für das Dessert.

Ein Menü für ungeübtere Köche:

Spinatsalat mit Pinienkernen (Rezept Seite 22) oder Kartoffelsuppe mit Kräutern (Rezept Seite 45)
Geschmortes Huhn mit Gemüse (Rezept Seite 89)
Erdbeer- oder Kirschquark (Rezepte Seite 31)

Während das Huhn schmort, bereiten Sie zuerst das Dessert und dann den Salat beziehungsweise die Suppe zu. Das Dessert stellen Sie bis zum Servieren in den Kühlschrank.

Eine Auswahl an Curries für alle, die fernöstliche Gerichte lieben:

Fenchelsalat mit Sesamdressing (Rezept Seite 22)
Gemüsesuppe mit Tofu (Rezept Seite 40)
Lammcurry (Rezept Seite 82)
Auberginen in Sojamilch (Rezept Seite 96)
Blumenkohl-Curry mit Kartoffeln (Rezept Seite 104)
Lauch-Möhren-Curry (Rezept Seite 104)
Curry von Nüssen (Rezept Seite 125)

Der Fenchelsalat und die Gemüsesuppe mit Tofu werden erst dann zubereitet, wenn die Curries schon fertig sind, denn diese können Sie sehr gut warm halten. Wenn Sie vier Kochgelegenheiten haben, sollten Sie die Curries gleichzeitig garen; andernfalls beginnen Sie mit dem Curry von Nüssen. Selbstverständlich ist es am besten, sämtliche vorbereitenden Arbeiten zu erledigen, bevor Sie mit dem Kochen anfangen.

Ein Frühlings-Menü für Feinschmecker, das jedem gelingt:

Gebeizte Forellenfilets (Rezept Seite 14)
Grüner Spargel mit Saucen (Rezept Seite 103)
Pudding mit Nüssen und Sprossen (Rezept Seite 131)

Vorspeise und Hauptgericht sind so leicht, daß Sie beim Dessert ruhig etwas »klotzen« dürfen. Die Forellenfilets werden vorab fertiggestellt. Während der Pudding gart, bereiten Sie den Spargel mit den Saucen zu.

Feines aus Großmutters Küche:

Hirseauflauf (Rezept Seite 54)
Quarkklößchen mit Kompott oder frischen Früchten (Rezept Seite 134)

Den Teig für die Quarkklößchen wie auch das Kompott können Sie zubereiten, während der Auflauf gart.

Wenn Sie gerne mit Gemüse schlemmen, ist diese Speisenfolge das Richtige:

Sprossensalat (Rezept Seite 26)
Gemüsestrudel (Rezept Seite 57)

Während die Strudel backen, bereiten Sie den Sprossensalat zu.

Ein unkompliziertes sommerliches Menü, das sich auch für offizielle Einladungen eignet:

Lachs-Carpaccio mit Kerbel (Rezept Seite 15)
Lammgeschnetzeltes mit Tomaten (Rezept Seite 75), dazu Spinatsalat mit Pinienkernen (Rezept Seite 22)
Honigeis mit Orangensalat (Rezept Seite 135)

Bereiten Sie das Lammgeschnetzelte und den Salat soweit vor, daß Sie beide Gerichte nur noch fertigzustellen brauchen. Dann richten Sie das Carpaccio an. Das Dessert können Sie ohnehin vorbereiten. Im Sommer sollten Sie es mit pürierten Erdbeeren und/oder Aprikosen servieren.

Leichte Hausmannskost – trotzdem zum Sattessen:

Bohnensalat mit Tomaten-Vinaigrette (Rezept Seite 23)
Graupeneintopf (Rezept Seite 53)

Die Bohnen für den Salat werden vorab gekocht. Während der Auflauf gart, bereiten Sie die Tomaten-Vinaigrette zu und servieren den Salat.

Wenn Sie Ihre Gäste mit Köstlichkeiten aus der italienischen Küche bewirten wollen, schlage ich Ihnen diese Speisenfolge vor:

Gebratener Mozzarella (Rezept Seite 16), dazu Roher Gemüsesalat, halbe Menge (Rezept Seite 21)
Cannelloni mit Tofu und Spinat (Rezept Seite 58)
als Dessert reichen Sie einen gemischten Obstsalat mit gehackten Nüssen

Den Gemüsesalat und das Dessert können Sie vorbereiten. Während die Cannelloni im Ofen sind, braten Sie den Mozzarella.

Ein feines Frühlings-Menü, bei dem frische Kräuter im Mittelpunkt stehen:

Kräuterdrink als Apéritif (Rezept Seite 139)
Gefüllte Weinblätter, halbe Menge (Rezept Seite 95)
Kräuterfisch in Zitronenbutter (Rezept Seite 66), dazu neue Kartoffeln und gemischter Salat. Als Dessert servieren Sie frische Erdbeeren mit Pistazien und halbsteif geschlagener Sahne

Die Weinblätter können Sie vorbereiten und warm halten. Der Apéritif ist im Handumdrehen gemixt, und das Hauptgericht hat ebenfalls eine kurze Garzeit.

Für ein leichtes, unkompliziertes Abendessen:

Fenchelsalat mit Sesam-Dressing (Rezept Seite 22) oder Möhren-Zucchini-Suppe (Rezept Seite 41)
Gratinierte Grießschnitten (Rezept Seite 54)

Die Grießschnitten garen, während Sie den Salat beziehungsweise die Suppe zubereiten und servieren.

Wenn Sie festlich speisen und/oder liebe Gäste bewirten wollen:

Zwiebel-Pilz-Salat mit Räucherlachs (Rezept Seite 26)
Tafelspitz vom Lamm (Rezept Seite 79)
Zwetschgen mit Vanillecreme (Rezept Seite 135)

Für Vorspeise und Dessert haben Sie genügend Zeit, während der Tafelspitz gart. Das Fleisch ruht im Backofen, solange Sie die Sauce zubereiten.

Für ein Party-Buffet eignen sich:

Gebeizte Forellenfilets (Rezept Seite 14)
Tomatenquiche (Rezept Seite 18)
Fladenbrote mit Olivenkäse und Avocadocreme (Rezepte Seite 19)
Marinierte Gemüse auf rumänische Art (Rezept Seite 20)
Couscous-Salat (Rezept Seite 23)
Reissalat mit Huhn und Sprossen (Rezept Seite 24)
Kartoffelsuppe mit Lammbällchen (Rezept Seite 49) oder Chili mit Lamm (Rezept Seite 50)
Lammbällchen mit Sesam (Rezept Seite 83)
Quarkstrudel mit Kirschen (Rezept Seite 132)

Bis auf die Kartoffelsuppe beziehungsweise das Chili können Sie alles vorbereiten und kalt servieren.

Ein festliches Menü aus der vegetarischen Küche:

Spinatsalat mit Pinienkernen (Rezept Seite 22)
Tofuklößchen in Kapernsauce (Rezept Seite 124), dazu Bulgur als Beilage (Rezept Seite 121)
Vanillequark mit Trauben (Rezept Seite 31; die Mengen für 4 Personen berechnen)

Zuerst setzen Sie das Bulgur auf. Sobald es im festverschlossenen Topf gart, brauchen Sie sich nicht mehr darum zu kümmern. Das Dessert können Sie vorbereiten (nur der Haferflockenkrokant wird zuletzt gemacht) und die Tofuklößchen ebenfalls vorab formen; sie garen in der Sauce, während Sie den Salat essen.

Wer deftige Hausmannskost mag, dem schmeckt dieses – ebenfalls vegetarische – Menü:

Rote Bete mit Apfel (Rezept Seite 25)
Kohlrouladen mit Buchweizen (Rezept Seite 94)
Joghurt mit Nüssen (Rezept Seite 34; die Mengen verdoppeln)

Die Kohlrouladen werden gefüllt und beiseite gelegt. Dann bereiten Sie das Dessert und danach die Rohkost zu. Während die Rouladen garen, servieren Sie die Vorspeise.

Ein raffiniertes Menü, das auch Leute überzeugt, die der Bio-Küche noch etwas reserviert gegenüberstehen:

Sojasprossensalat mit Krabben (Rezept Seite 27)
Buchweizenklößchen in Gorgonzolasahne (Rezept Seite 115)
Apfeljoghurt (Rezept Seite 34)

Die Buchweizenklößchen können Sie garen und schon in die Form zum Überbacken legen. Dann bereiten Sie die Vorspeise zu, die durchziehen darf. Anschließend kochen Sie die Gorgonzolasahne. Während die Klößchen gratinieren, essen Sie den Sojasprossensalat. Das Dessert sollten Sie à la minute zubereiten.

Wenn Sie nur wenig Zeit zum Kochen haben:

Fischragout mit Gurken (Rezept Seite 71) oder Lammkotelettes in Thymiansauce (Rezept Seite 76)
Kirschquark (Rezept Seite 31)

Das Dessert wird vorbereitet, das Hauptgericht à la minute zubereitet.

Kleiner Imbiß für Überraschungsbesuch:

Roher Gemüsesalat (Grundrezept Seite 21; wandeln Sie das Rezept je nach den Zutaten ab, die Sie im Hause haben)
Vollkornnudeln mit Sesam (Rezept Seite 112)
eventuell Joghurt mit Nüssen oder Apfeljoghurt (Rezepte Seite 34)

Den Gemüsesalat und das Dessert müssen Sie zuerst zubereiten, dann kommen die Nudeln (fertig gekauft) dran.

Ein unkompliziertes, dennoch raffiniertes Menü für Freunde der leichten Küche:

Gemüsebrühe mit Schollenstreifen (Rezept Seite 46)
Kartoffelnudeln mit Salbeibutter (Rezept Seite 107), dazu Sprossensalat (Rezept Seite 26)
Als Dessert servieren Sie kleingeschnittenes frisches Obst oder Beeren.

Die Gemüsebrühe können Sie vorab kochen, die Kartoffelnudeln formen und zum Trocknen beiseite legen. Dann bereiten Sie den Sprossensalat zu; er darf ruhig etwas durchziehen. Hauptgericht und Dessert müssen Sie à la minute fertigstellen.

Ein Menü aus der Bio-Küche, abgestimmt auf die Ansprüche von Gourmets:

Marinierte Gemüse auf rumänische Art (Rezept Seite 20)
Geröstete Grünkernsuppe (Rezept Seite 44)
Schollenfilets in Kräutersauce (Rezept Seite 64)
Pudding mit Nüssen und Sprossen (Rezept Seite 131)

Die Vorspeise und den Fischfond für die Schollenfilets können Sie vorab fertigstellen. Während der Pudding gart, bereiten Sie das Hauptgericht zu.

Ein herbstliches Menü nach alten Rezepten:

Kürbissuppe (Rezept Seite 45)
Grünkernpflänzchen (Rezept Seite 115) oder Hirseauflauf (Rezept Seite 54)
Vanillequark mit Trauben (Rezept Seite 31; die Mengen für 4 Personen berechnen)

Mischen Sie zuerst das Dessert (ohne Haferflockenkrokant); es bleibt bis zum Servieren im Kühlschrank. Grünkernpflänzchen werden geformt und nach der Suppe gebraten. Für den Auflauf bereiten Sie Hirse und Gemüse vor; die Suppe kochen Sie nebenbei. Während Sie den Auflauf fertigstellen und in den Ofen schieben, können Sie die Suppe warm halten.

Preiswerte, deftige Kost zum Aufwärmen an kalten Tagen:

Hirsesuppe mit Gemüse (Rezept Seite 43)
Apfelpfannkuchen (Rezept Seite 133)

Der Teig für die Pfannkuchen ruht, während Sie die Suppe zubereiten.

Wenn Sie Ihre Gäste mit einem ungewöhnlichen Menü überraschen wollen:

Schwarze Bohnen mit Tomaten (Rezept Seite 126, halbe Menge)
Gedämpfter Fisch mit Sojasauce und Ingwer (Rezept Seite 69)
Hirse-Reis-Küchlein (Rezept Seite 133)

Mischen Sie als erstes den Teig für die Küchlein. Die Bohnen können Sie vorab fertigstellen, da sie lauwarm serviert werden; nur die Croutons müssen Sie frisch rösten. Den Fisch dämpfen Sie, während Sie die Vorspeise essen.

Für einen festlichen Brunch mit Freunden eignen sich:

Gebeizte Forellenfilets (Rezept Seite 14) oder Lachs-Carpaccio mit Kerbel (Rezept Seite 15)
Fladenbrote mit selbstgemachtem Quark (Rezepte Seite 19 und Seite 29)
Lauwarmer Lauchsalat mit Hühnerbrüstchen und Mandeln (Rezept Seite 27)
Verschiedene Müslis (Rezepte Seite 32 und 33)
Haferflockenwaffeln mit Beeren (Rezept Seite 35)
Kartoffeltortilla (Rezept Seite 107)

Die Forellenfilets und den Quark können Sie vorab fertigstellen. Die Zutaten für die Müslis richten Sie schon vorbereitet an, so daß sich jeder sein Müsli selbst mischen kann. Wenn Sie Carpaccio servieren, bereiten Sie es vor dem Lauchsalat zu. Die Kartoffeltortilla und die Fladenbrote backen Sie am besten gleichzeitig; beides schmeckt auch lauwarm. Die Haferflockenwaffeln werden erst bei Tisch gebacken.

Nützliche Geräte im Überblick

Wer gesund und ernährungsbewußt kochen will, braucht dazu die richtigen Arbeitsgeräte. Sie helfen Ihnen nicht nur, Zeit und Mühe zu sparen, sondern auch optimale Ergebnisse zu erzielen: Die wertvollen Inhaltsstoffe der Lebensmittel, Geschmack und Aroma bleiben so gut wie möglich erhalten.

Das richtige Kochgeschirr

Grundsätzlich sollten Sie nur Töpfe und Pfannen verwenden, in denen Sie Speisen mit wenig Fett und/oder Flüssigkeit garen. Dadurch sind sie bekömmlicher und schmecken besser, denn Flüssigkeit laugt Gemüse aus und verfälscht sein Aroma. Qualitativ hochwertiges Kochgeschirr gibt es zum Beispiel aus Kupfer, Edelstahl und Gußeisen; jedes dieser Materialien leitet die Hitze hervorragend und ermöglicht dadurch gleichmäßiges und energiesparendes Garen. Kupfertöpfe sind am teuersten und müssen überdies sehr pfleglich behandelt werden: Sie sollten darin nur mit Holzkochlöffeln arbeiten. Topfkratzer oder Geschirrspülmaschine verträgt das Kupfergeschirr nicht. Preiswerter und pflegeleichter sind Töpfe aus Edelstahl. Man erzielt damit ebenso gute Ergebnisse wie mit Kupfertöpfen. Hochwertiges Edelstahlgeschirr hat einen sogenannten »Sandwich«-Boden, der sich aus mindestens drei Schichten zusammensetzt: beispielsweise zwei Schichten Chromnickelstahl und dazwischen ein Kupferkern. Dieser sorgt für optimale und gleichmäßige Hitzeverteilung.
Der Topfboden sollte im kalten Zustand leicht nach innen gewölbt sein und erst beim Kochen – also erhitzt – plan auf der Herdplatte aufliegen. Wichtig ist, daß der Topfdurchmesser dem der Kochplatte entspricht; bei Gasherden dürfen die Flammen nicht über den Topfrand hinauszüngeln – damit würde man unnötig Energie verschwenden.
Sehen Sie sich beim Kauf auch den Deckel genau an: Er muß so dicht schließen, daß während des Garens nur wenig Dampf entweichen kann.
Am besten sind die sogenannten Zargen- oder Steckdeckel mit heruntergezogenem Rand, der beim Auflegen in den Topf hineinragt. Zum Garen brauchen Sie dann wenig oder sogar überhaupt keine Flüssigkeit: Durch die Hitzeeinwirkung wird dem Gargut Feuchtigkeit entzogen, die verdampft, sich als Kondenswasser zwischen Topfrand und Deckel sammelt und so noch für eine zusätzliche Abdichtung sorgt. Außerdem tropft das Kondenswasser auf das Gargut, wodurch eine weitere Zugabe von Flüssigkeit unnötig ist. Die Lebensmittel können also im eigenen Saft garen, Nährstoffe und Geschmack bleiben erhalten. Jedes Kochgeschirr muß sichere Henkel haben, die nicht oder nur mäßig heiß werden dürfen. Griffe aus Plastik sind nicht zweckmäßig, denn Sie können solche Töpfe nicht im Backofen verwenden.
Inzwischen wird Kochgeschirr häufig mit dem Zusatz »Bio« angeboten. Bedenken Sie jedoch bitte: Nicht alles, was so heißt, taugt auch wirklich etwas. Sie sollten Töpfe und Pfannen deshalb beim Kauf genau anhand der hier genannten Kriterien prüfen. Im Handel gibt es jetzt auch Dampfdrucktöpfe, speziell zum Garen von Gemüse. Beim Durchblättern der Rezepte dieses Buches werden Sie jedoch sehen, daß Gemüse auch in normalen Töpfen nur wenige Minuten braucht, bis es gar und dennoch knackig ist. Pfannen müssen für fettarmes Braten und Schmoren geeignet sein. Das wird ebenfalls durch einen Sandwich-Boden erreicht: Die verschiedenen Metallschichten leiten und verteilen die Hitze ausgezeichnet.
Gußeisernes Kochgeschirr eignet sich vor allem auch zum Garen im Backofen. Da es zudem meist hübsch aussieht, kann man die Speisen auch darin servieren, und sie bleiben durch die ausgezeichnete Wärmeleitung dieses Materials lange heiß.

Geräte zum Dämpfen

In der chinesischen Küche, die bekanntlich zu den besten der Welt zählt, wurden Speisen schon immer äußerst nährstoffschonend im aufsteigenden Dampf einer Flüssigkeit gegart. Auch bei uns nutzen Profiköche diese Garmethode wieder, die sich besonders gut für zarte Lebensmittel wie Fisch oder junge Gemüse eignet.
Dämpfen können Sie in jedem gut schließenden Kochtopf. Die einfachste Methode ist, auf den Topfboden einen tiefen Teller mit der Wölbung nach oben zu legen. Darauf kommt dann das Gargut. Es gibt jedoch auch Siebeinsätze für verschiedene Kochtopfgrößen. Sehr praktisch ist ein Spezialgerät mit zwei bis drei Dämpfschalen. Durch dieses »Turmkochen«, das schon unsere Großmütter kannten, sparen Sie Energie. In diesem Buch finden Sie zwei Gerichte, die in einem solchen Dämpfgerät zubereitet werden: »Gedämpfter Kabeljau mit Gemüse«, Seite 67 und »Fisch mit Sojasauce und Ingwer«, Seite 69.

Dörrgerät

Das Dörren beziehungsweise Trocknen von Lebensmitteln ist eine Form der Vorratshaltung, die weniger Arbeit und Mühe macht als das Einkochen oder Einlegen. Zum Dörren eignen sich vor allem Gemüse, Obst, Pilze und Kräuter. Die Lebensmittel werden zerkleinert – Kräuter können Sie auch ganz lassen – und in der Sonne, auf der Heizung oder im Backofen bei schwächster Hitze und spaltbreit geöffneter Backofentüre getrocknet.
Wenn Sie regelmäßig größere Mengen verarbeiten wollen, lohnt sich die Anschaffung eines Dörrapparates mit eingebauter Heizspirale und Propeller, der die Wärme gleichmäßig verteilt. Getrocknete Lebensmittel wie Gemüse, Obst und Pilze werden nach dem Einweichen ebenso zubereitet wie frische (siehe dazu Rezept »Getrocknete Wintergemüse«, Seite 98).

Getreidemühlen

Viele Reformhäuser und Naturkostläden bieten das Schroten oder Mahlen von Getreide als zusätzliche Serviceleistung. Es ist jedoch sicher etwas zeitraubend und umständlich, die Mengen, die Sie für ein Rezept brauchen, immer eigens zu besorgen. Wenn Sie also häufig mit Getreide kochen, sollten Sie es selbst zerkleinern. Dazu reicht für den Anfang eine kleine, handbetriebene Getreidemühle. Für größere Mengen, etwa zum Brotbacken, brauchen Sie dann eine elektrische Mühle. Welches Mahlwerk Sie wählen – ob aus Naturstein, gegossenen Mahlsteinen oder Stahlkegel – ist nicht so wichtig. Erkundigen Sie sich jedoch nach der Mahlleistung, die je nach Mühle zwischen 30 und 120 g Getreide pro Minute liegt.
Getreide und Buchweizen können Sie mit allen Geräten zerkleinern. Für Hülsenfrüchte und Ölsaaten brauchen Sie eine speziell ausgerüstete Mühle, eventuell ein Zusatzteil. Inzwischen gibt es Kombigeräte, die sich je nach Bedarf als Fleischwolf, Gemüseraspel (praktisch für Rohkost), Fruchtpresse oder eben Getreidemühle ausrüsten lassen. Verschiedene Hersteller bieten auch Küchenmaschinen mit entsprechendem Zusatz zum Mahlen oder Schroten von Getreide an.

Gefäße zum Keimen

Gekeimtes Getreide und Sprossen von Hülsenfrüchten werden in der modernen, gesunden Küche sehr häufig verwendet. Keimlinge und Sprossen sind nämlich hochwertige Lebensmittel, reich an Eiweiß und Vitalstoffen. Außerdem schmecken sie ganz köstlich und versorgen uns mit der notwendigen Frischkost. Das einfachste Gerät zum Keimen von Samen ist das Einmachglas. Allerdings muß man sich da schon ein bißchen mit der Sprossenzucht auskennen und die Wassermenge genau dosieren. Keimlinge dürfen nämlich nicht zu trocken sein – in diesem Fall tut sich gar nichts. Zuviel Feuchtigkeit bekommt ihnen auch nicht: Es bilden sich die gefährlichen Schimmelpilze. In Reformhäusern und Naturkostläden werden praktische Geräte für die Sprossenzucht angeboten: Sie bestehen aus übereinandergesetzten Keimschalen mit feinen Rillen und einer Auffangschale für Wasser.

Lexikon der Bio-Küche

In diesem kurzgefaßten Lexikon habe ich wichtige Begriffe und Produkte aus der Bio-Küche zusammengefaßt. Zusätzlich finden Sie darin die genaue Erklärung aller Handgriffe, mit denen vor allem die Ungeübteren unter Ihnen noch nicht so vertraut sind.

A

abgießen: alle Lebensmittel, die Sie in Wasser garen, müssen Sie vor der Weiterverarbeitung oder dem Servieren abgießen. Produkte, die viel Kochwasser brauchen, wie Nudeln zum Beispiel, schütten Sie auf ein Sieb (praktisch hierfür: Edelstahlsiebe, die mit »Füßchen« versehen sind, also im Ausguß stehen). Bei wenig Kochwasser genügt es, den Deckel bis auf einen schmalen Spalt über den Topf zu legen und das Wasser so abzugießen.

ablöschen: beim Anbraten von Fleisch bildet sich am Boden der Pfanne oder des Topfes brauner Bratensatz, der als Saucengrundlage dient. Durch Dazugießen von Flüssigkeit (Wasser, Brühe oder Wein) wird er aufgeweicht und man kann ihn unter Rühren lösen.

abschrecken: das kochendheiße Gargut mit kaltem Wasser übergießen, um den Garprozeß sofort zu unterbinden und/oder – etwa bei Gemüse – die Farbe des Produkts zu erhalten. Siehe dazu bitte auch das Stichwort »blanchieren«.

Ackerbohnen: auch Feldbohnen genannt, sind braune Bohnensamen, die 24 Stunden vorweichen sollten. Die Garzeit beträgt dann etwa 2½ Stunden.

Ahornsirup: wird in den USA und Kanada seit langem zum Süßen verwendet. Man gewinnt ihn, indem man wildwachsende Ahornbäume anzapft und den ausfließenden Saft zu Sirup einkocht. Ahornsirup eignet sich zum Süßen von Müslis, Desserts, Teigen und Getränken. Er besteht zu etwa 90 Prozent aus Zucker, und man sollte deshalb nicht allzu verschwenderisch damit umgehen. Außerdem enthält er noch geringe Mengen von Vitaminen, Mineralstoffen und Spurenelementen. Der Sirup ist ziemlich teuer und nur begrenzt haltbar. Nach dem Öffnen muß man ihn im Kühlschrank aufbewahren. Sie können Ahornsirup auch in fester, streichfähiger Form kaufen.

al dente: Gargrad von Teigwaren und Gemüse: Die Nudeln sollen nicht mehr teigig schmecken und dennoch Biß haben, Gemüse soll noch knackig sein. Exakte Garzeiten anzugeben, ist leider nicht möglich; Sie müssen immer wieder probieren, um den richtigen Gargrad zu ermitteln.

alternativer Landbau: gibt es bei uns schon seit einigen Jahrzehnten. Betriebe, die alternativ wirtschaften, arbeiten mit unterschiedlichen Anbaumethoden (siehe dazu bitte das Stichwort »Anbauer«). Allgemein stehen bei der alternativen Landwirtschaft folgende Ziele im Vordergrund:
• Aufbau und Entwicklung des Bodenlebens durch überwiegend organische Düngung;
• vielseitiger Anbau;
• weitgehender Verzicht auf Mineraldünger und auf chemische Bekämpfungsmittel gegen Unkräuter, Krankheiten und Schädlinge;
• Produktion gesundheitlich unbedenklicher und hochwertiger Lebensmittel.
Die Erträge sind beim alternativen Landbau oft geringer und die Erzeugnisse nicht immer so makellos, wie Sie es vielleicht gewohnt sind. Die Qualität der Produkte übertrifft jedoch die von konventionell angebautem Obst und Gemüse in vieler Hinsicht: Die Lebensmittel enthalten mehr wertvolle Inhaltsstoffe wie zum Beispiel Vitamine, bleiben länger frisch und weisen einen geringeren Nitratgehalt auf. Zwar sind alternativ angebaute Produkte nicht ganz frei von Rückständen, denn die Schadstoffe aus Luft und Wasser gelangen auch auf die Felder der Biobauern. Untersuchungen zeigen jedoch, daß Obst und Gemüse aus dem alternativen Landbau in der Regel weniger Rückstände enthalten.

Alufolie: kann man vom ernährungsphysiologischen Standpunkt zum Garen nur empfehlen: Die Produkte brauchen wenig oder gar kein Fett, es kann kein Saft verloren gehen und es bilden sich keine Röststoffe. Wer umweltbewußt lebt, sollte allerdings so wenig Alufolie wie möglich verbrauchen, da es bundesweit bisher noch keine speziellen Sammlungen von Alu-Müll (darunter fallen übrigens auch die Deckel von Joghurt-, Sahne- und Crème-fraîche-Bechern!) gibt. Bedenken Sie bitte: Nur zum Einwickeln und Aufbewahren von Lebensmitteln ist Alufolie zu schade.

Anbauer: in der Bundesrepublik betreiben rund 2100 Landwirte alternativen Landbau, allerdings nach unterschiedlichen Anbaumethoden. Die meisten davon haben sich den fünf großen Erzeuger- und Vertriebsorganisationen angeschlossen.
1. Biologisch-dynamischer Anbau nach dem Anthroposophen Rudolf Steiner, der seine Vorstellungen bereits 1924 formulierte. Danach soll der landwirtschaftliche Betrieb eine organische Ganzheit bilden, eingebunden in kosmische, menschliche, ökonomische und soziale Bedingungen. Biologisch-dynamische Produkte werden vom Demeter-Bund unter dem Warenzeichen »demeter« verkauft. Zum Demeter-Bund gehören insgesamt 650 Betriebe. Produkte aus Betrieben, die auf biologisch-dynamischen Anbau umstellen, kommen mit dem Warenzeichen »biodyn« in den Handel.
2. Organisch-biologischer Anbau: 1929 in der Schweiz von Dr. Hans Müller entwickelt. Besonderer Wert wird auf die Fruchtbarkeit des Bodens gelegt. Chemischer Dünger und giftige Pflanzenschutzmittel sind nicht erlaubt. Die Vertriebsorganisation – der sich etwa 800 Betriebe angeschlossen haben – heißt »bioland« und bringt die Produkte mit diesem Warenzeichen in den Handel.
3. ANOG = Arbeitsgemeinschaft für naturnahen Obst-, Gemüse- und Feldfruchtanbau. Der naturgemäße Landbau wurde 1962 von Leo Fürst begründet. Diese Anbaumethode unterscheidet sich am wenigsten von der konventionellen Landwirtschaft, da man nicht vollkommen auf chemischen Dünger und Pflanzenschutzmittel verzichtet: Beides darf eingesetzt werden, wenn es unbedingt notwendig ist. Die Produkte der 30 Betriebe sind mit dem Warenzeichen »ANOG« im Handel.
4. Biokreis Ostbayern: seit 1979 bestehender Zusammenschluß von rund 22 Bauern, die ausschließlich bayerische Wochenmärkte und Naturkostläden beliefern. Die Landwirte verwenden keine Futtermittel aus Ländern der Dritten Welt.
5. Naturland = Verband für naturgemäßen Anbau: seit 1982 bestehender Zusammenschluß von 90 Landwirten in Bayern. Ziele des naturgemäßen Landbaus sind ein geschlossener Energie- und Stoffkreislauf im landwirtschaftlichen Betrieb, Pflege des Bodenlebens, artgerechte Tierhaltung und vielfältige Fruchtfolgen. Jede dieser fünf Organisationen hat eigene Erzeugerrichtlinien; 1984 hat man sich jedoch auf gemeinsame Rahmenrichtlinien geeinigt. Diese erhalten Sie bei der Stiftung ökologischer Landbau, Eisenbahnstraße 28–30, 6750 Kaiserslautern, für DM 2,50.
Für genaue Informationen über die einzelnen Organisationen wenden Sie sich bitte an folgende Adressen:
1. Forschungsring für biologisch-dynamische Wirtschaftsweise e.V. (Demeter-Bund), Baumschulenweg 11, 6100 Darmstadt
2. Fördergemeinschaft organisch-biologischer Land- und Gartenbau e.V. (Bioland), Lange Straße 26, 7326 Heiningen
3. ANOG e.V., Ernst-Reuter-Straße 18, 5400 Koblenz 1
4. Biokreis Oberbayern e.V., Rosensteig 13, 8390 Passau
5. Verband für naturgemäßen Landbau e.V. (Naturland), Kleinhaderner Weg1, 8032 Gräfelfing.

anbraten: im heißen Fett rundherum rasch bräunen. Auf diese Weise bildet zum Beispiel Fleisch eine Kruste, die den Saft im Inneren des angebratenen Stückes hält. Größere Fleischmengen sollten Sie immer portionsweise anbraten – bei Ragout oder Geschnetzeltem geben Sie also nur so viele Fleischwürfel in den Topf, daß die Würfel nebeneinanderliegen und Sie genügend Platz zum Wenden haben. Andernfalls kühlt das Fett zu rasch ab, der austretende Fleischsaft beendet den Bratprozeß und das Fleisch wird zäh.

anschwitzen: darunter versteht man vor allem das Anrösten von Mehl. Siehe dazu bitte auch den Tip auf Seite 108.

Äpfel: Wenn Sie im Supermarkt einen Apfel verlangen, bekommen Sie meist einen »Golden Delicious« oder »Granny Smith«

– je nachdem, ob Sie einen süßen oder säuerlichen Apfel haben wollten. Dabei gibt es weit aromatischere und vitaminreichere Sorten, die nur leider zu wenig bekannt sind. Der säuerlich-erfrischende Klarapfel ist in den Monaten Juli und August am besten, später wird sein Fruchtfleisch mehlig. Den würzigen Gravensteiner können Sie von August bis Dezember kaufen; mit seinem saftigen Fleisch und dem intensiven Duft ist er der ideale Apfel zum Rohessen. Der Boskop, ein richtiger Winterapfel, der von November bis April angeboten wird, eignet sich dagegen auch hervorragend zum Kochen und Backen. Ebenso der Glockenapfel, eine herb-säuerliche erfrischende Frucht, die von Oktober bis April auf den Markt kommt und am besten in den Wintermonaten schmeckt. Intensiv säuerlich und würzig ist auch der Jonathan (von Oktober bis April erhältlich); er eignet sich ebenfalls zum Kochen wie zum Rohessen. Gloster ist eine neuere Züchtung. Diesen Apfel können Sie roh essen oder zum Kochen und Backen verwenden. Feinsüße und trotzdem würzige Sorten: Goldparmäne (September bis Februar), Cox Orange Renette (September bis März), Ingrid Marie, der typische Advents- und Weihnachtsapfel, der roh, gegart und als Bratapfel schmeckt. Bei allen Sorten spielen Anbau und Pflege der Apfelbäume eine entscheidende Rolle. Lassen Sie die makellos schönen Früchte besser liegen und nehmen Sie ruhig Äpfel mit kleinen Fehlern. Sie sind meist weniger durch Spritzmittel belastet, was dem Geschmack und der Haltbarkeit wie auch Ihrer Gesundheit zugute kommt.

aufkochen: der Punkt, an dem die Flüssigkeit, in der das Gargut liegt, sprudelt. Die Temperatur können Sie schon zurückschalten, wenn sich die Oberfläche leicht kräuselt, die Flüssigkeit also zu sieden beginnt.

Austernpilz: auch Austernseitling oder Kalbfleischpilz genannt, wird auf Strohballen gezüchtet und kommt zum großen Teil aus italienischem oder deutschem Anbau. Die Pilze haben ein intensiveres Aroma als Champignons oder Egerlinge und eignen sich für alle Pilzzubereitungen. Am besten schmecken sie jedoch gegrillt mit Knoblauch, einigen frischen Kräutern und Öl.

Auszugsmehl: alle niedrig ausgemahlenen Mehle, besonders auch das in den meisten Haushalten ausschließlich verwendete Weizenmehl mit der Typenbezeichnung 405. Auszugsmehle haben im Vergleich zu Vollkornmehl fast keine Nähr- und Ballaststoffe mehr, weil vor dem Mahlen der vitaminreiche Keimling und die Randschichten des Getreidekorns entfernt werden. Diese Mehle sind nahezu unbegrenzt haltbar und lassen sich besser verarbeiten als die ernährungsphysiologisch wertvollen Vollkornmehle. Auch Weißbrot und Feingebäck werden mit Auszugsmehlen gebacken.

Azukibohnen: auch rote Sojabohnen genannt, sind kleine rötlichbraune Samen. Der Keim bildet seitlich einen auffälligen weißen »Strich«. Azukibohnen sind leichter verdaulich als andere Hülsenfrüchte. Da sie nur geringe Erträge bringen, sind sie nicht gerade billig.

B

Ballaststoffe: auch Faserstoffe genannt, sind die unverdaulichen Bestandteile pflanzlicher Nahrung, die unter anderem wichtig für eine geregelte Verdauung sind. Ausführliche Angaben finden Sie in dem entsprechenden Abschnitt in der »Kleinen Ernährungslehre«, Seite 9.

beschöpfen: Braten während des Garens häufig mit der Mischung aus Fleischsaft und Fett übergießen, damit sich eine braune Kruste bildet, und – vor allem bei Geflügel – das unter der Haut liegende Eigenfett weiter ausbrät.

binden: Saucen oder Suppen sämig machen. Dafür gibt es verschiedene Möglichkeiten:
1. Mehl oder Speisestärke mit kaltem Wasser anrühren und diese Mischung in die kochende Flüssigkeit geben. Bei der Mehlbindung muß die Flüssigkeit aufkochen und dann bei schwacher Hitze etwa 10 Minuten kochen, damit sich der Mehlgeschmack verliert. Bei der Bindung mit Speisestärke reicht das kurze Aufkochen.
2. Eigelb und/oder Sahne mit etwas Sauce oder Suppe verquirlen und in die heiße Flüssigkeit rühren; diese darf jetzt nicht mehr kochen, sonst gerinnt das Eigelb. Diese Methode nennt man in der Küchensprache auch »legieren«.

biologisch: bedeutet in diesem Buch, daß in den Rezepten Lebensmittel anstelle von Nahrungsmitteln verwendet werden, also naturbelassene Produkte, die auch bei der Zubereitung nur so wenig wie möglich verändert werden.
Leider ist der Begriff »biologisch« mittlerweile in vielen Fällen nur ein Modewort, das dem Verbraucher »Gesundheit« suggerieren und ihn zum Kauf anregen soll. Tatsächlich stammen viele der als »biologisch« angebotenen Waren gar nicht aus biologischem Anbau. Auch über die Qualität oder die Naturbelassenheit der Produkte sagt das Wort nichts aus. Lebensmittel aus kontrolliertem Anbau bieten die fünf großen Erzeuger- und Vertriebsorganisationen an, die Sie unter dem Stichwort »Anbauer« finden.

biologisch-dynamisch: siehe bitte Stichwort »alternativer Landbau«.

blanchieren: Garmethode für zarte Gemüse wie beispielsweise Spinat oder Mangold beziehungsweise Vorgaren von Gemüse mit festerer Struktur. Zum Blanchieren bringt man reichlich Salzwasser zum Kochen und legt das geputzte und gewaschene Gemüse ein. Während der 2–5minütigen Garzeit muß das Wasser ständig sprudelnd kochen. Das blanchierte Gemüse wird danach sofort sehr stark abgekühlt – in einem Gefäß mit Eiswasser etwa –, damit es seine frische Farbe behält und nicht mehr nachgart. Wenn Sie Gemüse einfrieren wollen, sollten Sie es vorher grundsätzlich blanchieren. Geerntetes Gemüse enthält nämlich Enzyme, die auch während der Gefrierlagerung Vitamin C und Farbstoffe abbauen. Diese Enzyme werden beim Blanchieren zerstört, so daß die Vitamine und die schöne Farbe besser erhalten bleiben.

Bohnen: Hülsenfrüchte, von denen man entweder die fleischigen Schoten oder die Samen ißt. Frische grüne Bohnen kommen etwa ab Mai auf den Markt. An den Schoten erkennt man die verschiedenen Sorten: Die breiten, flachen Stangenbohnen haben ziemlich grobes Fleisch und müssen vor dem Garen zerkleinert werden. Buschbohnen mit ihren runden bis ovalen Schoten können Sie unzerteilt als Gemüse oder für Salate verwenden. Die gelben Wachsbohnen schmecken vor allem als Salat. Prinzeß- oder Filetbohnen, auch »Haricot verts« genannt, haben dünne zarte Schoten und sind eine feine Gemüsebeilage. Bohnensamen erhalten Sie je nach Saison ebenfalls frisch. Häufiger verwendet man jedoch die getrockneten Samen, die das ganze Jahr über angeboten werden. Es gibt rote, weiße, schwarze und braune Bohnen, die sich alle als Gemüsebeilage, Hauptgericht oder – kalt beziehungsweise lauwarm mit Kräutern, Essig und Öl angerichtet – als Vorspeise eignen. Getrocknete Bohnen werden immer vorgeweicht und garen dann in etwa 2 Stunden. Weder die Schoten noch die Samen von Bohnen darf man roh essen, denn erst durch ausreichendes Garen wird das darin enthaltene natürliche Gift, das Phasin, unschädlich gemacht.

Borlottibohnen: rotbraune Bohnen, gesprenkelt wie Wachtelbohnen.

braten: garen in Fett ohne Zugabe von Flüssigkeit, damit das Gargut möglichst trockener Hitze ausgesetzt ist und bräunt. Zum Braten in der Pfanne eignen sich Fleischscheiben und -würfel, Geflügelteile, Fischfilets und -koteletts, Eier, Kartoffeln und dünnflüssige Teige. Im Backofen können Sie auch Fleischstücke von mindestens 1 kg und Geflügel im Ganzen braten.

Bratfond: geringe Mengen von Fleischsaft treten beim Braten aus und setzen sich als braune Kruste am Topf- oder Pfannenboden an. Dieser Bratfond oder Bratensatz bildet die Grundlage für die Sauce, wenn man ihn mit etwas Flüssigkeit löst (siehe bitte auch Stichwort »ablöschen«).

Brot: in der Bundesrepublik sind derzeit über 200 verschiedene Brotsorten auf dem Markt. Je nach Getreideart und Ausmahlungsgrad des Getreides unterscheidet man Weizen- und Roggenmischbrot, Weißbrot und Vollkornbrot. Am häufigsten werden bei uns Mischbrote und Weißbrote gegessen. Inzwi-

schen gibt es aber nicht nur in den Naturkostläden und Reformhäusern »kernige« und sehr aromatische Brotsorten; auch viele Bäcker haben sich schon auf die Verbraucherwünsche eingestellt und bieten sogar Vollkornbaguette, Weizenkeimbrötchen und Toast aus Roggenvollkornmehl an. Fragen Sie ruhig auch bei Ihrem Bäcker nach Vollkornerzeugnissen; je mehr Leute gesunde Brotsorten verlangen, desto größer wird auch das entsprechende Angebot. Übrigens bedeutet »Vollkornbrot« nicht unbedingt, daß dieses Brot aus ganzen Getreidekörnern gebakken worden ist, sondern ausschließlich mit Mehl, das noch alle Bestandteile des ganzen Kornes enthält. Siehe dazu bitte auch das Stichwort »Mehl«.
Buchweizen: kein Getreide, sondern ein Knöterichgewächs, das jedoch in der Küche wie Getreide zubereitet wird. Zum Backen eignet sich Buchweizen nicht, weil er kein Klebereiweiß enthält. Buchweizen mit seinen dreieckigen Früchten können Sie ganz, geschrotet oder gemahlen kaufen. Außerdem gibt es ihn noch geröstet unter der Bezeichnung »Kasha«. Er schmeckt herzhaft, sogar ein wenig bitter, und kann zu süßen oder pikanten Gerichten verarbeitet werden. Am bekanntesten sind die russischen Blinis, kleine Küchlein aus Buchweizenmehl, die man mit saurer Sahne zu Kaviar ißt.
Bulgur: auch Bulghur oder Burghul genannt, ist vorgekochter und mehr oder weniger stark geschälter Weizenschrot. Siehe dazu bitte Rezept »Bulgur mit Gemüse«, Seite 121.
Butter: siehe bitte Stichwort »Fett«.

C

Cannellibohnen: weiße, ovale Bohnensamen.
Cashew-Nüsse: Ölsamen des Cashew-Baumes, die leicht süßlich und mandelartig schmecken. Sie eignen sich als Beigabe zum Müsli oder als Curry zubereitet (siehe bitte Rezept Seite 125).
Cayennepfeffer: wird aus getrockneten Chilischoten hergestellt. Wegen seiner feurigen Schärfe sollten Sie ihn sparsam verwenden.
Chili: sehr scharfe rote Pfefferschoten, die getrocknet und gemahlen als Cayennepfeffer in den Handel kommen. Die getrockneten Schoten gibt es auch ganz oder zerrieben. Außerdem können Sie manchmal frische grüne (also unreife) oder rote Pfefferschoten kaufen.
Couscous: grob vermahlener Hartweizengrieß, der vor allem in Nordafrika als Beilage zu Fleischgerichten gegessen wird.
Crème fraîche: dicke, leicht säuerlich schmeckende Sahne mit einem Fettgehalt, der je nach Hersteller zwischen 28 und 40% liegt. Sie schmeckt umso besser, je fetter sie ist und sollte keinerlei Bindemittel enthalten. Crème fraîche eignet sich hervorragend zum Binden von warmen Saucen, für Salate und auch für Süßspeisen. Ebenso wie Sahne gerinnt Crème fraîche erst bei hohen Temperaturen (siehe dazu bitte auch das Stichwort »einkochen«).

D

dämpfen: nährstoffschonendes Garen im heißen Wasserdampf bei etwa 100°, geeignet für Gemüse, Kartoffeln, Reis oder Fisch. Zum Dämpfen gibt es spezielles Kochgeschirr (siehe dazu bitte auch das Kapitel »Geräte im Überblick«, Seite 144).
darren: Trocknen, insbesondere von Getreide, mit Heißluft. Die Kocheigenschaften und der Geschmack werden dadurch verbessert. Außerdem verkürzt sich durch das Darren die Kochzeit. Sie können bereits gedarrtes Getreide, zum Beispiel Grünkern, kaufen oder es selbst herstellen: Dazu wird Getreide über Nacht eingeweicht, bis es einen großen Teil des Wassers aufgesogen hat. Das restliche Wasser abgießen, und das Getreide auf einem Backblech ausbreiten. Das Getreide nun im Ofen bei etwa 70° vollkommen trocknen lassen.
Dicke Bohnen: auch Saubohnen oder Pferdebohnen genannt, sind große, ziemlich flache Bohnensamen, die es frisch, tiefgefroren oder getrocknet zu kaufen gibt.
Dinkel: naher Verwandter des Weizens, doch etwas leichter verdaulich. Er schmeckt nußartig und eignet sich für alle Getreidegerichte, auch zum Backen, da er reichlich Klebereiweiß enthält.
Aus den halbreifen Körnern des Dinkels wird Grünkern hergestellt. Siehe dazu bitte das entsprechende Stichwort.
dünsten: Garen von Lebensmitteln im eigenen Saft, eventuell unter Zugabe von wenig Flüssigkeit und/oder Fett. Sie brauchen dazu einen gut schließenden Topf, damit die Flüssigkeit nicht verdampfen kann.
durchseihen: Suppen oder Saucen durch ein – eventuell mit Küchenpapier ausgelegtes – Sieb gießen, um alle festen Bestandteile wie Eiweißreste, Suppengrün und so weiter aufzufangen. Bei Suppen wird dadurch auch der größte Teil des Fetts entfernt, so daß Sie die Brühe nach dem Erkalten nicht mehr entfetten müssen.

E

Eier: werden nach verschiedenen Gewichts- und Güteklassen sortiert und gekennzeichnet.
Gewichtsklassen:
Gew.-Kl. 1: mindestens 70 g
Gew.-Kl. 2: 65 bis 70 g
Gew.-Kl. 3: 60 bis 65 g
Gew.-Kl. 4: 55 bis 60 g
Gew.-Kl. 5: 50 bis 55 g
Gew.-Kl. 6: 45 bis 50 g
Gew.-Kl. 7: 45 g und weniger.
Güteklasse und Abpackdatum finden Sie auf der Verpackung. Im Handel werden fast nur Eier der Güteklasse A angeboten. Diese bedeutet »frisch«, jedoch nicht »nestfrisch« und heißt nur, daß die Eier nicht mit speziellen Verfahren haltbar gemacht worden sind. Seit 1. Juli 1985 muß auf den Eierpackungen die Packzeit, zum Beispiel »abgepackt vom 3.–9.7.85« oder das Abpackdatum, beispielsweise 20.7.85, angegeben werden. Auch bei dieser Kennzeichnung erfährt man nicht, wann die Eier gelegt worden, wie frisch sie also tatsächlich sind. Es gibt jedoch zwei Möglichkeiten, den Frischegrad von Eiern zu prüfen – allerdings erst, nachdem man sie schon gekauft hat:
1. Das Ei in eine Schüssel mit kaltem Wasser legen. Ein etwa zwei Tage altes Ei sinkt zu Boden, da die Luftkammer im Inneren noch sehr klein ist. Ein etwa sieben Tage altes Ei richtet sich halb auf, ein zwei bis drei Wochen altes steht auf der Spitze und ein älteres beginnt zu schwimmen. Eier, die an der Oberfläche schwimmen, sollte man nicht mehr verwenden.
2. Das Ei auf einen flachen Teller schlagen. Beim nestfrischen Ei ist der Dotter halbkugelförmig, und das gallertartige Eiweiß umgibt ihn wie einen Ring. Je älter das Ei, desto mehr läßt seine Spannkraft nach: Das Eiweiß wird wäßrig, der Dotter flach. Am besten schmecken übrigens zehn Tage alte Eier.
Ohne Frage ist die heute übliche Käfighaltung von Hühnern Tierquälerei. Außerdem wirkt sich die Massentierhaltung auf die Qualität der Eier aus, da den Tieren vorbeugend Medikamente gegen Infektionskrankheiten verabreicht werden. Hinzu kommen oft minderwertige Futtermittel, die man dann aus seinem Frühstücksei herausschmeckt. Die Hühner bekommen mit dem Futter auch (unschädliche) Farbstoffe, um die Dotter zu schönen: Sattgelbe Eidotter sollen dem Verbraucher Qualität vorspiegeln. Dabei ist die Farbe des Dotters für die Qualität ebenso unbedeutend wie die der Eischale.
Solange Eier als Massenware gehandelt werden, kann es »biologische« Eier von artgerecht gehaltenen, »glücklichen« Hühnern nicht geben, und man muß die Tiere eben zu bloßen Legemaschinen degradieren. Vielleicht aber kennen Sie einen Bauern, der seine Hühner noch freilaufen läßt und können dort die Eier beziehen. Sonst hilft nur eines: den Eikonsum drastisch verringern, damit die Nachfrage sinkt und die Erzeuger sich um bessere Qualität und artgerechte Tierhaltung bemühen müssen.
einkochen (reduzieren): statt eine Suppe oder Sauce zu »binden« kann man sie auch bei starker Hitze unter Rühren so lange kochen lassen, bis sie die richtige Konsistenz hat. In der feinen modernen Küche werden Saucen meist auf diese Weise »reduziert«, um ihren Geschmack unverfälscht zu erhalten. Saucen auf Sahne- oder Crème-fraîche-Basis dürfen beim Einkochen nur leicht brodeln, denn bei zu hoher Temperatur kann die Sauce gerinnen.
entfetten: Suppen oder Saucen können Sie am besten entfetten, indem Sie die oben schwimmende Fettschicht vorsichtig mit Küchenpapier abtupfen. Siehe bitte auch Stichwort »durchseihen«.

Erbsen: Hülsenfrüchte, die frisch, tiefgefroren, in Konserven oder getrocknet angeboten werden. Frische grüne Erbsen sind ziemlich teuer. Getrocknete grüne oder gelbe Erbsen gibt es geschält und ungeschält. Geschälte Erbsen müssen nicht vorweichen und haben eine kürzere Garzeit. Ungeschälte Samen sind nach dem Vorweichen in etwa 2 Stunden gar. Die getrockneten Erbsen schmecken am besten als Suppe, Eintopf oder Püree.

Erdnüsse: da die Belastung durch Schimmelpilze bei Erdnüssen wie auch bei Erdnußprodukten, zum Beispiel Öl, sehr hoch ist, habe ich sie in die Rezepte nicht aufgenommen.

Essig: entsteht entweder aus der Vergärung von Alkohol unter dem Einfluß von Essigsäurebakterien oder durch Verdünnen von künstlich hergestellter Essigessenz mit Wasser. Ebenso wie gutes Öl hat auch Essig seinen Preis; billiger Essig schmeckt vor allem sauer und hat weiter kein Aroma. Sehr vielseitig zu verwenden ist echter oder reiner Weinessig. Er schmeckt kräftiger, wenn er aus Rotwein vergoren wurde, milder, wenn sein Grundstoff Weißwein ist. Einfacher Weinessig – ohne den Zusatz »echt« oder »rein« – besteht nur zu etwa 20 Prozent aus Wein, der Rest ist Branntweinessig. Mit Kräutern wie Dill oder Estragon aromatisierte Essigsorten werden auf der Basis von Weinessig oder Branntweinessig hergestellt. Obstessig gewinnt man aus verschiedenen, oft nicht näher bezeichneten Obstsorten, Apfelessig aus reinem Apfelwein. Essig sollten Sie nur in kleinen Mengen kaufen und in dunklen Flaschen aufbewahren.

F

Fett: energiereichster Nährstoff, wichtig für die Verwertung von und die Versorgung des Körpers mit fettlöslichen Vitaminen (Weizenkeim-, Sonnenblumen-, Soja- und Maiskeimöl sowie Butter) und essentiellen Fettsäuren (vor allem Distelöl, aber auch Sonnenblumen-, Weizenkeim- und Leinöl). Bei Speisefetten unterscheidet man tierische Fette wie Butter und Schmalz sowie pflanzliche Fette und Öle, zum Beispiel aus Oliven, Kokosnüssen, Getreidekeimen und so weiter. Ob ein Fett bei Raumtemperatur flüssig bleibt (Öl) oder fest wird, hängt von der Art der Fettsäuren ab: Pflanzenöle enthalten reichlich ungesättigte, ernährungsphysiologisch wertvolle Fettsäuren. Bei tierischen Fetten überwiegen die gesättigten Fettsäuren.

Nicht unbedingt zu den rein pflanzlichen Fetten muß übrigens Margarine gehören: Zwar werden zu ihrer Herstellung meist pflanzliche Öle und Fette verwendet, doch es gibt auch Margarine, die zu über 80 Prozent aus Rindertalg besteht. Außerdem spielen bei der Margarineproduktion auch chemische Prozesse mit. Margarine ist also ein Nahrungsmittel, und ich habe sie in die Rezepte dieses Buches nicht aufgenommen. Empfehlenswert sind alle Fette, die weitgehend naturbelassen sind. Als Streichfett eignet sich Butter, für Salate verwenden Sie am besten kaltgepreßte Öle, zum Braten und Backen ebenfalls Öle wie auch ungehärtete Fette. Zum Ausbacken oder Fritieren eignen sich Fette, die sich bis 220° erhitzen lassen (Butterschmalz oder Kokosfett). Diese Fette sind frei von Wasser und Eiweißstoffen. Eiweißhaltiges Fett wie Butter beginnt bei 140 bis 160° zu bräunen. Man sollte sie deshalb nicht zum Braten, sondern besser zum Backen, Dünsten und Verfeinern von Speisen verwenden. Auch Produkte, die bei schwacher bis mittlerer Hitze gebraten werden, wie etwa Eier, können Sie in Butter garen, ohne daß sich gesundheitsschädliche Stoffe bilden. Grundsätzlich gilt: wenn Fett oder Öl raucht, ist es zu heiß geworden, und Sie sollten es nicht mehr verwenden. Zu Fett siehe bitte auch den entsprechenden Abschnitt in der »Kleinen Ernährungslehre«, Seite 8 und das Stichwort »Öl«.

filieren (filetieren): das Teilen von Fisch oder Zitrusfrüchten in ihre Filets.

Fisch: enthält biologisch hochwertiges Eiweiß, wenig Fett, dafür aber reichlich essentielle Fettsäuren (Linolsäure). Fischfleisch ist leicht verdaulich. Außerdem ist es reich an Mineralstoffen (Calcium, Eisen, Phosphor, Jod) und Vitaminen (A und D). Besonders Seefische liefern reichlich Jod: Mit 200 g Kabeljau können Sie Ihren Jodbedarf von 2, mit der gleichen Menge Schellfisch sogar von 5 Tagen decken. Leider nimmt mit der Schadstoffbelastung der Gewässer auch die der Fische zu. Kaum oder wenig belastet sind Tiere aus Teichwirtschaften und Zuchtbetrieben. Auch Hochseefische (Kabeljau, Hering, Makrele, Scholle, Sardine und Schellfisch) sind empfehlenswert, denn auf hoher See nimmt die Schadstoffkonzentration aufgrund der großen Wassermenge ab. Verzichten sollten Sie dagegen auf Eishai, Heringshai, weißen Heilbutt und Thunfisch aus dem Mittelmeer, da sie häufig mit Quecksilber belastet sind. Auch Fische aus küstennahen Gewässern und stark verschmutzten Flußabschnitten (Elbe, Unterlauf des Mains) verzehrt man besser nicht. Lebertran und auch Dorschleber, die bei vielen Feinschmeckern als Delikatesse gilt, sind ebenfalls sehr stark belastet. Wenn Sie Ihren Speisezettel jedoch abwechslungsreich gestalten, gehen Sie nicht das Risiko ein, Ihren Körper einseitig zu belasten.

Flageolettbohnen: auch Fisolen genannt, sind längliche, zartgrüne Bohnensamen, und besonders geeignet als Salat oder Gemüsebeilage.

Fleisch: grundsätzlich können Sie jedes Fleisch essen, vorausgesetzt, Sie wissen, woher Ihr Metzger das Fleisch bezieht. In jedem Fall sollte man den Fleischverzehr einschränken und den Eiweißbedarf des Körpers auch mit pflanzlichen Lebensmitteln wie Getreide und Hülsenfrüchten decken. Die Qualität fast aller Fleischsorten hat sich in den letzten Jahren verschlechtert, da aufgrund der gesteigerten Nachfrage immer mehr Fleisch produziert werden muß. Vor allem Schweinefleisch hat durch moderne Mastmethoden sehr stark an Qualität eingebüßt.

Inzwischen gibt es jedoch auch (wieder) Landwirte und Metzger, die Fleisch von natürlich gefütterten und artgerecht gehaltenen Tieren anbieten. Selbstverständlich ist es ebenfalls nicht ganz frei von Rückständen, denn auch in alternativen Betrieben kann man nichts gegen Verschmutzung von Luft, Boden und Wasser tun. Die Tiere werden jedoch weder mit künstlichen Masthilfen hochgepäppelt noch mit Beruhigungsmitteln, Antibiotika und Hormonen behandelt.

Sie können Fleisch entweder direkt von diesen Öko-Bauern oder über eine der fünf großen Vertriebsorganisationen von Bio-Erzeugnissen beziehen und brauchen dabei nicht einmal größere Mengen abzunehmen. Die Adressen finden Sie unter dem Stichwort »Anbauer«.

Fond: konzentrierte Brühe, die aus Fleisch- oder Geflügelknochen beziehungsweise aus Fischköpfen und Gräten gekocht wird. Der Fond bildet die Grundlage für feine Saucen (siehe bitte auch Stichwort »Bratfond«).

G

gar ziehen (pochieren): Garen in wenig oder viel Flüssigkeit unter dem Siedepunkt, das heißt, bei Temperaturen von 75° bis 90°. Die Flüssigkeit darf nicht kochen, sondern sich an der Oberfläche höchstens leicht kräuseln. In Brühen dürfen auch kleine Bläschen aufsteigen. Bei niedrigster Temperatur gar ziehen soll Fisch; Klöße und Fleischbrühen vertragen etwas mehr Hitze.

Geflügel: heutzutage stammen vor allem Hähnchen fast nur noch aus Großbetrieben, in denen man auf die natürliche Lebensweise der Tiere keine Rücksicht nimmt. Es geht ausschließlich darum, auf möglichst effektive Weise »Fleischlieferanten« zu produzieren. Das heißt, daß die Tiere auf engstem Raum ohne Tageslicht leben müssen, mit speziellem Kraftfutter bis zur Schlachtreife herangezogen und mit Tierarzneimitteln behandelt werden. Es lohnt sich also, nach Händlern zu suchen, die frisches Geflügel aus artgerechter Haltung anbieten. Man muß dafür mehr bezahlen und wird deshalb vielleicht auch nur selten Geflügel essen. Das Fleisch dieser Tiere jedoch ist eine Köstlichkeit, die man ohne schlechtes Gewissen genießen kann. Die fünf großen Vertriebsorganisationen für Bio-Erzeugnisse verschicken für Schlachtgeflügel ebenfalls Adressen derjenigen Erzeuger, die die Tiere artgerecht halten und qualitativ hochwertiges Fleisch liefern. Siehe dazu bitte das Stichwort »Anbauer«.

Gelbwurz: heißt auch Kurkuma und ist der Wurzelstock eines Ingwergewächses. Sie färbt die Speisen gelb und ist Bestandteil des Currypulvers. Gelbwurz können Sie gemahlen in gut sortierten Supermärkten, Reformhäusern, Naturkostläden und Apotheken kaufen.

Gemüse: joule/kalorienarme Lebensmittel, die besonders viele Vitamine und Mineralstoffe liefern. Gemüse sollten reichlich und nicht nur gegart, sondern auch roh, zum Beispiel als Salat, gegessen werden. Am besten kombiniert man unter- und oberirdisch wachsende Pflanzen, damit sich die Vitalstoffe ergänzen. Gut zusammen passen: Rote Bete und Apfel (Rezept Seite 25), Gurke, Radieschen, Möhren und Paprikaschoten (Rezept »Roher Gemüsesalat«, Seite 21), Broccoli, Blumenkohl und Möhren (Rezept »Gemüse süßsauer«, Seite 97) oder Kohlrabi mit frischen Kräutern (Rezept Seite 102).

Gemüsebrühe: Grundlage für Suppen und Saucen. Sie können Gemüsebrühe ebenso wie Fleischbrühe auf Vorrat kochen und einfrieren (siehe Rezept Seite 38) oder als Instant-Brühe im Naturkostladen oder Reformhaus kaufen. Instant-Brühe enthält unter anderem Kräuter, Hefe und eventuell Salz. Frisch gekochte Gemüsebrühe bewahren Sie bitte zugedeckt im Kühlschrank auf; sie hält sich höchstens drei Tage.

Gerste: Getreideart, die zu den ältesten Kulturpflanzen zählt. Sie enthält etwas weniger Eiweiß als Weizen – auch kaum Klebereiweiß und eignet sich deshalb nicht zum Backen. Wie alle anderen Getreidearten führt sie dem Organismus die lebenswichtige Linolsäure und reichlich Vitamine der B-Gruppe zu. Verwenden Sie Gerste am besten als Bestandteil des Frischkornmüslis oder als Suppeneinlage.

Getreide: wurde aus den Wildformen der Gräser kultiviert und enthält fast alles, was der Körper braucht: Im Keim sitzen Vitamine, Mineralstoffe und Fett mit der essentiellen Linolsäure sowie hochwertiges Eiweiß. Die Randschichten des Korns liefern neben Mineralstoffen noch reichlich unverdauliche Ballaststoffe. Der Mehlkörper besteht vorwiegend aus Stärke, enthält aber auch Klebereiweiß, das zum Backen wichtig ist. Getreide bildete jahrtausendelang die Grundlage der menschlichen Ernährung und wird heute noch vom größten Teil der Weltbevölkerung als Hauptlebensmittel verzehrt. In den Industrienationen kennt man Getreide hauptsächlich verarbeitet als Brot. Es schmeckt jedoch auch als Bestandteil des Müslis, als Suppeneinlage, gekocht, geschmort und gratiniert. Beim Zerkleinern verliert Getreide durch den Luftsauerstoff sofort einen Teil seiner wertvollen Inhaltsstoffe. Deshalb ist es so wichtig, daß es wirklich frisch gemahlen oder geschrotet und dann möglichst rasch verarbeitet wird. Die einzelnen Getreidearten wie Weizen, Dinkel (Grünkern), Roggen, Gerste, Hafer, Hirse, Reis und Mais finden Sie unter den entsprechenden Stichwörtern.

Getreideflocken: Getreidekörner werden über Dampf erhitzt, gepreßt und getrocknet. Im Gegensatz zu Getreideschrot kann man sie roh und ohne vorheriges Einweichen essen. Sie schmecken als Bestandteil des Müslis, als Zusatz im Brot und anderen Teigen und als Brei.

Getreideschrot: das aus dem ganzen Korn entstehende Mahlprodukt. Siehe bitte auch Rezept »Drei-Korn-Müsli mit Obst«, Seite 33.

glasig braten: Zwiebeln, Knoblauch und Reis bei schwacher bis mittlerer Hitze so lange braten, bis sie durchscheinend wirken.

Gomasio: Mischung aus ungeschälten Sesamsamen und Meersalz. Gomasio können Sie anstelle von Salz zum Würzen verwenden. Es schmeckt angenehm nußartig und paßt hervorragend zu Gemüse- und Getreidegerichten. Gomasio ist nur begrenzt haltbar: es verliert an Aroma und wird außerdem durch den hohen Fettgehalt des Sesams ranzig. Gomasio können Sie in Naturkostläden und Reformhäusern kaufen. Oder Sie stellen es selbst her: Sesamsamen ohne Fettzugabe unter Rühren rösten, bis man sie zwischen den Fingern zerreiben kann. Dann mit Meersalz im Mörser zerstoßen.

Gratin: überbackenes Gericht. Am bekanntesten ist sicher der Kartoffelgratin: dünne Kartoffelscheiben, in Sahne gegart und mit geriebenem Käse überbacken.

gratinieren: ein Gericht bei starker Hitze im Ofen so lange überbacken, bis es eine braune Kruste bekommt. Zum Gratinieren verwendet man Sahne oder Crème fraîche, meist auch Käse und manchmal Saucen, die mit Käse angereichert sind.

Graupen: auch Perl- oder Rollgerste genannt, sind geschälte und durch Schleifen und Polieren abgerundete Gerstenkörner. Im Vergleich zum ganzen Korn enthalten sie weniger Eiweiß, Fett und Mineralstoffe. Graupen muß man trocken und luftig lagern.

Grieß: wird aus Hartweizen oder Weichweizen hergestellt. Kaufen Sie möglichst Vollkorngrieß, der noch den Getreidekeimling enthält.

grillen: Garen durch direkte Strahlungshitze, ohne daß ein Kontakt zwischen Hitzequelle und Gargut hergestellt werden muß. Die Strahlen treffen auf die Oberfläche des Produkts und lassen das Eiweiß sofort gerinnen, wodurch die Aromastoffe erhalten bleiben. Grillen ist eine empfehlenswerte Garmethode, da man wenig oder gar kein Fett dazu braucht. Wenn Sie gerne mit Holzkohle grillen, sollten Sie unbedingt ein Grillgerät verwenden, dessen Glutkorb sich senkrecht stellen läßt, damit kein Fett in die Glut tropfen kann. Nicht zum Grillen eignen sich fettes und/oder gepökeltes Fleisch wie Speck, Schinken oder Kasseler.

Grünkern: wird aus Dinkel gewonnen. Die halbreif geernteten grünen Körner des Dinkels werden mit Heißluft gedarrt. Sie bekommen so ein kräftiges Aroma und sind leichter verdaulich. Grünkern enthält viel hochwertiges pflanzliches Eiweiß, Calcium, Phosphor und Eisen.

Grütze: grob bis fein geschrotetes Getreide wie Hafer, Weizen und Gerste sowie Buchweizen. Grütze gart schneller als die ganzen Körner.

H

Hafer: das Getreide mit den hübschen Rispen war bis ins 18. Jahrhundert wichtiger Bestandteil der Ernährung. Erst als man anfing, den Frühstücksbrei durch Brot zu ersetzen und die Kartoffel zum Volksnahrungsmittel wurde, verschwand der Hafer vom Speisezettel; Hafermehl läßt sich nämlich aufgrund des geringen Anteils von Klebereiweiß nicht verbacken. Hafer enthält mehr hochwertiges Eiweiß als alle anderen Getreidearten, reichlich Fett mit essentiellen Fettsäuren (Linolsäure), Vitamine und Mineralstoffe. Außerdem soll er beruhigend auf den Verdauungstrakt wirken, weshalb er sich einen festen Platz in der Krankenkost erobert hat. Richtig zubereitet schmeckt Hafer keineswegs fade, sondern angenehm nußartig. Sanftes Rösten in Öl oder Butter hebt sein Aroma noch. Sie können die ganzen Körner ebenso verarbeiten wie anderes Getreide. Hafergrütze und -flocken eignen sich als Frühstücksbrei beziehungsweise Beigabe zum Müsli. Köstlich schmeckt auch Porridge (siehe Rezept Seite 30).

Haselnüsse: eiweiß- und fettreiche Nüsse, die gehackt im Müsli und über Salate gestreut schmecken. Haselnüsse sind aufgrund des hohen Fettgehalts nur begrenzt haltbar. Am besten schmecken die Nüsse ab Herbst bis um die Weihnachtszeit. Allerdings hat man nicht immer die Gewähr, daß man auch wirklich frische Nüsse bekommt, denn so manche Lagerbestände vom Vorjahr werden leergeräumt, wenn die Weihnachtsbäckerei beginnt. Achten Sie deshalb auf das Haltbarkeitsdatum.

Hefeextrakt: wird aus Bierhefe gewonnen, die ursprünglich als Nebenprodukt beim Bierbrauen anfiel. Enthält Vitamine der B-Gruppe und pflanzliches Eiweiß. Hefeextrakt schmeckt als Brotaufstrich und ist ein hervorragender Salzersatz.

Hefeflocken: ebenfalls aus Bierhefe hergestellt und statt Salz zu verwenden. Mit Hefeflocken kann man auch Suppen und Saucen binden; sie dürfen jedoch dann nicht kochen. Die Inhaltsstoffe entsprechen denen von Hefeextrakt.

Hirse: Getreideart, die von der Naturküche wieder entdeckt worden ist. Siehe dazu bitte den Tip beim Rezept »Hirsesuppe mit Gemüse« auf Seite 43.

Honig: Naturprodukt, besteht aus in Wasser gelösten verschiedenen Zuckerarten, die im gesammelten Blütennektar und

Honigtau vorkommen. Honig enthält winzige Mengen an Vitaminen, Mineral- und Aromastoffen, außerdem organische Säuren und Enzyme, denen man heilende Wirkung zuschreibt. Bei der Verarbeitung sollte der Honig nur schwach erhitzt und gefiltert werden, um Verunreinigungen wie zum Beispiel Bienenwachs zu entfernen. Die Honigsorten werden unterschieden:
1. nach der pflanzlichen Herkunft, zum Beispiel Akazienhonig;
2. nach der geographischen Herkunft, zum Beispiel Kalifornischer Honig;
3. nach der Art der Gewinnung, Wabenhonig beispielsweise ist noch in den Bienenwaben, Schleuderhonig wird durch Zentrifugieren gewonnen, Seimhonig wird erwärmt und ausgepreßt;
4. nach der Verwendung: Speisehonig ist vollwertig und zum Rohessen bestimmt, Back- und Industriehonig ist auch zum Backen geeignet.
Starkes Erhitzen zerstört die im Honig enthaltenen Wirkstoffe. Trotzdem wird Honig auch hoch erhitzt, damit man ihn besser filtern und verpacken kann. Außerdem wünschen die meisten Verbraucher klaren, dünnflüssigen Honig, der sich gut verstreichen läßt. Nach einiger Zeit wird jeder Honig fest. Das ist kein Zeichen für mindere Qualität, sondern sortenbedingt und abhängig von der jeweiligen honigeigenen Zuckerzusammensetzung. Festgewordenen Honig sollten Sie in einem Gefäß erwärmen, das Sie in handwarmes Wasser stellen. Honig eignet sich zum Süßen von allen Speisen, die nicht erhitzt werden. Übrigens ist Honig in Mengen genossen ebenso schädlich wie Zucker.
Hülsenfrüchte: Sammelbezeichnung der Samen von Hülsenfrüchtlern (Leguminosen) wie Erbsen, Bohnen, Linsen. Hülsenfrüchte enthalten reichlich Kohlenhydrate, Ballaststoffe und pflanzliches Eiweiß. Wenn Sie Hülsenfruchtgerichte mit Getreideprodukten, also Nudeln, Reis, Brot oder vor allem Mais, kombinieren, ergänzen sich diese beiden Eiweißarten so gut, daß die biologische Wertigkeit höher ist als bei einer Mahlzeit mit Fleisch. Hülsenfrüchte gibt es während einer kurzen Zeitspanne frisch auf dem Markt und das ganze Jahr über getrocknet. Die einzelnen Hülsenfruchtarten finden Sie unter den entsprechenden Stichwörtern.

I

Ingwer: knollige Wurzel einer südostasiatischen Pflanze, die es auch bei uns frisch, getrocknet, eingelegt, kandiert oder gemahlen zu kaufen gibt. Am besten schmeckt natürlich die frische Ingwerwurzel, die man wie eine Kartoffel schält und im ganzen oder in Scheibchen geschnitten mitgart und vor dem Servieren wieder entfernt. Den würzigscharfen Ingwer sollten Sie vorsichtig dosieren.
Innereien: außer Herz sollte man Innereien nur ganz selten essen oder überhaupt vom Speisezettel streichen. Vor allem in Leber und Nieren konzentrieren sich die Schadstoffe, die auch biologisch ernährte Tiere mit dem Futter aufnehmen.

K

Kardamom: kennen die meisten als Lebkuchenzutat. Kardamomsamen erhalten Sie ganz oder gemahlen. Das Gewürz ist Bestandteil des Currypulvers.
Kartoffeln: Grundlebensmittel, das sich auch hervorragend eignet für Schlankheitskuren und zum Entschlacken des Körpers. Kartoffeln enthalten wenig, dafür sehr hochwertiges pflanzliches Eiweiß, außerdem die Vitamine B_6 und C sowie Mineralstoffe und Ballaststoffe. Weil sie pro 100 g nur 301 Joule/72 Kalorien enthalten, machen sie auch keineswegs dick.
Die Kartoffelsorten unterscheidet man nach den Kocheigenschaften. Vorwiegend festkochende Sorten wie »Hela«, »Grata« oder »Clivia« eignen sich für Pellkartoffeln oder auch für feste Salzkartoffeln. Sehr gute Salatkartoffeln sind die festkochenden Sorten »Sieglinde« und »Hansa«. Sie lassen sich auch in dünne Scheiben schneiden, ohne dabei zu zerfallen und bleiben an den Schnittflächen feucht. Auch die »Bamberger Hörndl« schmecken ausgezeichnet als Salat oder – falls Sie die festkochenden Sorten dem mehligen vorziehen – als Pellkartoffeln. Sie sind leider ziemlich teuer, dafür aber von hervorragender Qualität. Für lockere Salzkartoffeln, Pellkartoffeln, Gratins und Eintöpfe nehmen Sie am besten die mehlig festkochenden Sorten »Irmgard« oder »Datura«. Kartoffelpüree gelingt mit der Sorte »Maritta«, denn diese Kartoffel zerfällt beim Kochen. Die Frühkartoffeln, also die begehrten »Neuen Kartoffeln«, die schon im März auf den Markt kommen, eignen sich wirklich nur für Pellkartoffeln – etwa als Beilage zu Spargel, frischen Matjes, Kaviar und anderen Delikatessen.
Für die Bio-Küche gilt, daß Kartoffeln bei der Zubereitung nicht zu stark verändert werden sollten: In der Schale gekochte Kartoffeln sind wertvoller für die Ernährung als Salzkartoffeln oder gar Pommes frites. Mineralstoffe und Fett sitzen nämlich direkt unter der Schale und gehen beim Schälen von Pellkartoffeln teilweise, beim Schälen von rohen Kartoffeln fast vollständig verloren. Die Schale verhindert zum Teil auch, daß Eiweiß und Vitalstoffe ins Kochwasser übergehen und weggeschüttet werden. Außerdem können die von der Schale eventuell gelösten Rückstände nicht so leicht aus dem Kochwasser in das Fruchtfleisch wandern.
Kartoffeln müssen immer dunkel, kühl (bei etwa 4° plus) und trocken gelagert werden. Bei Lichteinwirkung bilden sich grüne Stellen, die das gesundheitsschädliche Solanin enthalten. Solanin sitzt auch in den Keimen, die Sie deshalb bitte grundsätzlich herausschneiden müssen.
Kichererbsen: Hülsenfrüchte mit gelben bis rötlichen, unregelmäßig geformten Samen, die man besonders im Mittelmeerraum und im Nahen Osten gerne ißt. Man kann sie kochen, zu Mehl verarbeiten und Klößchen oder auch Konfekt daraus herstellen. Gut schmecken auch gekeimte Kichererbsen. Ungekeimte Kichererbsen müssen vorgeweicht werden. Die Garzeit beträgt dann etwa 2 Stunden.
Kidneybohnen: auch rote Bohnen genannt, sind vor allem in den USA als »Baked Beans« beliebt.
kochen: Garen in reichlich Flüssigkeit bei Temperatur um 100°. Dabei kann man die Hitze regulieren, so daß die Produkte sprudelnd kochen oder sanft köcheln. Gekocht werden zum Beispiel Kartoffeln, Teigwaren und Eier, während etwa Fleisch in Geflügel- oder Rinderbrühen nur gar ziehen sollte, damit es zart und die Brühe schön klar bleibt.
Kokosnüsse: sehr fetthaltige Frucht der bis zu 30 m hohen Kokospalme. Kokosmilch (siehe Rezept »Curry von Nüssen«, Seite 125) gibt Currygerichten ein köstliches Aroma.
Koriander: Gewürzpflanze mit pfefferkornartigen Früchten, die zu Gebäck und Currygerichten paßt.
Kräutersalz: siehe dazu bitte Stichwort »Salz«.
Kreuzkümmel (Kumin oder Djintan): schon von den alten Ägyptern verwendetes Gewürz, das Bestandteil des Currypulvers ist.
Kürbis: Fruchtgemüse von manchmal beträchtlicher Größe, kommt ab September auf den Markt. Kürbis läßt sich pikant als Suppe, Auflauf oder Gemüsebeilage zubereiten. Er schmeckt jedoch auch in süßen Hauptgerichten, Desserts und Kuchen oder Torten.
Kürbiskerne: Samen der Kürbispflanze, zählen zu den Ölsaaten und enthalten reichlich Eiweiß, mehrfach ungesättigte Fettsäuren, Vitamine der B-Gruppe, Vitamin E und Spurenelemente. Kürbiskerne gibt es geschält oder ungeschält und gesalzen. Geschälte Kürbiskerne schmecken in süßen und pikanten Salaten, Kuchen, Brot und im Müsli. Aus den fettreichen Kernen gewinnt man auch Öl, das in kleinen Mengen Salate verfeinert.

L

Lebensmittel: in diesem Buch werden darunter solche Produkte verstanden, die noch möglichst viele Vitalstoffe und wenige Rückstände enthalten. Dazu gehören vor allem auch Produkte, die nicht industriell vorbehandelt, sondern naturbelassen sind, also frisches Obst anstelle von Obstkonserven, Frischfleisch anstelle von Wurstwaren, ganze Getreidekörner oder Vollkornprodukte anstelle von Weißmehlbackwaren oder selbstgemixtes Müsli statt Fertigmüsli aus Tüte oder Becher.
legieren: siehe dazu bitte Stichwort »binden«.

Leinsamen: auch Leinsaat genannt, sind die kleinen braunen Samen der Flachspflanze (Lein), aus der man auch Leinöl gewinnt. Sie wirken verdauungsfördernd und entzündungshemmend. Geschrotete Leinsamen erhalten Sie in Reformhäusern, Naturkostläden und Supermärkten. Da Leinsamen zu den Ölsaaten gehören, kann man sie nur in einer Getreidemühle mit speziellem Zusatzteil selbst schroten. Leinsamen enthalten etwa 25% Eiweiß, 25% Ballaststoffe und 40% Öl. Vor allem geschrotete Leinsamen sind nur begrenzt haltbar. Sie schmecken im Müsli, an Salaten, in Suppen und Gebäck.

Limabohnen: weiße, flache und ziemlich große Bohnensamen, die sich gut für Salate eignen. Sie sollten vorquellen und garen dann in etwa 1½ bis 2 Stunden.

Linsen: gehören zu den ältesten Kulturpflanzen und den bekanntesten Hülsenfrüchten. Die Samen sind grünlich-braun, rot oder schwarz. Linsen enthalten reichlich pflanzliches Eiweiß, das in Kombination mit Getreide (Naturreis, Vollkornnudeln oder -spätzle) besonders hochwertig ist. Außerdem ist ihr Gehalt an Vitaminen der B-Gruppe, Eisen, Kalium und Phosphor hoch. Meist werden bei uns die grünbraunen Linsen verwendet. Die roten und schwarzen Linsen (Puy-Linsen) sind jedoch viel aromatischer und haben eine kürzere Garzeit. Linsen müssen nicht vorgeweicht werden. Die Garzeit beträgt bei grün-braunen Linsen etwa 1 Stunde, bei Puy-Linsen 30–45 Minuten und bei roten Linsen höchstens 30 Minuten. Linsen schmecken als Suppe, Eintopf, Beilage oder Salat.

M

Mais: Getreide, das man bei uns vor allem als Beilage oder feine Vorspeise kennt. Bei den Indianern Nordamerikas wie auch den Indios war Mais das Grundlebensmittel. Inzwischen ist Mais weltweit eine wichtige Futterpflanze. Er enthält weniger Eiweiß als die anderen Getreidearten (ausgenommen Reis, dessen Eiweißgehalt noch geringer ist). Wenn Sie Mais jedoch mit Hülsenfrüchten – vor allem Bohnen – essen, nehmen Sie mit dieser Kombination mehr hochwertiges Nahrungseiweiß auf als mit einer Fleisch- oder Fischmahlzeit. Zuckermais wird unreif geerntet und kommt von August bis in den Spätherbst auf den Markt. Die zarten Kolben schmecken am besten gegrillt mit etwas Butter. Manchmal werden auch tiefgefrorene Maiskörner angeboten, die Sie wie Gemüse in Butter dünsten oder nach dem Rezept auf Seite 125 »Schwarze Bohnen mit Mais« zubereiten können. Meist muß man jedoch leider auf den konservierten Mais zurückgreifen. Maismehl eignet sich aufgrund des geringen Anteils an Klebereiweiß nur für dünne Fladen (Tortillas) oder flaches – auch süßes – Gebäck.

Maisgrieß: mehr oder weniger grob vermahlener Mais, den man ebenso wie Weizengrieß zubereitet. Beliebt vor allem in Italien ist die Polenta, dick eingekochter Maisgrieß, der nach dem Erkalten in Scheiben geschnitten und gebraten wird. Siehe dazu bitte Rezept »Polentaschnitten mit Tomatensauce«, Seite 119.

Maiskeimöl: wird aus dem Keim des Maiskorns gewonnen. Es enthält mehrfach ungesättigte Fettsäuren und Linolsäure (essentielle Fettsäure). Siehe dazu bitte auch Stichwort »Öl«.

Malzextrakt: wird aus Gerste, Weizen, Mais oder Reis hergestellt und eignet sich als Zuckerersatz, süßt allerdings nicht so stark. Malzextrakt schmeckt als Brotaufstrich, zum Müsli, an Quark- und Joghurtmischungen und kann auch zum Backen verwendet werden.

Mandeln: gibt es als süße und bittere Mandeln. Bittere Mandeln enthalten reichlich Blausäure, sind also in größeren Mengen genossen hochgiftig (bei Kindern rufen bereits etwa sieben Bittermandeln tödliche Vergiftungen hervor). Zum Backen sollten Sie keine Bittermandeln verwenden, sondern ausnahmsweise das künstlich hergestellte, unschädliche Bittermandelöl. Mandeln werden aufgrund ihres hohen Fettgehaltes leicht ranzig. Kaufen Sie deshalb möglichst nicht schon geriebene Mandeln, sondern schälen, trocknen und reiben Sie die Mandeln selbst jeweils nach Bedarf.

Mangold: lange Zeit galt das Gemüse nur als billiger Spinatersatz, das wenig gekauft und deshalb auch selten angeboten wurde. Inzwischen findet man Mangold wieder auf Wochenmärkten und beim Gemüsehändler. Man unterscheidet zwischen Blatt- und Stielmangold (auch Rübstiel, Stielmus oder Stengelmangold genannt). Wer zu Nierensteinen neigt, sollte Mangold nicht essen, da er – wie auch Spinat, Sauerampfer und Rhabarber – Oxalsäure enthält. In Verbindung mit tierischem Eiweiß, z. B. in Milchprodukten, Eiern oder Käse, kann Oxalsäure die Steinbildung begünstigen.

Margarine: siehe bitte Stichwort »Fett«.

Marinade (Beize): mit Kräutern und Gewürzen versetzte säurehaltige Flüssigkeit (zum Beispiel Wein mit Essig oder Zitronensaft), die Fleisch, Geflügel, Wild und Fisch für kurze Zeit konserviert und außerdem zarter macht. Auch Salatsaucen werden häufig als Marinade bezeichnet.

Meersalz: siehe bitte Stichwort »Salz«.

Mehl: seit Jahrtausenden wird Getreide zu Mehl vermahlen und für Getreidebreis, Suppen oder Fladen verarbeitet. Je nach Kulturkreis bevorzugte man unterschiedliche Getreidearten: Die Römer verwendeten hauptsächlich Weizen und siebten bereits einen Teil der Kleie aus, weil sie helleres Mehl wollten. Im Mittelalter baute man vor allem Roggen an und buk daraus Vollkornbrot. Als sich dann mit Beginn des Barocks und Rokokos die Eßgewohnheiten verfeinerten, ging man immer mehr dazu über, sehr helles Weizenmehl zu verbacken. Doch erst Mitte des letzten Jahrhunderts gelang es durch den Einsatz von Dampfmaschinen, die Mahltechnik so zu »verbessern«, daß weißes Mehl in größeren Mengen hergestellt werden konnte. Innerhalb kurzer Zeit verdrängte dieses Auszugsmehl (siehe dazu bitte das entsprechende Stichwort) die dunkleren Mehle. Mit dem Trend zu naturgemäßer, gesunder Ernährung hat man dann das Vollkornmehl wiederentdeckt. Es enthält alle Bestandteile des ganzen Getreidekorns, also Keimling, Randschichten mit der unverdaulichen Kleie sowie den Mehlkörper mit dem sogenannten Klebereiweiß und der Stärke. Das Klebereiweiß sorgt dafür, daß Gebäck Struktur, das heißt eine lockere, feinporige und elastische Krume bekommt. Je mehr Klebereiweiß eine Getreideart enthält, desto besser sind ihre Backeigenschaften. Weizenmehl eignet sich zum Backen am besten, Gerste dagegen nicht besonders gut. Außer dem reinen Vollkornmehl mit einem Ausmahlungsgrad von 100% gibt es noch Mehle mit anderen Ausmahlungsgraden, die mit Zahlen, den sogenannten Typen, gekennzeichnet werden. Je höher die Zahl und damit auch die Mehltype, desto höher ist auch der Ausmahlungsgrad des Mehles, wobei Weizenmehl und Roggenmehl immer verschiedene Typenbezeichnungen tragen. Hochausgemahlenes Mehl ist ernährungsphysiologisch wertvoller als niedrig ausgemahlenes, weil es mehr Bestandteile des ganzen Kornes enthält. Frisch gemahlenes Vollkornmehl enthält etwa siebenmal so viele Vitamine, sechsmal soviel Eisen, viermal soviel Kupfer und Kalium wie helles Auszugsmehl. Vitamin E, das im Getreidekeim vorkommt, ist im Auszugsmehl überhaupt nicht mehr vorhanden. Vollkornmehl sollten Sie möglichst rasch verbrauchen, denn durch den Luftzutritt werden die wertvollen Inhaltsstoffe zerstört. Außerdem ist Vollkornmehl durch den mitvermahlenen Keimling ziemlich fettreich und wird mit der Zeit ranzig. Ob Sie Vollkornmehl wählen oder ein niedriger ausgemahlenes Mehl hängt davon ab, was Sie damit machen wollen: Beim Binden von Suppen oder Saucen spielt der Kleieanteil keine Rolle, so daß Sie ohne weiteres Vollkornmehl nehmen können. Für Teige, die geschmeidig sein müssen, wie zum Beispiel Strudelteig, eignet sich Weizenmehl bis zur Type 1050. Bei Vollkornmehl bewirkt der hohe Kleieanteil nämlich, daß der Teig beim Ausziehen reißt. Am Geschmack ändert das zwar nichts; der Strudel sieht jedoch nicht so schön aus.

Milch: nicht nur Getränk, sondern hochwertiges Lebensmittel, das viele wesentliche Nährstoffe enthält. Sie können Milch in verschiedenen Handelsformen kaufen:

1. Rohmilch, also die naturbelassene Vollmilch, die Sie entweder direkt beim Bauern oder als Vorzugsmilch im Lebensmittel-

handel kaufen können. Vorzugsmilch darf nur in bestimmten Betrieben erzeugt werden und unterliegt strengen hygienischen Kontrollen.

2. Pasteurisierte Vollmilch, bei der durch kurzzeitiges Erhitzen krankheitserregende Keime abgetötet werden. Dadurch verlängert sich die Haltbarkeit, und die Milch läßt sich besser weiterverarbeiten. Der Fettgehalt der pasteurisierten Vollmilch wird künstlich von der Molkerei auf 3,5% eingestellt. Das Pasteurisieren ist in der Bundesrepublik gesetzlich vorgeschrieben, da Milch mit zu den am leichtesten verderblichen Lebensmitteln gehört. Durch Erhitzen werden jedoch nicht nur Keime abgetötet; auch der Vitamingehalt, die Zusammensetzung des wertvollen Milcheiweißes und der Geschmack ändern sich. Vollmilch ist fast immer auch homogenisiert, das bedeutet, das Milchfett wird mechanisch ganz fein verteilt, um das Aufrahmen des Fettes zu verhindern. Auf der Milch kann sich deshalb keine Sahne mehr absetzen, die man uns lieber – wiederum sauber in Plastikbechern abgepackt – extra verkauft.

3. Fettarme Milch wird teilweise entrahmt. Damit sinkt jedoch auch der Gehalt an Vitaminen und Mineralstoffen.

4. H-Milch wird für Sekunden auf Temperaturen bis 150° erhitzt. Dadurch werden alle Keime weitgehend abgetötet, so daß sich die Milch einige Wochen lang hält. Der Vitaminverlust ist etwas höher als bei der pasteurisierten Milch.

»Normale« Milch wird nicht mehr sauer, sondern schlicht ungenießbar. Durch die modernen Produktionsmethoden und die Kaltlagerung der Milch werden die säurebildenden Bakterien an der Vermehrung gehindert, während die Fäulnisbakterien ungehindert vermehren können. Daraus ergibt sich ein Ungleichgewicht in der Bakterienflora: Die Milch riecht zwar säuerlich und flockt auch aus, schmeckt jedoch bitter und faulig. Weitere Informationen über Milch finden Sie im Rezept »Selbstgemachter Quark mit Kräutern«, Seite 29.

Milchsäure: ist in allen Sauermilchprodukten enthalten und wird von Bakterien aus Milchzucker gebildet. Die Milchsäurebakterien bilden stets ein Gemisch aus zwei verschiedenen Milchsäuren: rechtsdrehender L(+)-Milchsäure und linksdrehender D(−)-Milchsäure. Als empfehlenswert gelten Sauermilcherzeugnisse, die mit einem überwiegenden Anteil an rechtsdrehender Milchsäure hergestellt werden. Diese wird nämlich im Stoffwechsel schneller umgesetzt und vollständig verwertet. Die linksdrehende Milchsäure dagegen kann nur begrenzt vom Körper abgebaut werden und führt auch zu einer Übersäuerung des Organismus. Achten Sie deshalb bei allen Sauermilchprodukten auf den Vermerk, ob sie vorwiegend mit rechtsdrehender Milchsäure hergestellt worden sind.

Milchsäuregärung: jahrtausendealte Methode der Haltbarmachung von rohem Gemüse. Bekanntestes milchsaures Gemüse ist das Sauerkraut. Alle milchsauren Gemüse enthalten viele Vitamine, besonders Vitamin C, wenige Kalorien und wirken günstig auf die Verdauung.

Morcheln: Pilze mit wabenartig gekammertem Hut, den man fast nur getrocknet erhält. Morcheln sind eine Delikatesse und deshalb nicht gerade billig.

Mozzarella: leicht säuerlich schmeckender, italienischer Frischkäse aus Kuh- oder Büffelmilch. Er muß immer ganz frisch sein und eignet sich für warme und kalte Gerichte. Siehe bitte auch Tip Seite 16.

Mungobohnen: auch grüne Sojabohnen genannt, die man vor allem gekeimt als Sojasprossen verwendet. Mungobohnen sind kleine, sattgrüne Bohnensamen. Der weiße Keim sitzt seitlich wie bei den Azukibohnen. Gekeimte Mungobohnen schmecken in Salaten, Suppen, Chinagerichten und als Gemüsebeilage. Sie müssen immer mindestens 2 Minuten blanchiert werden, damit die darin enthaltenen natürlichen Giftstoffe unschädlich gemacht werden.

Muscheln: Austern und Muscheln werden an Küsten und in Mündungsgebieten von Flüssen gefischt, die meist starken Schadstoffbelastungen ausgesetzt sind. Außerdem gewinnen sie ihre Nahrung durch Filtrieren von relativ großen Wassermengen. Damit sammeln sie gleichzeitig auch Schadstoffe – vor allem giftige Schwermetalle – an, die gefährlich für den Menschen werden können. Deshalb habe ich in dieses Buch keine Muschelrezepte aufgenommen.

N

Nahrungsmittel: darunter werden in diesem Buch alle Produkte verstanden, die industriell vorbehandelt oder gar vorgefertigt sind und Konservierungs-, Geschmacks- und/oder Farbstoffe enthalten. Dazu gehören zum Beispiel Fertigsuppen und -saucen, Wurstwaren wie auch Gemüse und Obst aus der Dose.

Naturreis: siehe bitte Stichwort »Reis«.

O

Öl: flüssiges Pflanzenfett, bei dem die Bezeichnungen »Pflanzen-«, »Speise-«, »Delikateß-« oder »Tafelöl« eine Mischung aus verschiedenen Ölsaaten und/oder industriell vorbehandelte Öle kennzeichnen. Außerdem gibt es noch reine Öle bestimmter Pflanzen wie zum Beispiel Oliven, Sonnenblumenkernen, Disteln, Leinsamen, Kürbiskernen, Sesamsamen, Weizen- und Maiskeimen. Bei der Ölgewinnung werden zwei unterschiedliche Verfahren angewandt: die Pressung oder die Extraktion. Als einziges Öl kann Olivenöl nur durch Pressung und ohne Erwärmung gewonnen werden. Das feinste und wertvollste Olivenöl stammt aus der Kaltpressung der Oliven. Im Handel ist es unter den Bezeichnungen »Olio vergine«, »Huile vierge«, zu deutsch »Jungfernöl«, oder »kaltgepreßtes Olivenöl«. Alle anderen Früchte oder Ölsaaten müssen – je nach Sorte – bis zu etwa 60° erhitzt werden, damit das Öl austritt; der Begriff »Kaltpressung« ist also nur bei Olivenöl korrekt. Dennoch enthalten die gepreßten Öle fast alle wertvollen Inhaltsstoffe. Sie sind naturbelassen, trübe, häufig dunkel in der Farbe, nicht gereinigt (also unraffiniert) und reich an hochwertigen Fettsäuren. Allerdings können auch solche Öle nachbehandelt worden sein, um unerwünschte Geschmacksstoffe zu entfernen.

Bei der Extraktion wird das Öl durch bestimmte chemische Substanzen herausgelöst, um die Ölausbeute zu erhöhen. Das Öl ist zunächst noch ungenießbar. Es wird deshalb unter anderem raffiniert, entschleimt und gebleicht. Das Öl ist jetzt geschmacksneutral und sehr lange haltbar. Doch geht – wie beim reinen Zucker oder Auszugsmehl – durch diese Prozeduren ein Teil seiner wertvollen Inhaltsstoffe verloren.

Naturbelassene Öle sollten hauptsächlich kalt, in Salaten und Rohkost verarbeitet werden. Sie eignen sich jedoch auch zum Braten oder Grillen, sofern Sie sie nicht zu heiß werden lassen. Der hohe Gehalt dieser Öle an mehrfach ungesättigten Fettsäuren bewirkt nämlich unter anderem, daß beim starken Erhitzen gesundheitsschädliche Stoffe entstehen: Öl, das in der Pfanne raucht, ist zu heiß und muß weggeschüttet werden.

Salate bekommen besondere Würze noch durch Walnuß-, Traubenkern- oder Kürbiskernöl. Alle diese Ölsorten besitzen einen so ausgeprägten Eigengeschmack, daß man sie nur in Mengen von knapp einem Teelöffel verwenden kann. Da sie schnell ranzig werden, kauft man sie am besten nur in kleinsten Mengen. Alle Ölsorten sollten Sie vor Licht und Wärme schützen, jedoch nicht im Kühlschrank aufbewahren, da manche Öle bei dieser Temperatur ausflocken. Sie werden bei Zimmertemperatur allerdings wieder flüssig.

Auch wenn es nicht ranzig wird, verliert jedes Öl im Laufe der Zeit sein Aroma. Kaufen Sie es deshalb in kleinen Gefäßen, denn selbst die Luft, die in den angebrochenen Dosen oder Flaschen ist, beeinträchtigt sein Aroma und seinen Geschmack.

organisch-biologisch: siehe bitte Stichwort »Anbauer«.

P

Pfeffer: ist neben Salz das bei uns am häufigsten verwendete Gewürz. Die unreifen, frischen Pfefferbeeren sind noch grün und kommen gefriergetrocknet oder in Salzlake eingelegt in den Handel. Gefriergetrockneter grüner Pfeffer ist lange haltbar und muß vor der Verwendung eingeweicht werden. Schwarze Pfefferkörner sind ebenfalls unreife, jedoch getrocknete Pfefferbeeren. Ausgereift, milde und

aromatisch ist der weiße Pfeffer. Pfeffer sollten Sie nicht gemahlen kaufen, sondern immer selbst frisch mahlen, damit Schärfe und Aroma erhalten bleiben.
Pfefferschoten: siehe bitte Stichwort »Chili«.
Pilze: enthalten wertvolles Eiweiß, Vitamine, Mineralstoffe und sind arm an Joule/Kalorien. Allerdings speichern vor allem Wildpilze giftige Schwermetalle. Nicht nur, um die Pilzbestände zu schonen, sollte man deshalb auf das Pilzesammeln verzichten, sondern auch der eigenen Gesundheit zuliebe. Inzwischen gibt es hervorragende Zuchtpilze, die keine unerwünscht hohen Rückstände aufweisen. Vorsichtshalber sollten Sie jedoch die Huthäute, möglichst auch die Lamellen beziehungsweise Röhren der Pilze vor der Zubereitung entfernen.
Pinienkerne: Samen der südeuropäischen Pinie. Sie schmekken in Salaten oder kalten Saucen, sind sehr ölhaltig und werden deshalb leicht ranzig. Man sollte sie also nur in ganz kleinen Mengen kaufen.
Pistazien: sehr aromatische Samen des Pistazienbaumes, der besonders im südöstlichen Mittelmeerraum wächst. Sie kommen geschält und gesalzen oder ungesalzen in den Handel. Pistazien eignen sich für pikante und süße Gerichte.
Polenta: siehe bitte Stichwort »Maisgrieß«.

Q

quellen: Garmethode für stärkehaltige Produkte wie Reis oder Grieß. Die Lebensmittel werden mit der doppelten Flüssigkeitsmenge zum Kochen gebracht und bei niedrigster Temperatur oder auf der abgeschalteten Kochplatte fertig gegart. Quellen lassen bedeutet aber auch das Einweichen zum Beispiel von Hülsenfrüchten oder Getreidekörnern: Die Lebensmittel werden in kaltem Wasser für einige Stunden vorgeweicht und haben deshalb kürzere Kochzeiten.
Quitten: Kernobst mit großen fleischigen Früchten. Je nach Sorte unterscheidet man Apfel- und (die aromatischere) Birnenquitte. Quitten haben eine gelb samtige Schale und sind roh ungenießbar. Sie lassen sich als Gelee, Marmelade oder Mus einkochen, schmecken in Essig eingelegt, als Kompott, Konfekt und Likör. Außerdem eignen sie sich durch ihren herb-süßen Geschmack hervorragend als Ergänzung zu Fleischgerichten.

R

reduzieren: siehe bitte Stichwort »einkochen«.
Reis: neben Weizen und Mais die wichtigste Getreideart, von der sich etwa die Hälfte der Weltbevölkerung ernährt. Für das Reiskorn gilt ähnliches wie für das Getreidekorn: An sich ist es ein wertvolles Lebensmittel, das jedoch durch industrielle Verarbeitung zum Nahrungsmittel wird. Reis muß zunächst von den Spelzen befreit werden. Damit erhält man das Reiskorn mit brauner Samenschale und Keim, das man essen kann. Im letzten Jahrhundert fand man dann heraus, daß man aus dem ursprünglich bräunlichgrauen Reiskorn ein hübsches weißes Korn machen kann, indem man das Silberhäutchen (Samenschale) und den Keim abschleift. In diesem Häutchen und im Keim sitzen jedoch die wertvollen Vitalstoffe wie auch die eiweiß- und fettreiche Aleuronschicht. Etwas besser steht es um den »Parboiled Reis«: Ihm wird durch ein spezielles Verfahren ein Teil der Vitamine gewissermaßen wieder »eingeschmolzen«. Doch enthält auch Parboiled Reis so gut wie keine Ballaststoffe. In den Rezepten dieses Buches finden Sie nur Naturreis, den es ebenfalls als Langkorn- oder Rundkornreis gibt. Langkornreis bleibt beim Garen ziemlich körnig, eignet sich also als Beilage und für Reisgerichte wie Pilaw oder Paella. Rundkornreis wird leicht klebrig. Man verwendet ihn vor allem für Risotto und Süßspeisen. Auch Naturreis ist geschält, das heißt, von den Spelzen befreit. Er enthält jedoch noch alle wertvollen Bestandteile des ganzen Reiskorns, einschließlich der wichtigen Ballaststoffe. Aufgrund des höheren Fettgehalts ist Naturreis nicht so lange haltbar wie der weiße Reis. Sie sollten ihn deshalb nur in kleinen Mengen kaufen.
Ricotta: italienischer Frischkäse, vergleichbar unserem Quark, aus Kuh-, Schaf- oder Ziegenmilch. Es gibt gesalzenen Ricotta, der sich für pikante Gerichte eignet. Der milde ungesalzene Ricotta wird für Süßspeisen und Kuchen verwendet.
Roggen: nach dem Weizen zweitwichtigstes Brotgetreide mit hochwertigerem Eiweiß als Weizen. Roggenmehl ist dunkel und hat einen ausgeprägten Eigengeschmack. Roggenbrote bleiben länger frisch als Weizenbrote. Sie können Roggen in der Küche ebenso wie anderes Getreide zubereiten.
Rohkost: auch Frischkost genannt, ist roh zu verzehrendes, meist zerkleinertes Gemüse und/oder Obst, das mit Getreide, Nüssen, Samen und Kräutern angereichert werden kann. Rohkost sollte man grundsätzlich als Auftakt der Mahlzeit essen, weil sie die Verdauungssäfte anregt. Außerdem enthält Rohkost reichlich Ballaststoffe und zwingt zum gründlichen Kauen, was wiederum den Zähnen und dem Kiefer guttut. In Rohkost sind Vitamine und Mineralstoffe besonders reichlich enthalten. Ernährungsfachleute empfehlen, 30–50% der täglichen Nahrung als Frisch- oder Rohkost zu essen. Am besten kombiniert man Rohkost aus allen Teilen der Pflanzen, also Wurzeln, Stiele, Blätter, Samen und Früchte. Sie sollten Ihren Körper jedoch auf keinen Fall überfordern und ihn erst mal langsam an Rohkost gewöhnen. Rohkost muß selbstverständlich immer unmittelbar vor dem Essen zubereitet werden und darf nicht stehen, weil sich sonst wertvolle Vitalstoffe verflüchtigen. Übrigens können Sie praktisch jedes Gericht mit etwas Frischem anreichern: Fleisch, Fisch, Teigwaren- und Hülsenfruchtmahlzeiten werden vor dem Servieren mit ein paar frischen Kräutern bestreut. Getreide richten Sie mit einigen Getreidekeimen an. Bei Gemüse behalten Sie ein wenig davon zurück und streuen es zum Schluß roh geraspelt über das gegarte Gemüse.

S

Safran: leicht bitteres Gewürz mit milder Schärfe, das die Speisen sattgelb färbt. Safran wird in Südfrankreich, Spanien und im Iran angebaut. Bei der Ernte zwickt man die orangeroten Narben der krokusähnlichen Blüten mit der Hand ab. Sie werden getrocknet und kommen als Safranfäden oder auch fein gemahlen in den Handel. Aufgrund der ziemlich mühseligen Ernte und der großen Anzahl von Blüten, die man für wenige Gramm Safran braucht, ist dieses Gewürz das teuerste überhaupt. Kaufen Sie am besten Safranfäden, die das Aroma länger halten, und bewahren Sie sie dunkel und gut verschlossen auf. Safranfäden werden im Mörser oder zwischen den Fingern zerrieben, in heißer Butter oder Wasser gelöst und dann erst unter die Speisen gemischt. Safran schmeckt in Reisgerichten, Teigwaren, Fisch, Hühnergerichten und Gebäck.
Salz: bei uns am meisten verwendetes Gewürz, das vielfach in zu großen Mengen verbraucht wird. Salz unterscheidet man zunächst nach der Art, wie es gewonnen wird:
1. Steinsalz, das im Bergbau über oder unter Tage abgebaut wird;
2. Hüttensalz wird im Schmelzofen geglüht – dadurch ist es keimfrei –, anschließend in Blöcke gegossen und gemahlen;
3. Siede- oder Salinensalz: Aus dem salzhaltigen Wasser, der Sole, zieht man das Salz bei Unterdruck mit Verdampfern heraus. Auf diese Weise kann man salzhaltige Quellen versieden oder auch salzhaltiges Gestein, indem man zuerst Wasser darüber leitet;
4. Meersalz: eingepumptes Meerwasser verdunstet in flachen, künstlich angelegten Becken, den sogenannten Salzgärten. Trocknet man die Salzgärten aus, so kristallisiert das Salz und kann abgeschlagen werden. Der Mineralstoffgehalt von Salz ist so gering, daß er für die Ernährung keine Rolle spielt. Auch Meersalz enthält nur unwesentlich mehr Jod als die anderen Salzarten. Wer auf hohe Jodzufuhr Wert legt, um der Kropfbildung vorzubeugen, sollte daher jodiertes Salz verwenden oder Lebensmittel mit hohem Jodgehalt (Seefisch, Milch) verzehren. Abgesehen vom normalen Tafelsalz, das feinvermahlen und besonders streufähig ist, gibt es noch spezielle Mischungen wie Kräutersalz, dem getrocknete Kräuter zugesetzt werden und das sich gut für Salate, Saucen

und Butterzubereitungen eignet.
Sambal oelek: sehr scharfe Würzpaste aus zerstampften Chilischoten.
Sanoghurt: Spezialjoghurt mit hohem Anteil an rechtsdrehender L(+)-Milchsäure.
Schafkäse: Käse, der aus Schafmilch oder aus einem Gemisch von Schaf- und Kuhmilch hergestellt wird. Es gibt weichen Schafkäse wie den griechischen »Feta«, der sich gut zerkrümeln und über Salate streuen, einlegen oder wie Quark zubereiten läßt, halbfesten wie den französischen Roquefort, der sich für Dressings, Saucen und zum Überbacken eignet und Hartkäse wie den italienischen Pecorino, den man wie Parmesan verwendet und der umso härter wird, je länger er lagert.
schmoren: Garmethode, vor allem für Fleisch, die aus zwei Kochschritten besteht: Zuerst wird das Fleisch in heißem Fett rundherum kräftig angebraten, dann mit Flüssigkeit abgelöscht und zugedeckt bei schwacher Hitze entweder auf dem Herd oder im Backofen fertig gegart.
Schwarzwurzeln: Wintergemüse, das im Geschmack ein wenig an Spargel erinnert und genauso zubereitet wird. Schwarzwurzeln sondern beim Schälen einen Saft ab, der dunkle Flecken auf der Haut hinterläßt; am besten arbeiten Sie also mit Gummihandschuhen. Geschälte Schwarzwurzeln müssen in mit Essig oder Zitronensaft gesäuertem Wasser gegart werden, damit sie sich nicht verfärben.
Sesamkörner: stark ölhaltige Samen des Sesamkrautes, die Sie geschält und ungeschält kaufen können. Rösten ohne Fett macht sie noch aromatischer. Sesamkörner schmecken in Salaten, Gebäck und Süßspeisen. Aufgrund ihres hohen Fettgehaltes sind sie nur begrenzt haltbar. Wichtigste Produkte aus Sesam sind Sesamöl, Tahin und Gomasio (siehe bitte dazu die entsprechenden Stichwörter).
Senf: wird aus zerkleinerten Senfkörnern, Salz, Pfeffer, Zucker, Essig und – je nach Sorte – anderen Geschmackszutaten hergestellt. Dabei ergeben die gelben Senfkörner den milden, die braunen den scharfen Senf. Durch die Mischung der beiden Sorten lassen sich verschiedene Schärfegrade erzielen. Außerdem unterscheiden sich die Senfsorten noch danach, ob sie aus grob geschroteten oder fein vermahlenen Körnern hergestellt sind. Süßer Senf oder Weißwurstsenf ist vor allem in Süddeutschland beliebt. Er ist grob geschrotet und paßt in kleinen Mengen zu Salatsaucen. Delikateß- oder Tafelsenf wird überwiegend aus den milderen gelben Senfkörnern hergestellt. Er schmeckt in kalten und warmen Saucen. Scharfer Senf ist aus braunem und gelbem Senf gemischt und paßt zu würzigen Marinaden. Oft enthält er zusätzlich Meerrettich. Dijonsenf gehört zu den teureren Senfsorten und wird mit Wein oder Weinessig hergestellt. Er schmeckt würzigscharf bis mittelscharf und paßt gut zu Salat- oder Senfsaucen für Fisch und Eier. Kräutersenf können Sie in allen Schärfegraden kaufen. Er enthält verschiedene Kräuter oder Kräutermischungen. Zitronensenf ist mittelscharf und paßt gut zu Salatsaucen und Fisch. Schwarzer Senf besteht vor allem aus grob geschroteten braunen Senfkörnern, ist mit Weinessig gewürzt und schmeckt köstlich in Salatsaucen. Bewahren Sie Senf im Kühlschrank auf und lassen Sie ihn in der Originalverpackung. Diese Gefäße schließen so dicht, daß er sein pikantes Aroma und seine Schärfe behält. Angetrockneten Senf können Sie noch retten, wenn Sie ihn mit etwas Essig, Öl und Zucker verrühren. Sie sollten ihn dann jedoch bald verbrauchen.
Shoyu: Sojasauce, die aus Sojabohnen, Weizen und Meersalz hergestellt wird.
Sojabohnen: neben den Azuki- und Mungobohnen und vielen anderen Sorten gibt es auch noch die Gelbe Sojabohne, die man vor allem zur Herstellung von Tofu (Sojaquark oder -käse), Tempeh (ein schnittfestes Sojaprodukt, das bei uns bis jetzt kaum erhältlich ist) und Tamari verwendet. Sie enthält reichlich Eiweiß, das der Organismus in gegarter Form jedoch nur teilweise verwerten kann; außerdem ist sie auch nicht besonders bekömmlich. Sinnvoller ist es deshalb, nicht die Sojabohnen, sondern die aus ihnen gewonnenen und hier genannten Produkte auf den Speisezettel zu setzen, die viel wertvoller sind.
Sojabohnenkeimlinge: siehe »Sojasprossen«.
Sojafleisch: bekannt auch unter der Bezeichnung TVP für »Textured Vegetable Protein«. Enthält je nach Hersteller zwischen 50 und 70% pflanzliches Eiweiß und wurde lange Zeit als schmackhafter und gesunder Fleischersatz gepriesen. Seit sich jedoch herausgestellt hat, daß beim intensiven Anbau des Grundproduktes, der Sojabohne, Pestizide (Pflanzenschutzmittel) und Mineraldünger eingesetzt werden, ist TVP ziemlich in Verruf geraten. Außerdem ist die Produktion des Sojafleisches hochtechnisiert, so daß man nicht mehr von einem Lebensmittel sprechen kann. Zum Nahrungsmittel wird Sojafleisch auch durch den Zusatz von Farb- und Aromastoffen. Ich habe es deshalb in dieses Buch nicht aufgenommen.
Sojamehl: gibt es vollfett und entfettet. Das vollfette eignet sich zum Backen und für Mehlspeisen. Das entfettete – bei dessen Herstellung ein bißchen Chemie mitspielt – wird Frühstücksflocken, Kindernahrung, Brot und Süßigkeiten zugesetzt.
Sojamilch: siehe bitte Rezept »Auberginen in Sojamilch«, Seite 96.
Sojaquark: siehe bitte Stichwort »Tofu«.
Sojasauce: asiatische Würzsauce auf der Basis von Sojabohnen. Die japanische und chinesische Sojasauce schmeckt salzig, die indonesische süßlich. Siehe bitte auch die Stichwörter »Shoyu« und »Tamari«.
Sojasprossen: Keime der Mungobohne, die es frisch und in Dosen gibt. Sojasprossen schmecken als Salat oder Gemüse. Da sie wie alle Bohnensamen eine Substanz enthalten, die ungünstig auf den Eiweißstoffwechsel wirkt, müssen sie grundsätzlich mindestens zwei Minuten blanchiert werden.
Sonnenblumenkerne: Ölsaat, die Sie auch selbst ernten können, wenn Sie Sonnenblumen anbauen. Die Kerne enthalten reichlich Eiweiß, Vitamine und die Mineralstoffe Phosphor und Fluor. Sie eignen sich als Beigabe für Müslis und Salate, zum Backen und für Süßspeisen. Wie jede Ölsaat sollte man sie nicht zu lange aufbewahren.
Sonnenblumenöl: wird aus Sonnenblumenkernen gewonnen und enthält reichlich essentielle Fettsäuren (Linolsäure).
Sprießkorn: Getreide, das noch den sprießfähigen Keim enthält. Sie brauchen es für Frischkornbreis und Müslis, aber auch, wenn Sie Getreide keimen lassen wollen.
stocken lassen: Eierspeisen in der Pfanne oder im Wasserbad so lange der Hitze aussetzen, bis sie fest sind.
Sud: gewürzte Brühe zum Garen von Fisch, Fleisch und Gemüse.

T

Tabascosauce: Würzsauce aus scharfen Chilis, die man nur tropfenweise verwendet.
Tahin: joule-/kalorienreiches Sesammus, das sich als Brotaufstrich, Bestandteil von Dressings und Beigabe für Müslis eignet. Siehe dazu bitte auch den Tip auf Seite 22 beim Rezept »Fenchelsalat mit Sesamdressing«.
Tamari: dickflüssige, würzige Sojasauce, die aus Sojabohnen und Meersalz besteht.
Tofu: Sojabohnenquark, der in Asien seit Jahrhunderten zu den Grundlebensmitteln zählt und bei uns durch den Trend zu naturgemäßer Ernährung bekannt geworden ist. Tofu ist reich an hochwertigem pflanzlichem Eiweiß, leicht verdaulich, joule-/kalorienarm, enthält nur wenige Kohlenhydrate und ist so vielseitig zu verwenden wie kaum ein anderes Lebensmittel.
Zur Tofugewinnung braucht man Sojamilch aus gelben Sojabohnen, die dann mit Säure wie Essig oder Zitronensaft beziehungsweise einem Salz namens Nigari versetzt wird. Die festen Bestandteile klumpen sich zusammen – ähnlich wie bei der Quarkherstellung – und werden gepreßt, bis die Flüssigkeit zum größten Teil ausgetreten und eine feste, schnittfähige Masse entstanden ist. Je nach Dauer des Pressens bleibt mehr oder weniger Flüssigkeit in der Sojamasse zurück. Man unterscheidet deshalb weichen, normalen und festen Tofu. Der weiche eignet sich für Dressings, Suppen, Saucen, als Füllung für Cannelloni oder Brotaufstrich, der normale und feste zum Braten oder Schmoren. Festen Tofu können Sie ebenso wie Fleisch behandeln: Er läßt sich panieren und

wie ein Schnitzel braten, zu Klopsen und Frikadellen verarbeiten, fritieren, grillen oder gewürfelt als Ragout zubereiten. Außerdem können Sie in Reformhäusern und Naturkostläden geräucherten Tofu kaufen, der kräftiger als der normale schmeckt. Tofu läßt sich sehr gut einfrieren und verändert seine Struktur dabei nicht. Wenn Sie ihn nicht aufbrauchen, können Sie ihn auch nur in ein verschließbares Gefäß legen, mit Wasser bedecken und so im Kühlschrank etwa eine Woche aufbewahren.

Da Tofu kaum Eigengeschmack besitzt, sollten Sie ihn vor der Zubereitung immer in Sojasauce, gewürztem Öl oder anderen Marinaden ziehen lassen.

Trockenfrüchte: auch Trockenobst oder Dörrobst genannt, werden heute fast nicht mehr an der Luft oder in der Sonne getrocknet, sondern in speziellen, mit Propangas beheizten Trockenräumen. Bei Trockenobst sollten Sie immer auf gute Qualität achten: es muß frei von Maden und Schmutzresten sein und am besten auch ungeschwefelt, also frei von Schwefeldioxid. Dieses Konservierungsmittel bindet den Sauerstoff und schützt Lebensmittel vor unerwünschten Verfärbungen. Außerdem bewirkt der Sauerstoffentzug, daß sich Mikroorganismen nicht vermehren können. Schwefeldioxid kann Vitamin B_1 zerstören und ist, zum Beispiel bei Wein, verantwortlich für den »schweren Kopf«. Außer Trockenfrüchten werden auch getrocknete und (tief)gefrorene Kartoffelgerichte wie Pommes frites und Klöße, ferner Konfitüren und Marmelade behandelt; die Produkte tragen den Vermerk »geschwefelt« oder »stark geschwefelt«. Stark geschwefelte Produkte sollten Sie nicht kaufen, bei geschwefelten Produkten hilft gründliches Waschen, das ich Ihnen in Rezepten, in denen Trockenobst verwendet wird, empfehle. Trockenfrüchte sind sehr zuckerhaltig, da ihnen ja das Wasser entzogen wurde, und deshalb auch joule-/kalorienreich. Man sollte also nicht zuviel davon essen und selbstverständlich frisches Obst immer vorziehen. Angeboten werden Äpfel, Aprikosen, Bananen, Birnen, Datteln, Feigen, Pflaumen und Rosinen.

UV

überbacken: siehe bitte Stichwort »gratinieren«.

Vinaigrette: kalte Sauce aus Essig, Gewürzen und Öl, manchmal auch mit Zusatz von Kräutern. Sie paßt zu Blatt- oder Gemüsesalaten.

Vollkornprodukte: Lebensmittel, die sämtliche Bestandteile des Getreidekorns, jedoch nicht unbedingt ganze Körner enthalten.

W

Wachtelbohnen: auch Pintobohnen genannt, sind wie Wachteleier braun gesprenkelte Hülsenfrüchte. Sie müssen vorgeweicht werden. Die Garzeit beträgt etwa 2 Stunden.

Walnüsse: sollten Sie nur im Reformhaus oder Bioladen kaufen. Die konventionell angebauten und geernteten Nüsse durchlaufen nämlich verschiedene chemische Prozesse, bevor sie zum Endverbraucher kommen. Biologisch angebaute Nüsse sind selten und deshalb nicht gerade billig. Sie sind meist kleiner als die üblichen Nüsse und haben eine harte, dunkle Schale, da sie nicht künstlich gebleicht werden.

Weinblätter: gibt es frisch oder wie Gurken in Salzlake eingelegt. Weinblätter eignen sich zum Umhüllen aller möglichen Farcen. Vor der Zubereitung werden frische Weinblätter mit kochendem Wasser übergossen, damit sie sich rollen lassen. Eingelegte Weinblätter spülen Sie bitte unter kaltem Wasser ab, um das überflüssige Salz zu entfernen.

Weizen: wichtigstes Brotgetreide, das sich mit seinem hohen Anteil an Klebereiweiß hervorragend zum Backen eignet. Außerdem kann man Weizen wie jedes andere Getreide schmoren, kochen oder gratinieren.

Weizenkeime: beim Mahlen von Weizen abgetrennte Keime des Getreides, reich an Vitaminen (besonders Vitamin E) und Fett und nur begrenzt haltbar. Im Handel meist als Flocken erhältlich. Man kann die Inhaltsstoffe der Weizenkeime jedoch auch mit Vollkornprodukten aufnehmen. Weizenkeime sind nicht zu verwechseln mit gekeimtem Weizen, den ganzen Körnern also. Mit Weizenkeimen werden Müslis und Salate angereichert. Man verarbeitet sie auch in Brot und Teigwaren. Weizenkeimnudeln sind nicht so kernig wie Vollkornnudeln und schmecken deshalb auch denjenigen, die sich an »gesunde« Teigwaren erst gewöhnen müssen.

Weizenkleie: die äußere, unverdauliche Schicht des Weizenkorns, die bei der Herstellung von Auszugsmehl entfernt wird. Für teures Geld können wir sie dann im Reformhaus oder in der Apotheke wieder kaufen und unser Müsli mit den notwendigen Ballaststoffen anreichern. Wenn Sie regelmäßig Vollkornprodukte essen, brauchen Sie Ihrer Verdauung mit Weizenkleie nicht nachzuhelfen. Wer Weizenkleie »pur« ißt, muß reichlich trinken, damit die Kleie aufquellen und den Darminhalt transportieren kann.

Z

ziehen lassen: entweder ein Gericht (knapp) unterhalb des Siedepunktes garen (Fisch, Fleisch in Brühen) oder in einer angerührten Sauce marinieren (Salat).

Zitrusfrüchte: werden zum Schutz gegen Schimmel oder Fäulnis häufig gespritzt und/oder mit künstlichen Wachsen behandelt, damit sie sich länger halten. Achten Sie deshalb beim Kauf auf die entsprechenden Vermerke: Entweder sind die Zusatzstoffe angegeben oder es heißt »Schale nicht zum Verzehr geeignet«. Die Schale solcher Zitrusfrüchte darf man weder zum Kochen noch zum Backen verwenden, und auch mit heißem Wasser entfernt man die Chemie nicht. Inzwischen nimmt man an, daß die chemischen Substanzen durch die Schale auch in das Fruchtfleisch eindringen. Es lohnt sich also, nur unbehandelte Zitrusfrüchte zu kaufen, die zwar nicht in allen Supermärkten, jedoch bei den meisten Gemüsehändlern angeboten werden. In den Rezepten dieses Buches habe ich ausschließlich unbehandelte Früchte verwendet.

Zuckerschoten: auch Zuckererbsen oder – in Süddeutschland – französisch »Mange tout« genannt, sind eine besondere Erbsenzüchtung, bei der es nicht auf die Samen, sondern auf die zarten, fleischigen Schoten ankommt. Das leicht süßlich schmeckende Gemüse ist eine Delikatesse (deshalb auch nicht gerade billig) und ganz einfach zu verarbeiten: Sie brauchen von den gewaschenen Schoten nur die Fäden abzuziehen und die Schoten in wenig Salzwasser oder Butter etwa fünf Minuten zu dünsten. Zuckerschoten schmecken als edle Gemüsebeilage oder – kalt mit einer zarten Kräuter-Vinaigrette angerichtet – als Salat oder Vorspeise.

Rezept- und Sachregister

A

abgießen 145
ablöschen 145
abschrecken 145
Ackerbohnen 145
Ahornsirup 145
alternativer Landbau 145
Alufolie 145
Aminosäuren 7
anbraten 145
Anbau, biologisch-dynamisch 145
Anbau, organisch-biologisch 145
Anbauer 145
ANOG 145
anschwitzen 145
Äpfel 145
Apfel-Joghurt 34
Apfelmilch 138
Apfelpfannkuchen 133
Artischocken mit Tofusauce 16
Auberginen in Sojamilch 96
aufkochen 146
Auflauf, Hirse- 54
Auflauf mit Polenta 55
Austernpilze 146
Auszugsmehl 146
Avocadocreme 19
Azukibohnen 146

B

Ballaststoffe 8, 9, 10, 146
Bananenmilch 138
Bananen-Sesam-Mus 30
Beize 151
beschöpfen 146
binden 146
Biokreis Ostbayern 145
biologisch 146
biologisch-dynamisch 145, 146
biologische Wertigkeit 7, 8
blanchieren 146
Blumenkohlcurry mit Kartoffeln 104
Bohnen 146
Bohnen mit Mais, schwarze 125
Bohnen mit Tomaten, schwarze 126
Bohnen provenzalisch, weiße 127
Bohnengemüse mit Äpfeln, rotes 127
Bohnensalat mit Tomaten-Vinaigrette 23
Bohnen-Variationen 127
Borlottibohnen 146
braten 146
Bratfond 146
Broccoli und Kartoffeln mit Käsesauce 105
Brot 146
Brote, Fladen- 19
Brühe, Gemüse- 38
Brühe mit Schollenstreifen, Gemüse- 46
Buchweizen 147
Buchweizen, Kohlrouladen mit 94
Buchweizen, überbacken 116
Buchweizenklößchen in Gorgonzolasahne 115
Buchweizenschmarren mit Schwarzwurzelgemüse 118
Bulgur 147
Bulgur als Beilage 121
Bulgur mit Gemüse 121
Butter 147, 148

C

Cannellibohnen 147
Cannelloni mit Tofu und Spinat 58
Cashew-Nüsse 147
Cayennepfeffer 147
Chili 147
Chili mit Lamm 50
Cholesterin 8
Cholesterinspiegel 10
Couscous 147
Couscous-Salat 23
Crème fraîche 147
Curry, Lamm- 82
Curry, Lauch-Möhren- 104
Curry mit Kartoffeln, Blumenkohl- 104
Curry von Nüssen 125

D

Dampfdrucktöpfe 144
dämpfen 147
Dämpfgerät 144
darren 147
Datteln, Erdbeeren mit 136
Dicke Bohnen 147
Dinkel 147
Dips mit Gemüse 28
Djintan 150
Dörrgerät 144
Dörrobst 155
Drei-Korn-Müsli mit Obst 33
Drinks, pikante 139
dünsten 147

E

Eier 147
Eierkuchen mit Gemüse, Vollkorn- 113
einfach ungesättigte Fettsäuren 8, 9
einkochen 147
Eintöpfe, rustikale 53
Eis mit Orangensalat, Honig- 135
Eisen 10
Eiweiß 7
Eiweißbedarf 7
Ente mit Beifuß 88
entfetten 147
Erbsen 148
Erdbeeren mit Datteln 136
Erdbeerquark 31
Erdnüsse 148
Essig 148
Exotisches Huhn 91

F

Faserstoffe 146
Feldbohnen 145
Fenchelsalat mit Sesamdressing 22
Fett 8, 148
Fettbedarf 9
Fette, pflanzliche 9
Fette, tierische 9
Fette, versteckte 9
fettlösliche Vitamine 10
Fettsäuren 9
Fettsäuren, einfach ungesättigte 8, 9
Fettsäuren, gesättigte 8, 9
Fettsäuren, mehrfach ungesättigte 9
filieren 148
Fisch 148
Fisch in der Folie 66
Fisch in Zitronenbutter, Kräuter- 66
Fisch mit Gemüse 70
Fisch mit Ingwer, gedämpfter 69
Fischpfanne mit Reis 73
Fischragout mit Gurken 71
Fischsuppe mit Gemüse und Kresse 47
Fisolen 148
Fladenbrote 19
Flageolettbohnen 148
Fleisch 148
Flockenmüsli mit Obst 32
Fluor 10
Fond 148
Forellen mit Kräutern, Sahne- 65
Forellenfilets, gebeizte 14
Frikadellen, Hühner- 85
Frikadellen mit Tofu, Gemüse- 99
Frischkost 153
Frühstücksmüslis 32

G

gar ziehen 148
gebeizte Forellenfilets 14
Gebratener Mozzarella 16
Gebratener Reis 122
Gebratener Tofu mit Gemüse 124
Gedämpfter Fisch mit Ingwer 69
Gedämpfter Kabeljau auf Gemüse 67
Gefäße zum Keimen 144
Geflügel 148
Gefüllte Gurken 59
Gefüllte Lammschulter 78
Gefüllte Paprikaschoten 84
Gefüllte Weinblätter 95
Gefüllte Zwiebeln 101
Gefülltes Hähnchen 86
Gegrillte Hummerkrabben 72
Gekräuterte Lammscheiben 77
Gelbwurz 149
Gemüse 149
Gemüse auf rumänische Art, marinierte 20
Gemüse, Bulgur mit 121
Gemüse, Dips mit 28
Gemüse, getrocknete Winter- 98
Gemüse mit Sojasauce und Sesam 97
Gemüse süßsauer 97
Gemüse, überbackene 17
Gemüse, Zucchini- 102
Gemüsebrühe 38, 149
Gemüsebrühe mit Schollenstreifen 46
Gemüsefrikadellen mit Tofu 99
Gemüsegerichte, herzhafte 97
Gemüseomelette 99
Gemüsepfanne mit Kichererbsenklößchen 51
Gemüsepilaw 117
Gemüsesalat, roher 21
Gemüsesuppe mit Grünkernklößchen 42
Gemüsesuppe mit Maisflädle 40
Gemüsesuppe mit Tofu 40
Gerste 149
Gerstensuppe mit Kräutern 44
gesättigte Fettsäuren 8, 9
Geschmorte Zucchini und Tomaten 52
Geschmorter Weizen 116
Geschmortes Huhn mit Gemüse 89
Geschnetzeltes mit Tomaten, Lamm- 75
Getränke, Milchmix- 138
Getreide 149
Getreideflocken 149
Getreidemühlen 144
Getreideschrot 149
Getrocknete Wintergemüse 98
glasig braten 149
Gnocchi in Kräutersauce, Kartoffel- 109
Gomasio 149
Gratin 149
gratinieren 149
Gratinierte Grießschnitten 54
Gratins mit Kartoffeln und Gemüse, knusprige 61
Graupen 149
Graupeneintopf 53
Grieß 149
Grießschnitten, gratinierte 54
grillen 149
Grüne Käsespätzle 112
Grüner Spargel mit Saucen 103
Grünkern 149
Grünkernklößchen, Gemüsesuppe mit 42
Grünkernpflänzchen 115
Grünkernsuppe, geröstete 44

Grütze 149
Gurken, gefüllte 59
Gurkensuppe, kalte 38

H

Hafer 149
Haferflockenwaffeln mit Beeren 35
Hähnchen, gefülltes 86
Haselnüsse 149
Hefeextrakt 149
Hefeflocken 149
Hefetaschen mit Gemüse 57
Heidelbeerkuchen 136
Herzhafte Gemüsegerichte 97
Hirse 150
Hirseauflauf 54
Hirse-Reis-Küchlein 133
Hirsesuppe mit Gemüse 43
Hirsetopf mit Kräutern 53
Hollerküchlein 137
Honig 150
Honigeis mit Orangensalat 135
Huhn, exotisches 91
Huhn mit Aprikosen 90
Huhn mit Gemüse, geschmortes 89
Huhn nach China-Art 91
Huhn, Salbei- 87
Huhn und Sprossen, Reissalat mit 24
Hühnerbrüstchen in Wirsing 85
Hühnerbrüstchen und Mandeln, lauwarmer Lauchsalat mit 27
Hühnerfrikadellen 85
Hülsenfrüchte 150
Hülsenfruchtgerichte, köstliche 126
Hummerkrabben, gegrillte 72
Hummerkrabben in Kräutersahne 72
Hüttensalz 153

I

Ingwer 150
Innereien 150

J

Jod 10
Joghurt, Apfel- 34
Joghurt mit Nüssen 34
Joghurt mit Orangen 34

K

Kabeljau auf Gemüse, gedämpfter 67
Kalbfleischpilz 146
Kalte Gurkensuppe 38
Kalte Tomatensuppe mit Kräutern 39
Kardamom 150
Kartoffelgnocchi in Kräutersauce 109
Kartoffeln 150

Kartoffeln in Kräutersauce 106
Kartoffeln mit Pilzsauce, Pell- 108
Kartoffeln mit Quark, Ofen- 106
Kartoffelnudeln mit Salbeibutter 107
Kartoffelsuppe mit Kräutern 45
Kartoffelsuppe mit Lammbällchen 49
Kartoffel-Tomaten-Gratin 61
Kartoffel-Tortilla 107
Käse, Oliven- 19
Käsedressing, Rettichsalat mit 21
Käse-Sahnesauce, Vollkornspaghetti mit 110
Käsesauce, Broccoli und Kartoffeln mit 105
Käsespätzle, grüne 112
Keimen, Gefäße zum 144
Kichererbsen 150
Kichererbsen mit Wirsing 120
Kichererbsenklößchen, Gemüsepfanne mit 51
Kichererbsensuppe mit Lamm 48
Kidneybohnen 150
Kirschquark 31
Knusprige Gratins mit Kartoffeln und Gemüse 61
Knusprige Waffeln 35
kochen 150
Kochgeschirr 144
Kochsalz 10
Kohlenhydrate 9
Kohlrabi mit Walnüssen 102
Kohlrouladen mit Buchweizen 94
Kokosnüsse 150
Koriander 150
Köstliche Hülsenfruchtgerichte 126
Koteletts in Thymiansauce, Lamm- 76
Krabben, Sojasprossensalat mit 27
Kräuterdrink 139
Kräuterfisch in Zitronenbutter 66
Kräutersalz 150, 153
Kräutersauce, Kartoffelgnocchi in 109
Kräutersauce, Kartoffeln in 106
Kräutersauce, Schollenfilets in 64
Kräutersuppe 46
Kreuzkümmel 150
Kuchen, Heidelbeer- 136
Kumin 150
Kürbis 150
Kürbiskerne 150
Kürbissuppe 45
Kurkuma 149

L

Lachs-Carpaccio mit Kerbel 15
Lamm, Chili mit 50
Lamm, Kichererbsensuppe mit 48
Lamm, Tafelspitz vom 79
Lammbällchen, Kartoffelsuppe mit 49
Lammbällchen mit Sesam 83
Lammbrust mexikanisch 80
Lammcurry 82
Lammgeschnetzeltes in Estragonöl 83
Lammgeschnetzeltes mit Tomaten 75
Lammkeule mit Gemüse 81
Lammkoteletts in Thymiansauce 76
Lammedaillons mit Rosmarin-Kartoffeln 76
Lammragout mit Joghurt 74
Lammragout mit Orangen 82
Lammscheiben, gekräuterte 77
Lammschulter, gefüllte 78
Lammtopf mit Quitten 74
Lauch-Chicorée-Suppe 41
Lauch-Möhren-Curry 104
Lauchsalat mit Hühnerbrüstchen und Mandeln, lauwarmer 27
Lauwarmer Lauchsalat mit Hühnerbrüstchen und Mandeln 27
Lebensmittel 150
legieren 151
Leinsamen 151
Limabohnen 151
Linolsäure 9
Linsen 151
Linsen russische Art 126

M

Mais 151
Maisflädle, Gemüsesuppe mit 40
Maisgrieß 151
Maiskeimöl 151
Maistopf mit Tomaten 120
Makkaroni mit Knoblauch-Öl, Soja- 110
Malzextrakt 151
Mandelmilch 138
Mandeln 151
Mangold 151
Mangoldgratin mit Knoblauchbrot 61
Margarine 148, 151
Marinade 151
Marinierte Gemüse auf rumänische Art 20
Matjesfilets mit Kartoffeln und Quarksauce 71
Meersalz 151, 153
Mehl 151
mehrfach ungesättigte Fettsäuren 9
Menüfolgen 140
Milch 152

Milchmixgetränke 138
Milchsäure 152
Milchsäuregärung 152
Mineralstoffe 10
Mixgetränke, Milch- 138
Möhren mit Nuß-Vinaigrette 25
Möhren-Zucchini-Suppe 41
Morcheln 152
Mozzarella 152
Mozzarella, gebratener 16
Mühlen, Getreide- 144
Mungobohnen 152
Muscheln 152
Müsli mit Obst, Drei-Korn- 33
Müsli mit Obst, Flocken- 32
Müsli mit Trockenfrüchten, Sechs-Korn- 33
Müsli mit Weizenkeimen 32
Müslis, Frühstücks- 32

N

Nahrungsmittel 152
Naturland 145
Naturreis 152, 153
Nudeln mit roher Tomatensauce, Weizenkeim- 110
Nudeln mit Sesam, Vollkorn- 112
Nußbaiser, Pfirsiche mit 134
Nuß-Vinaigrette, Möhren mit 25

O

Ofenkartoffeln mit Quark 106
Öl 152
Olivenkäse 19
Omelette, Gemüse- 99
Orangen-Möhren-Saft 139
Orangensalat, Honigeis mit 135
organisch-biologisch 145, 152

P

Panierte Tofuschnitzel mit Grünkern-Pilzen 123
Paprikaschoten, gefüllte 84
Pellkartoffeln mit Pilzsauce 108
Perlgerste 149
Pfannkuchen, Apfel- 133
Pfeffer 153
Pfefferschoten 147, 153
Pferdebohnen 147
Pfirsiche mit Nußbaiser 134
Pfirsichmilch 138
pflanzliche Fette 9
Pie mit Pilzen und Sprossen 56
Pilaw, Gemüse- 117
Pikante Drinks 139
Pilze 153
Pilze mit Schwarzbrotklößchen 114
Pilze, überbackene 17
Pilz-Salat mit Räucherlachs, Zwiebel- 26
Pilzsauce, Pellkartoffeln mit 108
Pinienkerne 153
Pintobohnen 155

Pistazien 153
Pistazienmilch 138
Pizza mit Tomaten und Pilzen, Vollkorn- 60
pochieren 148
Polenta 151, 153
Polenta, Auflauf mit 55
Polentaschnitten mit Tomatensauce 119
Porridge mit Trockenobst 30
Protein 7, 8
Pudding mit Nüssen und Sprossen 131
Purine 8

Q

Quark mit Kräutern und Kürbiskernen, selbstgemachter 29
Quark, Ofenkartoffeln mit 106
Quarkklößchen 134
Quarkmischungen, süße 31
Quarksauce, Matjesfilets mit Kartoffeln und 71
Quarkstrudel mit Kirschen 132
quellen 153
Quiche, Tomaten- 18
Quitten 153
Quitten, Lammtopf mit 74

R

Ragout mit Gurken, Fisch- 71
Ragout mit Joghurt, Lamm- 74
Ragout mit Orangen, Lamm- 82
Ragout, provenzialisch, Tofu- 52
Räucherlachs, Zwiebel-Pilz-Salat mit 26
Ravioli mit Kräutern und Ricotta 111
reduzieren 147, 153
Reis 153
Reis, gebratener 122
Reisgerichte, feine 117
Reissalat mit Huhn und Sprossen 24
Rettichsalat mit Käsedressing 21
Ricotta 153
Risotto mit Erbsen und Safran 117
Roggen 153
Roher Gemüsesalat 21
Rohkost 153
Rollgerste 149
Rote Bete mit Apfel 25
Rotes Bohnengemüse mit Äpfeln 127
Rouladen mit Buchweizen, Kohl- 94
Rustikale Eintöpfe 53

S

Safran 153
Saft mit Apfel, Sauerkraut- 139
Saft, Orangen-Möhren- 139

Saft, Tomaten 139
Sahne-Forellen mit Kräutern 65
Salbeibutter, Kartoffelnudeln mit 107
Salbeihuhn 87
Salinensalz 153
Salz 10, 153
Sambal oelek 154
Sanoghurt 154
Saubohnen 147
Sauerkrautsaft mit Apfel 139
Savarin mit Kompott, Vollkorn- 130
Schafkäse 154
Schleien mit Tomaten 68
Schmarren mit Lauchgemüse, Vollkorn- 118
Schmarren mit Schwarzwurzelgemüse, Buchweizen- 118
schmoren 154
Schollenfilets in Kräutersauce 64
Schollenstreifen, Gemüsebrühe mit 46
Schwarzbrotklößchen, Pilze mit 114
Schwarze Bohnen mit Mais 125
Schwarze Bohnen mit Tomaten 126
Schwarzwurzelgemüse, Buchweizenschmarren mit 118
Schwarzwurzeln 154
Sechs-Korn-Müsli mit Trockenfrüchten 33
Selbstgemachter Quark mit Kräutern und Kürbiskernen 29
Sellerie, überbackener 17
Senf 154
Sesam, Gemüse mit Sojasauce und 97
Sesam, Lammbällchen mit 83
Sesam, Vollkornnudeln mit 112
Sesamdressing, Fenchelsalat mit 22
Sesamkörner 154
Sesam-Mus, Bananen- 30
Shoyu 154
Siedesalz 153
Sojabohnen 154
Sojabohnen, grüne 152
Sojabohnen, rote 146
Sojabohnenkeimlinge 154
Sojafleisch 154
Sojamehl 154
Sojamilch 154
Sojamilch, Auberginen in 96
Sojaquark 154
Sojasauce 154
Sojasauce und Sesam, Gemüse mit 97
Sojasprossen 154
Sojasprossensalat mit Krabben 27
Sonnenblumenkerne 154
Sonnenblumenöl 154

Spaghetti mit Käse-Sahnesauce, Vollkorn- 110
Spargel mit Saucen, grüner 103
Spätzle, grüne Käse- 112
Spinatsalat mit Pinienkernen 22
Sprießkorn 154
Sprossensalat 26
Spurenelemente 10
Stärke 9
Steinsalz 153
stocken lassen 154
Strudel mit Kirschen, Quark- 132
Sud 154
Suppen, warm und kalt 38
Süße Quarkmischungen 31

T

Tabascosauce 154
Tafelspitz vom Lamm 79
Tahin 154
Tamari 154
Thymiansauce, Lammkoteletts in 76
tierische Fette 9
Tofu 154
Tofu, Gemüsefrikadellen mit 99
Tofu, Gemüsesuppe mit 40
Tofu mit Gemüse, gebratener 124
Tofu und Spinat, Cannelloni mit 58
Tofuklößchen in Kapernsauce 124
Tofuragout provenzalisch 52
Tofusauce, Artischocken mit 16
Tofuschnitzel mit Grünkern-Pilzen, panierte 123
Tomaten, gefüllt mit Weizen 100
Tomaten, geschmorte Zucchini und 52
Tomatenquiche 18
Tomatensaft 139
Tomatensauce, Polentaschnitten mit 119
Tomatensauce, Weizenkeimnudeln mit roher 110
Tomatensuppe mit Kräutern, kalte 39
Tomaten-Vinaigrette, Bohnensalat mit 23
Töpfe, Dampfdruck- 144
Tortilla, Kartoffel- 107
Trockenfrüchte 155
Trockenobst 155
Trockenobst, Porridge mit 30
TVP 154

U

überbacken 149, 155
Überbackene Gemüse 17
Überbackene Pilze 17
Überbackene Zucchini 59
Überbackener Sellerie 17

V

Vanillecreme, Zwetschgen mit 135
Vanillequark mit Trauben 31
versteckte Fette 9
Vinaigrette 155
Vitalstoffe 10
Vitamine 10
Vitamine, fettlösliche 10
Vitamine, wasserlösliche 10
Vollkorneierkuchen mit Gemüse 113
Vollkornnudeln mit Sesam 112
Vollkornpizza mit Tomaten und Pilzen 60
Vollkornprodukte 155
Vollkorn-Savarin mit Kompott 130
Vollkornschmarren mit Lauchgemüse 118
Vollkornspaghetti mit Käse-Sahnesauce 110
Vollkornwaffeln 35

W

Wachtelbohnen 155
Waffeln, knusprige 35
Walnüsse 155
Walnüssen, Kohlrabi mit 102
wasserlösliche Vitamine 10
Weinblätter 155
Weinblätter, gefüllte 95
Weiße Bohnen, provenzalisch 127
Weizen 155
Weizen, geschmorter 116
Weizen, Tomaten, gefüllt mit 100
Weizenkeime 155
Weizenkeimen, Müsli mit 32
Weizenkeimnudeln mit roher Tomatensauce 110
Weizenkleie 155
Wertigkeit, biologische 7, 8
Wirsing, Hühnerbrüstchen in 85
Wirsing, Kichererbsen mit 120

Z

Zellulose 9
ziehen lassen 155
Zitrusfrüchte 155
Zucchini, überbackene 59
Zucchini und Tomaten, geschmorte 52
Zucchinigemüse 102
Zucker 9
Zusatzstoffe 11
Zwetschgen mit Vanillecreme 135
Zwiebel-Pilz-Salat mit Räucherlachs 26
Zwiebeln, gefüllte 101

Naturgemäß leben – Naturgemäß heilen

Naturgemäß und köstlich kochen

Das Ingrid Früchtel Vollkorn-Kochbuch
Das umfassende alternative Kochbuch mit schmackhaften Rezepten. Spezielle Ratschläge für die richtige Zubereitung, für besondere Zutaten und Küchengeräte. 12 Farbfotos. Farb. Glanzeinband.

Das Ingrid Früchtel Vollkorn-Backbuch
Das umfassende alternative Backbuch. Erprobte Rezepte, die leicht gelingen, für Brot, Kuchen, Plätzchen, Strudel, Waffeln, pikantes Backwerk und vieles mehr. 12 Farbfotos. Farb. Glanzeinband.

Benita von Eichborn
Gemüse aus der Vollwertküche
Erprobte Rezept-Ideen für gedünstetes, geschmortes und gefülltes Gemüse, für Suppen, Eintöpfe, Aufläufe und Soufflés, für Pies und Pizzas. 20 Farbfotos. Paperback.

Ingrid Früchtel
Das vegetarische Kochbuch
Schmackhafte Rezepte für die naturgemäße Ernährung ohne Fleisch, erprobt und leicht nachkochbar. Mit Menüvorschlägen. 12 Farbfotos. Farb. Glanzeinband.

Renate Zeltner
Das neue Pilzkochbuch
Praktischer Rat und Schlemmerrezepte für alle Speisepilze, die uns die Natur serviert. Mit Bestimmungsfotos und Steckbriefen zum sicheren Erkennen. 75 Farbfotos. Farb. Glanzeinband. Silbermedaille.

Marey Kurz
Die neue Vollwertküche – schnell und leicht
Das ideale „Einstiegs-Kochbuch" für alle, die sich für Vollwertkost interessieren. Mit neu entwickelten Rezept-Ideen – gesund und schmackhaft. 25 Farbfotos. Paperback.

In gleicher Aufmachung und zum gleichen Preis sind die nachstehenden „GU Vollwert-Kochbücher" überall erhältlich, wo es Bücher gibt.

- Hülsenfrüchte in der Vollwertküche
- Soja in der Vollwertküche
- Süßes aus der Vollwertküche
- Rohkost und Salate aus der Vollwertküche
- Vollwertkost, die Kindern schmeckt

Gesund durch die Heilkräfte der Natur

Apotheker Mannfried Pahlow
Meine Heilpflanzen-Tees
Teemischungen, die sich bei der Behandlung häufiger Alltagsbeschwerden und Erkrankungen bewährt haben. 80 Seiten. Paperback.

Apotheker Mannfried Pahlow
Meine Hausmittel
Altbewährte Naturheilmittel, die sicher helfen. Mit Rat für die richtige Anwendung von Einreibungen, Wickeln, Umschlägen sowie Rezepturen für Salben, Öle, Medizinalweine zum Selbermachen. 64 Seiten, 30 Zeichng. Paperback.

Apotheker Mannfried Pahlow
Meine Heilpflanzen-Hausapotheke
Sechzig einheimische und ausländische Heilpflanzen für Ihre Heilpflanzen-Hausapotheke. Apotheker Pahlow erklärt hier, wie man sie richtig zubereitet und gezielt einsetzt. 72 Seiten. 40 Zeichng. Paperback.

Dr. med. Hellmut Lützner
Wie neugeboren durch Fasten
Abnehmen, Entschlacken, Entgiften. Der erfolgreiche ärztliche Führer fürs selbständige Fasten zu Hause – ohne jedes Hungergefühl. Mit Fasten-Fahrplan und Rezepten für die Aufbautage. 80 Seiten. Paperback.

Dr. med. Hellmut Lützner / Helmut Million
Richtig essen nach dem Fasten
Der ärztliche Führer für die Nachfastenzeit. Mit Speiseplan für die Aufbautage, Hilfen bei der Ernährungsumstellung und mit Rezepten für schmackhafte Vollwertgerichte. Unentbehrlich für alle, die bereits nach „Wie neugeboren durch Fasten" gefastet haben. 80 Seiten. Paperback.

Dr. med. H. Michael Stellmann
Kinderkrankheiten natürlich behandeln
Der Naturmedizin-Ratgeber für alle Eltern, die wissen wollen, wie man Störungen und Krankheiten bei Kindern erkennt und naturgemäß behandelt. Dr. Stellmann erklärt alle Naturheilmittel, die sich bewährt haben bei der Behandlung von Husten, Schnupfen, Mandelentzündung, Blähungen, Durchfall und Kinderkrankheiten wie Masern, Scharlach, Röteln, Mumps. 96 Seiten. Paperback.

Dr. med. Hartmut Dorstewitz
Erkältungskrankheiten natürlich behandeln
So helfen die altbewährten Naturheilverfahren und Naturheilmittel bei Erkältungen und grippalen Infekten. Mit Anleitungen für Wickel und Umschläge, Bäder, Einläufe und andere wirkungsvolle Anwendungen für die Behandlung zu Hause. 96 Seiten. Paperback.

GU
Gräfe und Unzer

Das Farbfoto auf der Einband-Vorderseite zeigt im Bild vorne: Gefüllte Paprikaschoten (Rezept Seite 84), im Bild hinten: Tomatenquiche (Rezept Seite 18), im Bild rechts: eine Rohkostplatte (Anregungen dafür finden Sie auf den Seiten 21 rechts und 28).

Das Farbfoto auf der Einband-Rückseite zeigt im Bild hinten: Joghurt mit Orangen (Rezept Seite 34), im Bild links: Flockenmüsli mit Obst (Rezept Seite 32) und im Bild rechts: Vanillequark mit Trauben (Rezept Seite 31). Das Farbfoto auf dem Innentitel zeigt eine Vollkornpizza mit Tomaten und Pilzen (Rezept Seite 60).

Die Farbfotos gestalteten Susi und Pete A. Eising.

CIP-Kurztitelaufnahme der Deutschen Bibliothek

Rias-Bucher, Barbara:

Natürlich kochen – köstlich wie noch nie: d. Bio-Kochbuch von GU; jedes Rezept in Farbe/ Barbara Rias-Bucher. – 2. Aufl. – München: Gräfe und Unzer, 1985.
ISBN 3-7742-4631-9

2. Auflage 1985
© Gräfe und Unzer GmbH, München
Alle Rechte vorbehalten. Nachdruck, auch auszugsweise, sowie Verbreitung durch Film, Funk und Fernsehen, durch fotomechanische Wiedergabe, Tonträger und Datenverarbeitungssysteme jeglicher Art nur mit schriftlicher Genehmigung des Verlages.
Redaktion: Nina Andres und Doris Birk unter Mitarbeit von Cornelia Schinharl
Umschlaggestaltung: Heinz Kraxenberger
Reproduktionen:
SKU Reproduktionen GmbH
Satz: Fertigsatz GmbH
Druck und Bindung:
Mairs Graphische Betriebe
ISBN 3-7742-4631-9

Barbara Rias-Bucher, gebürtige Münchnerin, arbeitete nach ihrem Studium als Redakteurin bei einem Münchner Verlag. Seit 1979 ist sie als freie Food-Journalistin für Zeitschriften und große Buchverlage tätig.